中国制造

民族复兴的澎湃力量

曾纯 著

人民邮电出版社

北 京

图书在版编目（CIP）数据

中国制造：民族复兴的澎湃力量 / 曾纯著. — 北京：人民邮电出版社，2022.10（2023.6重印）
ISBN 978-7-115-60076-9

Ⅰ．①中… Ⅱ．①曾… Ⅲ．①制造工业－工业史－研究－中国 Ⅳ．①F426.4

中国版本图书馆CIP数据核字(2022)第171168号

◆ 著　　　　曾　纯
责任编辑　张立科　杨　凌
责任印制　李　东　焦志炜

◆ 人民邮电出版社出版发行　　北京市丰台区成寿寺路 11 号
邮编　100164　电子邮件　315@ptpress.com.cn
网址　https://www.ptpress.com.cn
北京富诚彩色印刷有限公司印刷

◆ 开本：720×960　1/16
印张：20　　　　　　　2022 年 10 月第 1 版
字数：294 千字　　　　2023 年 6 月北京第 6 次印刷

定价：99.00 元

读者服务热线：(010)81055552　印装质量热线：(010)81055316
反盗版热线：(010)81055315

本书史论结合，以生动史实切入，系统回顾了中国制造的复兴历程，并将中国制造置于全球产业链、价值链中，洞察中国制造的发展趋势，剖析中国制造复兴的内在成因及其演进逻辑，透视中国制造的精神内核，探究中国制造乃至全球制造业兴衰成败的一般规律。这是一本旨在讲好中国制造故事、建立民族工业文化自信、凝聚实现民族复兴澎湃力量的"大众精神读物"。

全书分为上、下两篇。上篇"中国制造复兴之路"用翔实的例证全景式地描绘了中国制造是如何走上复兴之路的，概述中国制造在近现代不同时期（探索期、奠基期、崛起期和由大求强期）的演进历程，探究中国制造复兴的深层根源，展现大国工业崛起的荣光。下篇"中国制造能力修炼"细致考证了中国制造转型升级、实现制造强国梦的基本能力所在，从不同角度翻检影响中国制造演进的产业政策取向、重大创新实践、根植韧性、人力结构和民族工业文化等因素，全方位探索中国制造如何才能实现持续成功，并展望中国制造强国梦的美好未来图景。

本书可为政府部门、研究机构、相关企事业单位管理者及从事政策制定、管理决策和咨询研究的人员提供深入的思考借鉴，也可作为大中专院校思想政治理论课程和通识教育的参考资料，还可为关注国家发展和中国制造复兴历程的广大读者提供有益的参考。

编委会

主　任　　苗　圩

全国政协经济委员会副主任
工业和信息化部原部长，国家制造强国建设领导小组原副组长

副主任　　单忠德

中国工程院院士，南京航空航天大学校长
国家制造强国建设战略咨询委员会智能制造专家委员会副主任

委　员　　付保宗

研究员，中国宏观经济研究院产业所工业室主任

李晓华

研究员，中国社会科学院工业经济研究所国际产业研究室主任

陈　芳

高级记者，新华社国内部科技采访室主任

高　宁

教授，北京航空航天大学马克思主义学院党委书记

2011 年，当得知我国制造业增加值超过美国、中国重新回到世界第一制造大国地位的消息时，我请工信部下属的赛迪研究院考证中国之前是什么时候把这一位置丢掉的。仔细查找历史资料后，他们反馈是在 1850 年前后，英国曾取代中国成为世界第一制造大国。19 世纪末，美国又超过英国，其后把持第一制造大国地位长达一百多年，直到 2010 年中国制造业重新崛起。当然，中国制造业并未止步于此，而是继续高歌猛进，占全球制造业比重从 2010 年的 18.9% 攀升到 2021 年的近 30%。这是一百多年来无数仁人志士梦寐以求的结果，是中华民族复兴征途上具有里程碑意义的大事。

回想鸦片战争之后的中国近代史，创造了灿烂文明的中华民族遭遇深重危机，呈现在世人面前的是一派衰败凋零的景象。中华民族积贫积弱，遭受资本主义列强的百般凌辱和剥削压迫，甚至走到了最危险的时候。

一百多年来，中国共产党领导全国人民不懈奋斗、不断进取，从"站起来""富起来"到"强起来"，成功开辟了实现中华民族伟大复兴的正确道路。新中国成立后，在一穷二白的基础上，中国人民自力更生、艰苦奋斗，积极探索、大胆实践，成功走出了一条中国特色的新型工业化发展道路，仅用几十年时间就走完了发达国家几百年走过的工业化历程，建成了门类齐全、独立完整的现代工业体系。中华民族向世界展现出一派欣欣向荣的气象。

党的十八大以来，以习近平同志为核心的党中央，统筹把握中华民族伟大复兴战略全局和世界百年未有之大变局，带领全国人民迈入中国特色社会主义新时代。党中央高度重视实体经济，特别是制造业的发展。习近平总书记强调，"我们这么一个大国要强大，要靠实体经济，不能泡沫化""必须始终高度重视发展壮大实体经济，抓实体经济一定要抓好制造业"。制造业是立国之本、强国之基，没有强大的制造业，就没有强大的国防，也没有实现现代化的物质基础。中国特色社会主义新时代是全面建设社会主义现代化强国的时代，加快建设制造强国和网络强国是全面建设社会主义现代化强国的根本要求。我们应该努力开发基于全面深化改革的"新制度红利"、基于高素质劳动者的"新人口红利"、基于创新驱动的"新资源红利"，以及基于"一带一路"倡议的"新全球化红利"，掀起制造强国建设的新高潮。

2022 年 10 月 16 日，党的二十大将隆重召开，这是我们党在进入全面建设社会主义现代化国家、向第二个百年奋斗目标进军的新征程的重要时刻召开的一次十分重要的代表大会。为了迎接党的二十大召开，向党的二十大献礼，中国工信出版传媒集团计划出版《中国制造：民族复兴的澎湃力量》一书，我觉得有着重要的意义。

首先，这本书以流畅的语言、生动的史实、朴实的评论回顾了中国制造复兴之路的来龙去脉，展现了中国人民在艰难困苦、贫穷落后的条件下向着工业现代化奋进的可歌可泣的动人历程，描绘了在新的历史条件下中华儿女建设制造强国史诗般的创造性活动。这是讲好中国故事、讲好中国共产党的故事、凝聚民族精神、提升社会凝聚力和向心力的具体体现。

其次，这本书把中国制造置于全球产业链、价值链中进行观察和分析，客观判断中国制造目前在全球市场的定位及其转型升级所面临的巨大挑战，剖析中国制造业由大变强的推进路径和演进逻辑，有助于理解党中央关于我国经济发展进入新常态的判断，有助于理解将创新作为第一动力、贯彻新发展理念的深刻内涵，有助于认识推动经济发展质量变革、效率变革、动力变革的必要性。

最后，这本书不但讲述了中国制造在过去和现在是如何克服种种艰难险阻获得成功的，还阐释了中国制造未来继续获得成功的能力基础所在。中国制造在不同历史时期呈现出不同的特征，背后却始终隐藏着强大的生命韧性和适应柔性。中国制造抓住了全球化和新科技革命的机遇，人尽其才，勠力同心，通过苦练内功优化制造业产业结构，通过创新实践不断进步，在创新驱动战略引领下，不断加快制造强国建设的步伐，成为构筑中国力量、创造中国价值的一个精彩样本。

我在工信部部长任上时，曾经推动过一个关于制造强国建设的出版项目，认识了本书作者曾纯同志，他是该项目的主笔，后来他把写作成果打印成书稿交给我，我通读书稿后提了一些意见，并与他进行了沟通交流，建议他修改完善后再出版。我转任政协职务后，我们有了更多的时间可以交流，他坦率表达了很多颇有见地的观点，对我很有启发。曾纯同志勤于思考，历史功底扎实，有较丰富的产业媒体传播经验，是讲述中国制造故事的合适人选。经过多轮修改，本书面貌一新。

"路不行不到，事不为不成"，个人如此，国家亦复如此。站在新的历史起点上，我们要倍加珍惜取得的伟大成果，总结发扬好宝贵经验，坚持以习近平新时代中国特色社会主义思想为指导，以更加奋进的姿态，坚定不移走中国特色新型工业化道路，着力推动制造业高质量发展，加快制造强国建设进程，为实现第二个百年奋斗目标、实现中华民族伟大复兴的中国梦做出新的更大贡献。

　　是为序。

苗圩

2022 年 9 月 9 日

　　光绪二十年除夕[注]，因甲午大东沟海战失利而退守威海卫的北洋水师提督丁汝昌，意外收到经游弋在邻近海域的英国军舰塞万号辗转送达的一封书信，那是日本联合舰队司令伊东佑亨写给他的劝降书。信中声言，"大凡天下事，当局者迷，旁观者审""至清国而有今日之败者，固非君相一己之罪，盖其墨守常经，不通变之所由致也"，又说，"今贵国亦不可不以去旧谋新为当务之急，亟从更张，苟其遵之，则国可相安；不然，岂能免于败亡之数乎？"。史载丁军门阅信后怒火中烧，过后又颇为感慨，如鲠在喉，遂将此信转呈中堂李鸿章，附上誓言："予决不弃报国大义，今惟一死以尽臣职！"李鸿章见信亦黯然神伤。仅仅数周后，刘公岛即告失守，北洋水师全军覆灭，弹尽粮绝的丁汝昌服毒自尽，慷慨一死，尽忠殉国。

　　一个外夷军酋，隔岸观火，对旧中国的积弊指出"墨守常经，不通变"，开出"去旧谋新"的药方，怎不让一心改良图变、痴迷洋务的李中堂唏嘘再三？怎不让戎马一生、献身北洋海防的丁军门义愤填膺？一百多年后的现代中国人重读这段历史，又何尝不是感慨系之？

　　类似的悲怆时刻，此后还曾在中华大地上一再上演，宣告了近代中国先进之士"去旧谋新"大规模探索不可避免的失败结局，中华民族厄运未止。

　　以李鸿章为代表的洋务派倾全力操办的"去旧谋新"洋务运动，其核心内容就是大力开办以机器制造业为主的实业，虽说在甲午战争的炮火中，

注：1895年1月25日夜。

中国因为技不如人，一败涂地，但洋务运动还是留下了工业救国的微弱火种。事实上，自18世纪以降，制造业一直是国际竞争的主战场，美国历史学家威廉·曼彻斯特在《光荣与梦想》一书中曾描述道："英国人在地球上昂首阔步，似乎他们就是地球的主人；而美国人则在地球上来来往往，似乎根本不在乎地球谁属。"说到底，他们浑不吝的底气来自船坚炮利的工业实力，更可以追溯到他们领全球工业革命风气之先的历史事实。

对于有着悠久历史的中华民族来说，机器制造业是舶来品。尽管在工业革命之前，在手工业时代，中国一直拥有全世界最发达的制造业，但其毕竟与大规模的机器生产不可同日而语。自鸦片战争开始，西方列强用坚船利炮打开了清朝封闭的国门，将我泱泱大国推入苦难深重的重重危机中煎熬，拉入世界大潮里浮沉。无数中华仁人志士开始积极探索谋变图强、救国复兴之道。李鸿章在清同治年间就敏锐提出，"中国遇到了数千年未有之强敌，中国处在三千年未有之大变局"，眼光不可谓不独到。

"好学近乎知，力行近乎仁，知耻近乎勇。"清末以来，中国的知识阶层尽管在政治、经济和文化的诸多领域存在认知上的严重分歧，但普遍认同融入世界大趋势、走工业化道路是民族复兴的必经之路。著名状元实业家张謇曾主张"富民强国之本实在于工"，毛泽东在《论联合政府》中也明确提出，"没有工业，便没有巩固的国防，便没有人民的福利，便没有国家的富强"，可见实现工业化成为中华有识之士的共同夙愿。蒙受了百般屈辱的中华民族，为了求存图强，主动追求工业化并经受了其漫漫征程中的严峻考验。

令世人瞩目的是，中华人民共和国成立后，中华民族长期衰败的局面被成功扭转，我们重新实现了国家的稳定和独立，创造了推进工业化的有利社会条件，从而真正踏上了大规模工业化的征途，奠定了民族复兴伟大转折的基础。尤其是近 40 多年来，中国工业化速度陡然加快，到 2010 年经济总量已跃升为世界第二，中国重新回到世界第一制造大国的位置。无数仁人志士经过逾一个半世纪的不懈努力，终将一个以农业为本的泱泱大国，发展成为名副其实的工业大国。从洋货遍地到成为世界制造中心，风风雨雨，渡过数不清的劫波，中国终于在经济实力上缩小了与发达国家之间的差距。

回顾历史，以辉煌的手工业闻名于世的古老中国，在浑浑噩噩中错失了第一次工业革命的阳光普照。明清时期生发的工商业萌芽，在贫瘠的土壤中顽强求生，历经数百年的风雨，终究改变不了孱弱的基因。曾国藩、李鸿章、盛宣怀倾心洋务，官办制造局热闹红火的成果在帝国主义列强的坚船利炮面前灰飞烟灭。胡雪岩、乔致庸另辟蹊径，徽商、晋商民营模式的精妙别致依然湮灭于超稳定社会结构的历史宿命中。直到中华人民共和国成立，以"处处见烟囱"为典型表征的大机器工业化才真正借由国家机器的威力得以广泛实施；待改革开放政策确立，经济特区兴起，中国正式加入 WTO（世界贸易组织）进入全球产业体系，中国制造终于真正紧随世界潮流，中国与发达国家间的差距才日渐缩小，现代工业体系才得以建立和完善，硕果仅存的文明古国也才拥有了今日的世界工业大国地位。

中国制造筚路蓝缕，奋起直追，与世界经济体系接轨，创造了一个又一个奇迹。这一赶超进程并非一帆风顺，而是历经坎坷。尤其是在 20 世纪 90 年代，复杂的国际环境与国内矛盾造成了严重的经济困境，中国凭借坚定的改革开放战略和灵活的市场化手段化解了困局。21 世纪初，以中国加入 WTO 为标志的新一轮全球化成就了中国制造业的迅速崛起，而 2008 年国际金融危机爆发后，产业结构和产业发展模式的转型升级，成为新经济、新产业时代的基本特征，同时也是发达国家和新兴经济体难以回避的共同课题。近年来，日益显著的经济逆全球化、碳减排的要求和新冠肺炎疫情的全球泛滥，给处于转型升级关键时期的中国制造业增加了更多不确定性。现代科技高歌猛进，新科技革命引发了新一轮制造业革命，而制造业转型升级则带来了产业的全面变革，此起彼伏，蔚成世界大潮。这种潮流，是任什么力量都不能阻止的。在这样的发展环境下，对于先前坚信不疑的问题答案、无从采纳的方法路径以及畏缩难行的决策判断，现在都必须一改旧观了，不疑者疑，不取者取，勇敢前行，中国制造进入了新的攻坚阶段。

中国制造是中国经济的根基和灵魂，中华儿女如何在艰难困苦、贫穷落后的条件下向着工业现代化奋进，如何谱写中国近现代工业的动人长卷，如何在新的历史条件下描绘新蓝图、制定新战略、踏上新征程，如何实现中国制造史诗般的创造性活动，中国制造的能力修炼过程中有哪些值得总结的经验教训，中国制造怎样才能在未来与时俱进延续成功轨迹……这些无疑都是发人深思且饶有兴味的探讨主题。"中国制造"，既是充满魅力的缅怀故事，也是处于进行时态的恢宏话题，又是畅想未来的展望对象——它不是简单的经济现象，不是一种均质客体对象，也不是一类线性演进过程；它是一个多世纪以来无数中华仁人志士耗尽心血不懈奋斗取得的成果体现，是不同历史时期的改良、革命和改革成果以及全球化进程中通过不断试错积累起来的民族自强经验的物化体现，也是全民总动员脱贫奔富的巨大人力、物力投入的现实载体。它是细致、精微、讲究的创新实践活动，更是中华民族伟大复兴不可或缺的物质财富创造能量的大爆发。

"Made in China"（中国制造）的名头，经由中国制造的大规模消费品出口而占领了全球市场，表明中国制造在产品层面上已经获得了全世界的青睐。中国制造嵌入全球产业链、供应链后发生的规模效应也在持续发酵。但迄今为止，中国制造的相对优势仍主要处于国际分工产业链的中低端，为世界市场提供大量高性价比、中低附加值产品仍是中国在全球经济分工体系中的主要作用。随着各种生产要素、环保要求等客观条件的变化，这将是难以为继的经济发展模式。中国正在探索提升自身在全球技术创新体系中地位的有效途径：一方面，借助大国大市场的独特优势，引进、吸收全球先进技术作为技术创新、产业升级的来源，利用发达国家知识和技术的"外溢效应"；另一方面，积极打造自身的开放式创新和高科技研发能力，目标是让中国制造全方位比肩制造强国，在制造业组织管理、产业发展战略、高科技研发和全球供应链建设等方面为世界做出更多、更大的贡献，为中国经济的持续进步提供源源不绝的动能。中国制造构成了"中国梦"的主要内容，与实现中华民族伟大复兴的进程紧密联系在一起。

中国经济崛起是现代世界的现象级事件，改变了全球经济面貌，而中国制造的异军突起则是中国经济大厦的强固根基。本书主要以宏观经济意义上的"中国制造"为分析对象，因而基本是在同一意义上使用"中国制造""中国工业""中国工业化"这几个概念，并不刻意强调它们之间的差别，目的是基于中国制造的演进历程，探讨中国制造演进的驱动力量和底层逻辑，回溯中国制造是从哪里出发的，又是如何演进到今天的，同时展望中国制造将走向何方。这既是对具有重大社会、经济和政治意义的中华民族伟大复兴这一时代课题的尝试性解答，也是中华儿女家国情怀诉求的一种特别表述。

本书遵循历史与逻辑统一的分析框架，不对单独的历史事件进行深入研究，而着重通过各种现象的交互作用来观察整体变化及其影响。全书强调运用历史、政治、社会、经济、技术、文化等角度的全景交互方式，探究中国制造复兴这一社会重大经济现象背后的本质特征；史论结合，回顾中国制造业的前世今生；叙写中国在手工业时代的长期辉煌、在工业革命时期的大幅沦落以及在西方列强凌压下孱弱而顽强的生存状态；感受大规模工业化建设起步的速度和激情，回味重新回到世界第一制造大国位置的艰辛与喜悦；总结中国工业化历程各阶段的经验教训，剖析中国制造业由大变强的推进路径和演进逻辑，洞察制造业在中国这个体量庞大的发展中国家所处的地位和发展趋势，展望中国制造向中国创造转变的未来图景，同时探究中国制造业乃至全球制造业兴衰成败的一般规律。

本书分为上、下两篇。上篇"中国制造复兴之路"以史为主，论从史出，包括五章内容，重点概述从洋务运动直至今日中国制造在不同历史时期的演进历程，阐发与中国社会、政治、传统文化等诸多要素紧密联系在一起的制造业发展动力机制，揭示中国制造的内在矛盾，探究中国制造崛起的深层根源，简析国家兴盛系于制造业发展水平、制造业直接关乎国运的基本判断。基于近代以来中国制造自身演进的历史逻辑这一分期标准，书中各历史时期分别对应中国制造的探索期、奠基期、崛起期和由大求强期。下篇"中国制造能力修炼"以论为主，佐以史实，也包括五章内容。第六至第九章分别从创新优化中国制造、民族制造的创造时空、中国制造的人力金字塔以及中国制造的反脆弱性等不同角度，翻检影响中国制造演进的产业政策取向、重大创新实践、经受重大事件考验时的适应能力、人力结构的发展趋势、民族工业文化和制造精神等诸多因素，全方位解读中国制造的能力修炼功夫。第十章把中国制造置于新制造坐标系中，解释中国制造强国建设中长期规划蓝图及其实现路径，展望中国制造强国梦的美好未来。

中国梦的内涵、外延不断拓展，成为凝聚人心的"最大公约数"。中华民族伟大复兴，绝不是轻轻松松、敲锣打鼓就能实现的，实现伟大梦想必须进行伟大斗争。在前进道路上，我们只会面临越来越复杂的风险考验，甚至会遇到难以想象的惊涛骇浪。我们面临的各种斗争不是短期的而是长期的，至少要伴随我们实现第二个百年奋斗目标的全过程。

未来几十年，是中华民族伟大复兴进程中的关键时期。创造了奇迹的中国制造，也一定会一如既往地攻坚克难、一往无前，成为这一史无前例的历史进程中不可替代的中坚力量！

上　篇　　中国制造复兴之路

第一章　　破局百年　…5

　　1.1　独步天下　…6

　　1.2　危机潜伏　…11

　　1.3　"克星"登场　…12

　　1.4　师夷长技　…14

　　1.5　长路漫漫　…17

　　1.6　"建国方略"　…21

　　1.7　百年遗产　…23

第二章　　复兴曙光　…27

　　2.1　终结"炮舰外交"　…28

　　2.2　制造业基础：一穷二白　…30

　　2.3　奠基大业：大规模工业建设起步　…33

　　2.4　不对称战略：优先发展重工业　…39

　　2.5　初步工业化：工业体系成形　…42

　　2.6　反思与启示：初步工业化的力量来源与经验教训　…45

第三章　　"第五极"崛起　　…53

3.1　"五极"的崛起与突破　…54

3.2　工业化曲线陡峭上扬　…62

3.3　完整的工业体系奠定大国地位　…69

3.4　中国快速工业化的奥秘　…73

第四章　　巨制鸿篇　　…81

4.1　对标制造强国　…82

4.2　无形的"楚河汉界"　…89

4.3　聚光灯下：先进制造产业焦点　…95

4.4　高端突破：产业逆袭，多点开花　…106

4.5　工业新时代的荣光　…117

第五章　　制造国运　　…125

5.1　关键变量：制造业改变世界格局　…126

5.2　后工业社会的大国制造业　…135

5.3　新工业烈火燎原　…143

5.4　中华民族复兴的重中之重　…153

5.5　中国制造，世界贡献　…159

下　篇　　中国制造能力修炼

第六章　苦练内功：创新优化中国制造　…167

6.1　工业革命其实是科技产业革命　…168

6.2　现代制造业创新之道　…173

6.3　制造创新：中国制造的"撒手锏"　…181

6.4　升级方向：向"微笑曲线"两端延伸　…189

第七章　实践创新：民族制造的创造时空　…193

7.1　产业组织创新的中国方案　…194

7.2　技术创新的转型样本：从跟随战略到科技"无人区"创新　…198

7.3　区域制造业创新：以苏甬两城为例　…201

7.4　民族制造的文化自信　…210

第八章　人尽其才：中国制造的人力金字塔　…219

8.1　"一小时读懂中国"：规模优势主导社会变迁　…220

8.2　庞大的产业大军与消费群体　…222

8.3　勤勉的执行层　…229

8.4　企业家群体与企业家精神　…236

第九章　根植柔韧：中国制造的反脆弱性　…241

9.1　不确定性的世界："黑天鹅"与"灰犀牛"　…242

9.2　重新定义制造业健康　…246

9.3　产业集群优势：供应链网络的规模效应　…248

9.4　反脆弱性：中国制造的根植性　…259

第十章　造就未来：中国制造强国梦　…265

10.1　于变局中开新局　…266

10.2　探寻澎湃新动能　…270

10.3　制造强国成就中国梦　…281

主要参考书目　…291

后记　…295

第一章 ★ 破局百年

第二章 ★ 复兴曙光

第三章 ★ 『第五极』崛起

第四章 ★ 巨制鸿篇

第五章 ★ 制造国运

上篇 ★ 中国制造复兴之路

第一章　破局百年

中华文明绵延数千年，独步世界，直到鸦片战争的炮火打破了『天朝上国』迷梦。西方列强挟近代工业文明的强大威势，凭借船坚炮利迫使清政府签订了各种各样丧权辱国的不平等条约。面对接踵而至的内战外乱，举国先进人士形成共识：求存图强乃是最重要的时代主题。他们把摆脱困境的希望寄托于实现工业强国梦想。

中华文明历史悠久、延绵不绝。1840 年之前，在中国人心目中，中国是世界的中心，中国的文化和政治体制本身就是文明的标志。两次鸦片战争的炮火却将天朝闭关锁国背景下自以为是的泡沫彻底击破。在西方列强的武力胁迫下，清政府被迫妥协，不平等条约丧权辱国，中华民族备受屈辱，但因国土广袤、幅员辽阔等才免于沦为完全殖民地。在此中华"三千年未有之大变局"的时代，有识之士开始"睁眼看世界"，积极探索求存图强的破局之道。

1.1　独步天下

虎门销烟后，英国并未放弃鸦片贸易，反而变本加厉地向中国倾销鸦片。为了釜底抽薪，林则徐致函英国维多利亚女王，吁请销毁出自当时英属印度的鸦片。其时他不仅占据了道德制高点，更有十足的经济和文化底气。在他眼中，"外来之物，皆不过以供玩好，可有可无"，而中国产品对于外邦却是至关重要的，"中国若靳其利而不恤其害，则夷人何以为生"。

于是，他直言不讳地给英国人下了最后通牒："尔等海外蛮夷气焰日张，竟敢辱慢我大清帝国。不从速'洗心革面'，改弦易辙，更待何时？尔等若能俯仰天朝，诚心归顺，或可洗清旧日罪孽。"

口气如此之大，显然根本没把那远在天边的大不列颠帝国看在眼里、放在心上。当时，林则徐绝无可能意识到，他挑战的目标、大清即将交手的对象，不再是汗牛充栋的史籍中不绝如缕、贪图中华富贵的外邦蛮夷，而是经历了第一次工业革命完整过程的世界第一强国；他更不会想到，他所服膺的"天朝上国"即将沉沦，一步步沦为任西方列强随意凌辱的"东亚病夫"，跌入劫难重重的深渊。

我们现在仍能从林则徐通牒的字里行间感受到大清帝国的强烈自信甚至倨傲气息，不过那些词句却是当时有识之士之共识、众望之所归。其中展现的天下观和数千年来祖祖辈辈代代相传的观念几无二致：中国是独一无二的，中华文明历史悠久、延绵不绝，无论历史如何变迁，中国始终是世界的中心，中国的语言、文化和政治体制始终是人类文明的代表；即使偶尔出现强大的竞争对手甚至外来征服者，他们也总会以各种方式吸收中华文明，最终心甘情愿地接受同化。这样的观念，早已在长期的潜移默化中，刻进历代中国人的潜意识之中。

"天朝上国"之所以让世人钦慕、万国敬仰，主要原因自然是生生不息的中华文明。从传说中的大禹治水到现实中的青铜饕餮，从百家争鸣到儒释道和平共处，从秦始皇一统天下到汉唐盛世，从《孙子兵法》到科举取士，从丝绸之路到万里茶道，从冶铁铸剑到发明火药，从造纸技术到活字印刷，从指南针的应用到郑和七下西洋，从贞观之治到康乾盛世……物华天宝，无不佐证着中华民族的无穷智慧和中华文明的独特优势。

随手翻开《西游记》，你会看到，无论唐僧师徒出现在域外何方，他们"上国高僧"的身份标签总是让该国民众青眼有加，对于外邦来说，中国就是传说，中国就是神话。

马可·波罗来自繁华的意大利，他辗转万里抵达中国，是见多识广的知名旅行家，就是他也对中国城市的繁华景象惊叹连连、念念不忘，有如刘姥姥初进大观园。由他口述记录下来的《马可·波罗游记》，留下了他对中国的各种详细描述，如远比他的故乡威尼斯先进的中国元代宏伟壮观的都城、完善方便的驿道交通、普遍流通的纸币等，也记载了当时中国发达的工商业、热闹的市集、华美廉价的丝绸锦缎、琳琅满目的商品对一位外邦旅行家的精神冲击，让中世纪以来不同时代的西方读者对中西交通和文化交流的美妙图景心驰神往。

德国哲学家、数学家莱布尼茨对来自中国的知识如饥似渴，他给朋友写信说，他准备在自己的房门上挂块牌子，上书"中国知识中心"。

在很长的一段历史时期内，在中国人的心目中，中国乃是"中央之国"，是世界的中心，中国的文化和政治体制是文明的化身，巨大中华与臣服中国文化、向中国纳贡的"蕞尔小国"共同构成了世界的自然秩序。

英国经济史学家安格斯·麦迪森采用数字分析的科学方法进行"世界经济千年统计"研究，量化比较世界各国不同历史时期的经济发展水平，得出跨越时空的国际经济比较成果，让我们第一次有机会窥探中国两千年来量化的具体国际经济地位。

安格斯·麦迪森所著的《中国经济的长期表现——公元 960—2030 年（修订版）》一书中的量化结果显示，公元 1 年中国的经济总量已然占到世界经济总量的 26.2%，仅次于印度，是世界第二大经济体，这一格局延续了一千多年。1500 年，中国超过印度，成为世界第一大经济体。由于农业社会生产效率低下，人口数量、可耕地面积及永久种植地面积成了决定一个国家经济总量的关键要素。尽管印度国土面积小于中国，但其可耕地面积及永久种植地面积却超过了中国，且 18 世纪前印度的人口总数绝大多数时期都多于中国的人口总数。

1840 年之前，中国经济总量的世界占比一直保持在 20% 以上。1820 年，这一比例达到高点（32.9%），远超欧洲国家的总和。之后占比开始下滑，1840 年中国经济总量的世界占比为 29.2%，不过中国仍保持着世界第一的位置，直到 19 世纪 90 年代才让位给勃兴的美国。

公元 1—1840 年中国经济总量世界占比变化

公元纪年	中国经济总量的世界占比	总量排名
1 年	26.2%	世界第 2 位
1000 年	22.7%	世界第 2 位
1500 年	25.0%	世界第 1 位
1600 年	29.2%	世界第 1 位
1700 年	22.3%	世界第 2 位
1820 年	32.9%	世界第 1 位
1840 年	29.2%	世界第 1 位

资料来源：《中国经济的长期表现——公元 960—2030 年（修订版）》《世界经济千年史》（均为安格斯·麦迪森著）。

安格斯·麦迪森用数字表明，1840 年之前，中国经济就代表着农耕文明的荣光及其所能达到的高度。中国经济总量的世界占比长期占据着数一数二的位置，尽管其一直奉行"重本抑末"的政策，视工业制造为"奇技淫巧"，但以手工业为代表的中国传统制造业仍是大机器制造业产生之前的工业主流，与农耕领域一样都属世界翘楚，令外来者叹为观止。

中国历代匠师和手工艺人，凭借智慧的头脑和勤劳的双手，数千年来在发明创造方面做出了许多贡献，推动了中国生产力的发展。古代中国曾被称为"丝国""瓷国""漆国"，这显示出在外邦眼中其物质文化创造所达致的高度成就。

工业生产离不开工艺（制造）技术，而各种工业品都是在一定的生产技术条件下制造出来的。中华民族在工艺技术上的创造和发明，例如缫丝、造纸术、印刷术、火药、瓷器，是对世界文明的巨大贡献。中国远古时代的制陶工艺，夏、商的青铜冶炼和制造技术、制曲酿酒技术，隋、唐的灌钢技术和火药发明，宋、明的造船技术，明、清的瓷器制造和丝绸纺织技术，都代表了历代中华物质文化创造的极高成就。

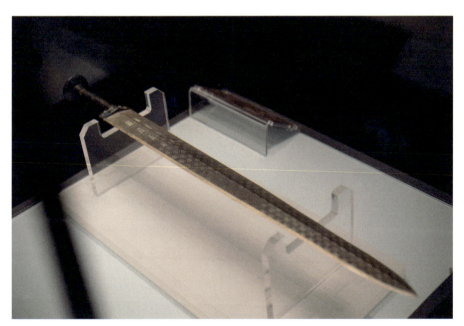

图为越王勾践剑，春秋晚期的越国青铜冶炼和制造杰作，现藏于湖北省博物馆，1965 年 12 月在湖北省江陵县望山一号楚墓出土，剑上用鸟篆铭文刻了"钺王鸠浅（越王勾践）自乍（作）用剑"八字。专家解读此剑即传说中的越王勾践剑。这把历经两千多年的宝剑出土时仍寒光四射、锋利无比，反映了中国古代高超的铸剑技术

元代《王祯农书》中图文并茂地记载，"车纺工多日百勴，更凭水力捷如神。世间麻苎乡中地，好就临流置此轮"，描写的正是中国的水力动力棉纺织业，该技术领先西方不可以道里计。黄道婆革新手摇脚踏式轧棉机、三锭脚踏纺车以及脚踏织布机，创造出一整套"擀、弹、纺、织"工具，而且结合自己的实践经验，总结成一套"错纱配色、综线挈花"等的织造技术，比西方国家先进数百年。

《明史·郑和传》记载，郑和航海船队人数超过二万七千八百，郑和大号宝船长达四十四丈、宽十八丈（注：约合长 151.18 米、宽 61.6 米，1 丈约为 3.33 米），共六十二艘，是当时世界上最大的海船。船分四层，可容纳千人。船上九椼可挂十二张帆，锚重数千斤（注：1 斤为 0.5 千克），须动用二百水手才能启航。郑和船队由多种不同类型、不同大小、不同用途的船只组成，包括宝船、马船、粮船、坐船和战船，载货、作战、居住各司其职。相比之下，90 年后绕过好望角的葡萄牙达·伽马船队只有四艘小型船，共计 170 多名水手。可见当时西欧的科技水平、制造能力和社会组织程度完全无法望中华文明之项背。

现存于北京大钟寺的"永乐大钟"，就是铸造于明朝永乐年间、现存最大的青铜钟。大约 46.5 吨的钟身内外铸满了佛教经文和咒语，总计 230 184 个字，文字精美，排列有序，毫发无遗。大钟采用地坑造型表面陶范的泥范法，一铸而成，庞大的钟体上竟没有发现一个"沙孔"，铸造工艺非常高超，现代工艺尚不能将其完全复制重现。

在中华民族的众多发明创造中，知名度最高的自然还是"四大发明"。马克思对其中三项做过高度评价："火药、指南针、印刷术——这是预告资产阶级社会到来的三大发明。火药把骑士阶层炸得粉碎，指南针打开了世界市场并建立了殖民地，而印刷术则变成了新教的工具，总的来说，变成了科学复兴的手段，变成了对精神发展创造必要前提的最强大的杠杆。"某种程度上可以说，在全球工业文明从 0 到 1 的飞跃中，是古代中国人提供了撬动地球的"支点"。

发达的手工业也带来了专门论述工艺制造技术的著作，如先秦的《考工记》、北魏贾思勰的《齐民要术》、北宋沈括的《梦溪笔谈》、明初曹昭的《格古要论》以及明末宋应星的《天工开物》等，这些著作保存了中国历代工艺制造技术的宝贵资料。

上述种种，都是 1840 年之前以林则徐为代表的中国士大夫的底气之本，他们的自信、自尊乃至自傲，其来有自。

1.2 危机潜伏

问题在于，既然古代中国对人类科技发展做出了很多重要贡献，那为什么科学和工业革命没有在近代中国发生？这所谓的"李约瑟难题"有解吗？经济实力长期盘踞世界巅峰的千年帝国，何以在 1840 年发生了历史性的大翻转？一场外夷以武力犯边的局部战争，何以成为中国人百年梦魇的肇始和心中永远的痛呢？

从纪年来看，1840 年不过是个普普通通的年份，清道光二十年，农历庚子鼠年，所谓的"康乾盛世"过去不到半个世纪。当时的道光皇帝虽资质平平，但勤于政务，力行节俭，整顿吏治，整厘盐政，开放海运，平定张格尔叛乱，支持严禁鸦片：虽算不上明主，但亦非昏君。林则徐更是充溢"苟利国家生死以，岂因祸福避趋之"道德理想的民族英雄，遭贬后又以全新态度"睁眼看世界"，成为促进西学东渐、传播西方文化的先驱。

1840 年成为中国历史的分水岭，其深层原因何在？苍茫中国大地，在一片歌舞升平之下，究竟潜伏着怎样巨大的危机呢？这类研究汗牛充栋，本书只从全球工业化大趋势的角度解析一二。

闭关锁国的中国，根本没有意识到世界正在发生着多么巨大的本质性变化。史无前例的工业革命，最早发生在位于西欧的英国，进而辐射到欧洲诸国。中国完全错过了工业革命，不知不觉间埋下了落后挨打的最大祸根。

1840 年，只是中华民族潜伏危机的暴露时间，而中国由盛转衰的时间节点，远在此之前。

1.3 "克星"登场

建立于古希腊文明基础之上的欧洲文明，在阿基米德、欧几里得等科学家提出的人类最早的"理论"科学思想的哺育下，经过漫长的中世纪，从航海大发现到文艺复兴思想解放，进入了崭新的发展时期。自18世纪下半叶开始，人类经济力的发展曲线在欧洲陡然向上翘起，犹如飞机离开跑道开始升空。马克思、恩格斯在《共产党宣言》中分析道："资产阶级在它的不到一百年的阶级统治中……自然力的征服，机器的采用，化学在工业和农业中的应用，轮船的行驶，铁路的通行，电报的使用，整个整个大陆的开垦，河川的通航，仿佛用法术从地下呼唤出来的大量人口——过去哪一个世纪料想到在社会劳动里蕴藏有这样的生产力呢？"

彻底改变人类生活的"工业化"首先在欧洲这个舞台上展现。英国是全球的工业化先驱，大约比欧洲大陆早半个世纪就开始了改天换地的工业化进程。

从16世纪末至18世纪中叶，英国在海外征战中所向披靡，大发战争"横财"，积聚起大量财富，完成了资本原始积累，成为全世界首屈一指的军事帝国，这为其工业化提供了物质保障。以东印度公司为代表的英国王室统领的半国有大型企业，则创造了世界上最大的纺织品市场、棉花供应链和贸易网络。

当然，机器工业的发生还必须有工业和技术本身所包含的更为内在的要素作为必要条件，如自然科学的发展、工业技术人才的准备、国内统一市场的创建和国际市场的开拓等，各种要素相互作用，产生了工业组织、制造技巧、设备工艺及生产实践知识的革命。

在科学大师哥白尼、伽利略之后，英伦三岛上的大英帝国也诞生了划时代的科技巨匠——牛顿、瓦特和达尔文等。17世纪80年代，牛顿的《自然哲学的数学原理》出版，经典物理学的理论体系由此诞生，其对人类理解世界的方式产生了惊天动地的影响。牛顿还与德国的莱布尼茨分别独立发现了微积分方法，使得人类从此获得了计算变化率的方法。而力学、热力学、化学和微积分的新进展，有力地支撑了英国工业化的起步。

按照《资本论》的说法，工具机是工业革命的起点，"正是由于创造了工具机，才使蒸汽机的革命成为必要"。珍妮纺纱机、水力纺纱机、走锭精纺机陆续在英国问世，为了给纺纱机提供动力，瓦特改良的划时代的蒸汽机横空出世。从此，世界的走向发生了根本性改变，工业化的道路开始展现在全世界面前。

纺织工业带动了机器工业在若干行业的全面发展。纺织工业的发展首先需要蒸汽机，因而机械制造工业发展起来；机器的制造又需要优质钢材，钢铁工业随之启动；而炼钢当然离不开煤炭和采矿、冶炼，矿冶也必须紧紧跟上；然后，大量采煤需要大量挖掘工具，大量机器制造需要能够规模化生产零部件和大量车床，而所有这些都涉及大量初级产品和最终产品的运销，铁路、公路、运河和造船业也随之发达起来；大量铺设铁路轨道需要规模化炼铁、炼钢：最终形成相互促进的正循环，工业革命遂在英国蓬勃展开。

工业化起步于英国，并逐渐传到欧洲大陆各国，终成燎原之势。

工业革命创造了大大高于前工业化时期的劳动生产率，这种力量非同小可且无法抗拒，对旧世界产生了摧枯拉朽的影响，正是这股不可阻挡的汹涌大潮彻底改变了英国。

公元 1—1950 年中国和西欧 GDP 双边比较

公元纪年	GDP/十亿 1990 年国际元		人均 GDP/1990 年国际元	
	中国	西欧	中国	西欧
1 年	26.8	11.1	450	450
1000 年	26.6	10.2	450	400
1300 年	60.0	34.6	600	593
1400 年	43.2	28.1	600	676
1500 年	61.8	44.2	600	771
1820 年	228.6	160.1	600	1204
1913 年	241.3	902.3	552	3458
1950 年	239.9	1396.2	439	4579

注：1990 年国际元（International Dollar）是麦迪森以 1990 年美元为基准水平，采用购买力平价和国际多边比较的方法，创造出的用来衡量经济总量和人均收入的单位，简称国际元。

资料来源：《世界经济千年统计》（安格斯·麦迪森著）。

从安格斯·麦迪森的统计分析数据中同样可以看到，与中国经济的停滞不前形成鲜明对照的是，英国经济的发展在第一次工业革命期间突飞猛进。到 19 世纪中叶，英国的城市人口已经超过了全国人口的 52%，铁产量超过了世界上其他所有国家的总和，煤产量占世界总产量的三分之二，棉布产量则占全球总产量的一半以上。

1500—1913 年英国各地区生产总值和人均生产总值

公元纪年	地区生产总值 / 百万 1990 年国际元			人均生产总值 /1990 年国际元		
	英国	英格兰、威尔士和苏格兰	北爱尔兰	英国	英格兰、威尔士和苏格兰	北爱尔兰
1500 年	2815	2394	421	714	762	526
1600 年	6007	5392	615	974	1043	615
1700 年	10 709	9332	1377	1250	1405	715
1801 年	25 426	21 060	4366	1579	1931	839
1820 年	36 233	30 001	6232	1707	2121	880
1870 年	100 179	90 560	9619	3191	3487	1775
1913 年	224 618	212 727	11 891	4921	5150	2736

资料来源：《世界经济千年统计》（安格斯·麦迪森著）。

工业革命使英国成为世界上最强大的国家，强大的工业生产能力让英国有实力对抗整个世界。为了开辟更大的商品销售市场和原料产地，并基于自身利益塑造全新的全球贸易体系，同时彻底扭转长期对华贸易逆差，这个"日不落帝国"把目光瞄向了亚洲面积最大、人口最多的古老中国，因为世界上已经没有比中国更理想的目标市场了。

1840 年，故步自封的大清帝国第一次与生机勃勃、野性十足的大英帝国在战场上过招，便左支右绌，顾此失彼，在劫难逃了。

1.4 师夷长技

鸦片战争是中国历史上一个重要的转折点。大清的"红夷大炮"（明代后期的舶来品，曾是 17 世纪最好的火炮之一，算是"天朝不宝远物"规则的一个例外）和捍卫王朝尊严的斗志，在英军的坚船利炮面前不堪一击。英军以蒸汽为动力的复仇女神号铁甲战舰横冲直撞，如入无人之境，肆无忌惮地展示着新兴工业体系支撑下毫无悬念的碾压性军事优势。

这场在爆发之前结果就已注定的战争，是两种不同维度的文明——先进的工业文明与落后的农业文明之间的一次世纪大碰撞，它的一个正面意义是把中国的有识之士从"天朝上国"的迷梦中唤醒，让他们开始"睁眼看世界"，探索在中国建立机器大生产方式的可行性，从思想意识上迈出让中国走向工业化的第一步。

晚清"睁眼看世界"第一人非魏源莫属，他受林则徐委托编纂的《海国图志》强烈震撼了当时的中国和日本，产生了深远影响。魏源把鸦片战争的战败归因于器械不精、所守非地、所用非人，以及缺乏"伐谋"和"伐交"。基于这样的认识，魏源提出中国应该以自保为前提，伺机反击，战则需要训练水师，调集夷狄之仇敌相攻，并学习夷狄之长技——水师和火器来击败他们。魏源提出的"师夷长技以制夷"的理念，最为典型地代表了当时中国开明人士希望通过学习西方来赶超西方的理性要求，是对强国御侮、匡正时弊、振兴国脉路径的最早探索。

魏源写到，"善师四夷者，能制四夷；不善师外夷者，外夷制之""夷之长技有三：一战舰，二火器，三养兵练兵之法"。他主张学习西方制造战舰、火器等先进技术和选兵、练兵、养兵之法，改革中国军队。他号召"以甲兵止甲兵"，提倡创办民用工业，允许私人设立厂局，自行制造与销售轮船、火器等，使国家富强起来。他主张革新，要求"去伪、去饰、去畏难、去养痈、去营窟""以实事程实功，以实功程实事"。他对昧于世界大事、夜郎自大、故步自封、闭关锁国的闭关政策和媚外求和的路线予以犀利批判。正如梁启超所评论的，《海国图志》之论，实支配百年来之人心，直至今日犹未脱离净尽，则其在中国历史上关系不得谓细也"。作为近代中国要求发展新工业的思想先驱，魏源名副其实。

第二次鸦片战争后，西方列强步步紧逼，太平天国运动风起云涌，清王朝内外交困。主张学习西方的武器装备制造和科学技术、积极兴办洋务的一批官僚崛起，以李鸿章、张之洞为代表，他们直面"此中国三千余年一大变局"，以"自强""求富"为目标，形成了所谓的"洋务派"。洋务派继承并实践了魏源"师夷长技以制夷"的思想，通过所掌握的地方权力优先发展军工，同时也发展了若干民用工业，客观上促进了中国近代工业的兴起。

图为张之洞视察汉阳铁厂（1894年7月3日）。处处烟囱冒烟，是近代中国工业化的理想

19世纪70年代以后，以王韬、马建忠、薛福成、郑观应为代表的早期改良派要求发展近代工业，主张"以商立国""先富而后强"，工商为先，"则工又为其基，而商为用""论商务之源，以制造为急，而制造之法，以机器为先"。

甲午战争中清政府惨败，民族危机进一步加深，以康有为、梁启超、严复为代表的维新派提出了"定为工国"的工业化主张。康有为认为，"国尚农则守旧日愚，国尚工则日新日智……夫今已入工业之世界矣，已为日新尚智之宇宙矣"。梁启超则直言"机器固为富国第一义"。

进入 20 世纪后，张謇的棉铁主义、孙中山的《建国方略》，都是中国有识之士在探索工业化道路上的宝贵思想结晶。

1.5　长路漫漫

史学家分析，中国近代工业发轫于清同治元年（1862 年），至 1949 年中华人民共和国成立，近 90 载发展历程大体可以分为七个时期。

第一时期：官营军工时期，1862—1877 年。

第二时期：官督商办时期，1878—1894 年。

第三时期：外人兴业时期，1895—1902 年。

第四时期：政府提倡时期，1903—1913 年。

第五时期：民营进展时期，1914—1925 年。

第六时期：官民合作时期，1926—1933 年。

第七时期：工业衰落时期，1934—1949 年。

这几十年中国内忧外患，国力孱弱，无力抵抗外族入侵，丧失了大批领土和许多主权。尽管如此，现代制造业还是在这片贫瘠的土地上扎下根来，破土而出，艰难生长。

官营军工时期　该时期从清同治元年（1862 年）至光绪三年（1877 年）。这一时期军事工业勃兴，之所以如此，原因有二：一是清兵在镇压太平天国运动时得到了西方枪炮兵轮的支持，二是朝廷对两次鸦片战争受西方人武器侵凌之苦刻骨铭心。清室中兴诸臣，如曾国藩、李鸿章、左宗棠等，目睹了西方兵器在战争中的巨大杀伤力，遂竭力提倡发展军用工业。1862 年，李鸿章在上海首创洋炮局，为中国近代工业之滥觞。1865 年，曾国藩和李鸿章在上海设江南制造总局（江南造船厂前身），次年左宗棠设福州船政局，再次年李鸿章在上海设江南造船所，1877年丁宝桢设四川机器局（后改名为四川兵工厂）。这一时期，朝野上下关注制造商品的民用工业者寥寥无几。这一时期所兴办的兵工厂均由政府拨款创办。

图为清代江南制造总局。江南制造总局是洋务派开设的规模最大的近代军工企业

官督商办时期　该时期从清光绪四年（1878年）至光绪二十年（1894年）。1878年，左宗棠兴办兰州织呢局，奠定了中国商品工业的第一块基石，这也是近代纺织工业的先声。同年，美商旗昌洋行在上海创办旗昌丝厂，是中国新式缫丝工业的先导。还是这一年，李鸿章派郑观应等筹建上海机器织布局，12年后终于部分开工。1885年前后，无锡商人祝大椿开设立源昌商号，经营煤铁五金商业，开创了新式民营工业的先河。1891年，李鸿章在上海创设伦章造纸局，同年张之洞设立湖北织布局，1894—1989年间续设纺纱、缫丝、制麻三局。1893年，盛宣怀在上海督办华盛纺织总厂。这一时期，日用品制造业日渐兴起，其中纺织业最引人注目。其间工业大多为官办，继因经营不佳，逐渐改

为官督商办，间或有纯粹由商人自办的企业，但为数不多。

外人兴业时期　1895 年甲午战争结束，《马关条约》缔结，外国人开始在通商口岸设立工厂。一时间外商工厂纷起，如英国的怡和、老公茂，美国的鸿源，德国的瑞记等纱厂相继在上海设立。继纺织业而起的是面粉业，如上海德商的增裕、哈尔滨俄商的满洲第一面粉公司。此外，外商还先后在各通商口岸设立了造船、机器、榨油等各类工厂。这一时期，外商势力日益强大，而国人不愿放弃办厂权利，集股开厂者也越来越多，如苏州的苏纶、无锡的业勤、宁波的通久源等纱厂接踵兴办，实业救国之谈风起云涌。

政府提倡时期　自《辛丑条约》签订后，清政府终于醒悟：只是发展军工、一味练兵并不足恃，拯救国难非得振兴工商业不可，遂于 1903 年设立商部，大力倡导发展工商业。因美国排斥华工，国人抵制美货、提倡国货之心日益激奋，于是 1903 年天津设直隶工艺总局，1905 年北京设"京师劝工陈列所"，各省开设高等实业学堂，厘定奖励章程，不遗余力地推进工商业的发展，南洋兄弟烟草公司也是在这一时期创办的。1910 年举办的南洋劝业会别开生面。此时，中国近代工业如棉纱、面粉、缫丝等均已确立基础，像毛织、火柴、水泥、造纸、印刷、电气、卷烟、机器、造船、玻璃、榨油、制糖等民生日用品制造业也在这十年间初具规模。这一时期，政府产生了工业化的彻底觉悟，国民也有了广泛的深切猛醒，收回外人控制权的呼声日益高涨，朝野上下都有振作中国经济的呼声和精神。这是中国工业化"百年破局"中难得的一段精进期。

民营进展时期　1914 年第一次世界大战爆发，欧美商品来源断绝，次年国人又因"二十一条"的苛刻要求强烈抵制日货，因此国内市场基本为华商所独占。待第一次世界大战结束，欧洲经济受到重创，不仅无法将产品运销远东，反而需要进口大量日货，因此中国市场上洋货竞争更少。1919 年的五四运动又引发了抵制日货的高潮，使得日货也难以在中国市场上立足。这样的环境给予了国内商家发展工商业的良机，新厂设立得越来越多。以棉纺织业为例，1914 年全国拥有 100 多万纱锭，1925 年这一数字增至 400 万以上，11 年的时间增加了近 3 倍。同时，1925 年的"五卅惨案"激起公愤，提倡国货之声再度高入云霄，国内工业也再度获得发展良机。这一时期属于民营工业的兴盛期。

官民合作时期 1926 年国民革命军誓师北伐；1928 年设立工商部，负责发展工商各业，修订相关法规，推行举办展览会，设立国货银行、商场，不一而足。据记录，参加 1928 年中华国货展览会的工厂达 4000 多家。此后又兴办国营工业，整顿私营工业，进行工业统计和注册，尤其是裁撤厘卡、实行关税自主，大大促进了国内工业的发展。只是自 1929 年起，工业普遍受到世界经济危机的影响，不过总体而言仍在继续发展。

工业衰落时期 1933 年后中国工业渐趋衰落，"九一八"事变使国内工业丧失了东北三省的广大市场，而"一•二八"事变又影响了东南部的市场。国民政府内的有识之士，如钱昌照、翁文灏等，力促成立资源委员会，作为对日备战的机构，仿效苏联、德国制定重工业三年计划。1936 年，资源委员会正式开始工业建设，一年多时间创立了 21 个工矿单位，分设在各个内地省份。1937 年"七七"事变爆发后，日本帝国主义的铁蹄全面践踏神州大地，本就脆弱的中国民族工业遭到进一步摧毁，工业化进程大大延缓，落入山穷水尽的境地。1945 年，日本侵略者无条件投降，中华民族为抵御强敌付出了惨痛的代价，据统计，仅工业方面的损失就达 31 亿美元（1945 年币值）。抗战胜利后，工业新投资甚少，复工率有限，通货膨胀剧烈。

在中国先贤们进行工业化思想实验的同时，东南沿海等相对发达的地区或主动或被动地进行了各式各样的现场实操。出乎所有人意料的是，这一实验期居然漫长到超过百年，经历艰难的探索过程后，中国才最终找到适合自己的工业发展正确途径。

1929 年 5 月 4 日，上海《生活周刊》发表了题为《十问未来之中国》的文章，提出了十个问题，向未来的中国发问，在风雨飘摇的中国大地上引发了强烈反响。

文章的作者以"醉梦人"为笔名，他痛心疾首地设问：

1. 吾国之军权何时归一，分散之军阀何时泯灭？

2. 军人治政之权何时尽除，吾国之行政权何时统于中央？

3. 三十四国治外法权何时可废，吾国之司法何时自主？

4. 由北洋至宁府，元首概为军界强人，吾国何时诞生文人执政？

5. 吾国何时举行真正之代议选举，何时举行真正之国民普选？

6. 吾国何时可稻产自丰、谷产自足，不忧饥馑？

7. 吾国何时可自产水笔、灯罩、自行表、人工车等物什，供国人生存之需？

8. 吾国何时可产巨量之钢铁、枪炮、舰船，供给吾国之边防军？

9. 吾国何时可行义务之初级教育、兴十万之中级学堂、育百万之高级学子？

10. 吾国何时可参与寰宇诸强国之角逐，拓势力于境外、通贸易以取利、输文明而和外人？

作者写道："吾举十问，实不知其答案。私以为，能实现十之五六者，则国家幸甚，国人幸甚！"

文章刊出后，《生活周刊》共收到了 4000 多份读者答卷，对于未来中国十问最后的解决，持乐观态度的读者占 15%，持悲观态度的读者占 35%，其余读者的态度无明显倾向。

这沉重的十个问题，展现了当时中国政治、经济、军事和文化全面衰败的境况。在鸦片战争爆发近 90 年之后，在中国近代工业发展 60 余年之后，自产水笔、灯罩、手表、自行车等居然还是中国人心中的工业理想目标，大规模的钢铁和军工制造更是奢望。中国的自强、求富之路依然迷雾重重。

1.6 "建国方略"

中国民主革命先行者孙中山先生一生探索改造中国之道，倡"行易知难"说，曾为中国未来的工业发展设计过包罗万象、异想天开的宏伟计划。

1918—1919 年间，孙中山写成《实业计划》，原稿为英文，题为 *The International Development of China*，后由朱执信、廖仲恺等译为中文，作为《建国方略》的第二部分——"物质建设"。《实业计划》规模宏伟，是孙中山为实现中国资本主义工业化而构想的蓝图。

这一宏伟的建设计划由六大计划组成，第一次把经济建设放到首位，第一次提出对外开放的经济战略思想，体现了孙中山对中国工农业、交通等实现现代化的庞大构想——修建约 16 万公里长的铁路，以五大铁路系统把中国的沿海、内地和边疆连接起来；修建遍布全国、长约 161 万公里的公路网；开凿、整修全国的水道和运河，大力发展内河交通和水力、电力事业；开辟全新的北方、东方、南方三大世界级水平的商用港口；修建三峡大坝，"当以水闸堰其水，使舟得以逆流而行，而又可资其水力"；发展新的钢铁冶炼、矿业与企业。他还主张个人经营与国家经营并行不悖，相辅相成；鼓励发展个体经济，并为之提供各种便利条件，例如改革税制、统一货币，排除各级官吏的种种压制；等等。

促使孙中山提出如此庞大的实业设想的外因之一，是第一次世界大战的结束。在他看来，西方列强在"一战"期间开足马力生产，造成战后工业生产力与庞大金融资本的过剩，而中国可以消费战争生产剩余之大半，尤其可以利用美国的生产剩余。1920 年，美国《独立周报》全文刊出孙中山的《中国人之直言》，文中明确提到："美国的资本家们与中国人联合，共同开发中国的实业，合作的基础建立于平等互惠的原则上，美国资本家当可获得应得的利益，但非过度的报酬……"

然而，孙中山领导的革命力量从来就未能获得美国的承认与支持，何况他领导的革命自开始即与列强在华利益所依附的保守安定的需求相抵触，因而孙中山靠借助外援启动宏伟建设蓝图的计划最终不了了之。无疾而终，是可想而知的必然结局。1919 年 3 月，孙中山将 The International Development of China 的副本送交美国商业部与英国内阁，浑如泥牛入海，音讯全无。

1920 年前后的中华民国，中央与地方财政收入加起来也只有国内生产总值的 3%～5%，经济增长主要依靠初级产品出口，工业化起飞所需的财政资金无从筹措，几乎可以说缺乏施行孙中山宏伟建设计划的任何条件，这是其《实业计划》胎死腹中的内因。

在一个没有实现民族解放，国家主权、金融主权、海关主权和贸易自主权近乎沦丧的国度，《实业计划》这样的恢宏蓝图，充其量只能是高瞻远瞩的革命先行者知其不可为而为之的纸上谈兵。

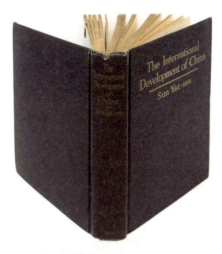

1.7　百年遗产

作为中华文明的重要组成部分，中国传统制造业迈着自信而迟缓的步

图为原版初印的精装 *The International Development of China*（《实业计划》）

伐进入 19 世纪后，走过了一条由表面上兴旺发达转而暴露出本质上衰退落后的下降曲线。1840 年爆发的鸦片战争，突破了传统中国的闭关封海禁令，英国以武力将西方近代工业文明的威力展示在国人面前，映衬出中国传统工业毫无招架之功的苍老无力。

为了"自强""求富"，洋务派开办近代企业，引进西方的大机器生产和企业管理，揭开了中国新式工业的序幕。尽管过程极其曲折，且以新式武器武装起来的北洋舰队最终还是在甲午战争中灰飞烟灭，但洋务运动对国人进行了机器文明的启蒙教育，培养了最早的新式工业技术人才，首开兴办民族工业的风气，摸索建立了独立的民族工业体系，奠定了中国近代工业的基础。

甲午战争后，中国掀起了一个"设厂自救""实业救国"的近代化工业建设小高潮，私营企业得到初步发展。政府开始颁布法令保护和促进工商业的发展，设立农工商部，一反历代政府打击和抑制工商业的"重本抑末"政策取向，这成为中国工业史上的重要转折点。中国第一批工业法典由此产生，开始注重新工业技术的推广和利用。据统计，1911 年，中国工业经济中，新工业与传统工业的比例上升到了 1 : 7.6。辛亥革命后，新政府制定了一系列鼓励私营工业发展的政策，私人资本的投资环境得到了初步改善，市场进一步扩大。北洋政府采取自由主义的工业经济政策，国家对工业的干涉甚少，从而激发了私营工业资本的活力，整个中国的工业呈现自由竞争、全面发展的局面。

图为福州千年古港马尾造船厂。马尾造船厂是近代中国创办的第一家专业机器造船厂，也是当时远东地区最大的造船厂

国民政府定都南京后，实施了一系列有利于国内工业发展的新经济政策，重视基础工业的建设，但由于国际环境剧烈动荡，新工业发展一波三折。而后，日本的全面入侵打断了中国独立自主发展民族工业的势头，在战祸横流、干戈纷扰的民族生存危机时期，工业生产再也没能得到全面、正常的发展。需要特别提出的是，在全面抗战时期，在国际交通线几乎全部被切断的极端困难的条件下，国民政府资源委员会主要依靠自己的力量组织了工业生产，由前期的调查研究转入重工业建设，兴建了包括煤矿、石油矿、铁矿、铜矿、铅锌矿、锡矿、金矿、炼钢厂、炼铜厂、钨铁厂、机器制造厂、电工器材厂、无线电机设备制造厂、电瓷制造厂、水力发电厂等在内的厂矿企业。这些厂矿主要分布在湖南、湖北、江西、云南、四川、青海等省，为支撑抗日战争取得最终胜利做出了历史性的贡献。

　　总体而言，历经百年沧桑，中国近代工业的发展水平是逐步提高的。从能够找到的统计数据可以看到：1894—1948 年，产业资本在全部资本额中的比重由 10.7% 上升到 46%，增加了约 35 个百分点；1920—1949 年，近代工业在工农业总产值中所占的比重由 4.9% 上升到 17.0%，增加了约 12 个百分点。不过，若与世界各国横向比较，中国 20 世纪三四十年代的工业化水平，尚未达到西方国家工业化刚刚起步时的水平。

　　内忧外患，局面残破；工业希望，亟待破局。以今天的眼光看，百年破局，数代人艰苦奋斗留下的直接的物质性工业遗产也许并不足道，但难以计数的仁人志士探索民族生存、自强求富现实途径的精神和努力，却给后来人留下了莫大的启示与激励。近代工业化百年进程中积累起来的经验教训，也给后人诸多教益。

　　旧中国政府软弱无能，政局动荡不定，外侮内乱，军阀混战，日本侵略，战火频仍，缺乏安定的投资环境，使得工业化失去了稳步发展的前提条件。缺乏权威的软弱政府也不具备动员社会力量以保证工业化建设所需资本和资源供给的能力，无法有效地为工业化战略的实现保驾护航。近代中国缺乏产权制度，难有技术创新，技术上完全依赖外国。此外，以洋务运动为代表的旧中国工业化的起步，是以国家资本工业化为中坚力量带动私人资本工业化的发展，前者对后者的限制和排挤，使得旧中国工业长期处于停滞格局或缓慢发展的状态，无法调动社会力量，因此旧中国难以实现工业化。世界工业化的历史表明，西方近代制度对工业化的发展产生了极大的促进作用，中国只有推翻专制统治，建立民主制度，实现民族独立，才有可能具备工业化所需的必要前提条件。

　　振兴中国经济、复兴中华文明的希望，历史性地寄托在了 1949 年新生的中华人民共和国身上。

第二章　复兴曙光

新中国终结了『炮舰外交』，在一穷二白的工业基础上，拉开了波澜壮阔的大规模工业化的历史帷幕。依靠优先发展重工业、高积累低消费的不平衡战略，胼手胝足，中国初步建立起了自己的工业体系，在将近30年的奋斗过程中积累了初步工业化的宝贵经验。

近代中国多灾多难，内忧外患接连不断，中华民族承受了空前巨大的耻辱，面临生死存亡的严峻考验。一代又一代中华优秀儿女殚精竭虑地应对着以工业化武装起来的世界列强的不断挑战，同时努力解决国内层出不穷的问题。1949 年中华人民共和国的成立，标志着这种努力达到了一个新阶段。民众渴望的民族独立的基本实现，使得以国家体制动员全社会力量展开超大规模的社会工业化实践成为可能，重新点燃了振兴中国经济、复兴中华文明的希望，为中国制造业探索更有效的发展道路提供了强大的推动力量。

2.1　终结"炮舰外交"

自鸦片战争中第一艘英国战舰——复仇女神号铁甲战舰抵达珠江口开始，英国海军在中国沿海横行无忌，如入无人之境。这种国家主权沦丧的耻辱，深深地烙在古老中国的近代史上。一百多年后的 1949 年 4 月，英国军舰依然倚仗昔日皇家海军海洋霸主的威风，在中国内河耀武扬威，不可一世。英国皇家海军快速护卫舰——紫石英号的舰长斯金勒少校根本没把屯兵百万于长江北岸的人民解放军放在眼里，坚信他们绝对不敢碰英舰一根汗毛。他对美、法诸国军舰知趣地远离是非之地、撤出长江的做法不以为然，公开放话："解放军最后通牒是要我们 4 月 20 日撤离，我偏要在这一天上行，看中共能把我怎么样！"

4 月 20 日晨，在解放军发起渡江战役总攻的前一天，紫石英号由东向西驶过江阴，位于长江北岸的解放军鸣炮示警，令其退出战区。紫石英号置若罔闻，仍毫无顾忌地继续前行，并将炮口转向解放军阵地瞄准，摆出随时准备还击的架势。随后解放军炮击该舰，紫石英号开炮还击，双方交火，炮战中紫石英号重伤搁浅。当天下午至次日，解放军炮兵又将先后赶来增援的英国海军远东舰队伴侣号驱逐舰、伦敦号重巡洋舰、黑天鹅号护卫舰击退。此后，中英双方就事件责任及紫石英号被扣进行接触和谈判，事件一直悬而未决。7月30日，紫石英号趁夜逃走，途中与解放军炮兵再度交火。第二天，紫石英号逃出长江口，相关谈判随即终止。

这就是标志着以英国为代表的西方列强在中国长期实施的"炮舰外交"遭到终结的"紫石英号事件"。这一事件向世界表明了即将成立的中华人民共和国捍卫国家主权的坚定决心和无所畏惧的勇气。此后，再无任何一艘外国军舰胆敢擅闯中国内河。

图为紫石英号。"紫石英号事件"标志着中国终结了西方列强强加给中国的"炮舰外交"

"不打不成交"。仅仅半年多后，1950年1月6日，英国就正式宣布承认中华人民共和国政府，虽然并未立即与中国正式建立外交关系，却是西方世界中第一个向中华人民共和国伸出橄榄枝的国家。

从复仇女神号横行无忌到紫石英号受创逃遁，历史走到1949年，民族独立成为中国复兴的转折点。经受了百年空前耻辱的古老中国终于一吐晦气，迎来了独立自强的新局面，拥有了改变命运的新机会。

2.2 制造业基础：一穷二白

1949 年成立的中华人民共和国接手的无疑是个不折不扣的烂摊子，经济濒于崩溃，制造业基础一穷二白。1949 年，全国工业资产的存量仅为 256.5 亿元（注：1955 年人民币新币值），当年的工业总产值约为 140 亿元。因战乱破坏，许多工业设备无法正常运转（特别是东北地区接收下来的日资企业及伪政权工业企业）；主要工业产品的产量大都降到了历史最低点，仅是 1949 年前最高水平的 15% ~ 80% 不等。

相比一穷二白的中国，1900 年，俄国已经拥有像跨西伯利亚大铁路那样发达的铁路系统，成为世界第四大钢铁生产国和世界第二大产油国。十月革命前，俄国的钢铁产量和法国相当，能够依靠外国技术自造战列舰。经受了英国百年殖民统治的印度，在获得独立时，承接了殖民帝国留下的超过 60 000 公里的铁路等交通设施，还有矿山设施和工业时代的教育体系，这些都构成了印度作为独立国家发展的宝贵资产。而那时中国长期处于世界列强"公用半殖民地"的特殊地位，也就是孙中山先生所称的比殖民地更可怜的"次殖民地"地位，加上军阀割据、内战频仍，全国性的基础设施建设几乎无从谈起。由此，旧中国的基础设施建设和工业化教育的平均水平甚至不如朝鲜和一些东南亚国家。

还是用数字来说话，回顾一下 1949 年中国的主要工业产品产量与当时美国、英国、苏联、日本和印度之间的对比。

发电量：美国 3451 亿度（注：1 度为 1 千瓦时），苏联 783 亿度，日本415 亿度，印度 49 亿度，中国呢？仅有 43.1 亿度！

粗钢：美国 7074 万吨，苏联 2329 万吨，日本 311 万吨，印度 137 万吨，中国只是印度的大约十分之一——15.8 万吨。

中国的主要工业产品产量比较

（1949 年前最高产量与 1949 年产量比较）

主要工业 产品类别	1949 年前 产生最高产量的年份	1949 年前 最高产量	1949 年产量
粗钢	1943 年	92.3 万吨	15.8 万吨（其中，东北粗钢产量占全国的94.5%）
生铁	1943 年	180 万吨	24.6 万吨（其中，东北生铁产量占全国的87.7%）
铜	1943 年	0.18 万吨	0.29 万吨
水泥	1942 年	229 万吨	66 万吨
硫酸	1942 年	18 万吨	4 万吨
纯碱	1940 年	10.3 万吨	8.8 万吨
金属切削机床	1941 年	0.54 万台	0.16 万台
原煤	1942 年	0.62 亿吨	0.32 亿吨
原油	1943 年	32 万吨	12.1 万吨
发电量	1941 年	60 亿度	43.1 亿度
棉纱	1933 年	44.5 万吨	32.7 万吨
棉布	1936 年	27.9 亿米	18.9 亿米
火柴	1937 年	860 万件	672 万件
原盐	1943 年	392 万吨	299 万吨
食糖	1936 年	41 万吨	20 万吨
卷烟	1947 年	236 万箱	160 万箱

资料来源：《中国统计年鉴（1983）》第 242 ~ 248、279 页。

生铁：美国 4982 万吨，苏联 1639 万吨，日本 160 万吨，印度 164 万吨，中国只有 24.6 万吨。

原煤：美国 43 597 万吨，苏联 23 550 万吨，日本 3974 万吨，印度 3220 万吨，中国基本与印度打个平手——3243 万吨。

焦炭：美国 5773 万吨，苏联 2430 万吨，日本 258 万吨，印度 191 万吨，而中国仅 54 万吨。

原油：美国 24 892 万吨，苏联 3344 万吨，印度 25 万吨，日本 19 万吨，中国 12.1 万吨——"贫油国"的帽子戴得死死的！

天然气：美国 1535 亿立方米，苏联 52.4 亿立方米，日本 0.6 亿立方米，中国 0.07 亿立方米，比没有天然气的印度强一点点。

化肥：美国 426 万吨，苏联 124 万吨，日本 62 万吨，印度 2 万吨，中国 0.6 万吨。

硫酸：美国 1037 万吨，苏联 220 万吨，日本 161 万吨，印度 10 万吨，中国不过区区 4 万吨。

烧碱：美国 202 万吨，日本 14.6 万吨，中国以 1.5 万吨略微领先于印度的 0.6 万吨。

纯碱：美国 355 万吨，日本 12 万吨，中国 8.8 万吨，比印度的 1.8 万吨多一些。

精炼铜：美国 104.9 万吨，日本 7.4 万吨，印度 0.6 万吨，中国 0.2 万吨。

铝：美国 71.1 万吨，日本 2.3 万吨，印度 0.4 万吨，让现代中国人不可思议的是——中国仅仅 10 吨！

轿车：美国 625.4 万辆，英国 62.9 万辆，苏联 27.6 万辆，日本 2.9 万辆，中国交的是白卷！

卡车：美国 113.4 万辆，苏联 23 万辆，英国 21.6 万辆，日本 2.8 万辆，中国依然是一片空白！

拖拉机：美国 60 万台，苏联 9.3 万台，英国 9 万台，日本无，中国也是零！

金属切削机床：美国 11.6 万台，日本 0.7 万台，中国 0.16 万台。

化学纤维：美国 47.8 万吨，英国 13 万吨，日本 5.7 万吨，苏联 2.5 万吨，印度 0.1 万吨，中国 0 吨。

水泥：美国 3594 万吨，苏联 815 万吨，日本 328 万吨，印度 214 万吨，中国 66 万吨。

纸板：美国 939 万吨，英国 163 万吨，苏联 100 万吨，日本 51 万吨，中国 11 万吨，比印度的 9 万吨略多一点儿。

…………

以上就是 1949 年中国工业微不足道的一点儿"家底"。

从 1750 年到 1850 年，中国是农业社会；从 1851 年到 1950 年，又一个百年过后，中国仍然以农业经济为主，工业基础极其薄弱。即使按照当时的标准，现代工业也只占国民经济约 10% 的份额，农业和手工业占 90% 左右，在农村生活和就业的人口占总人口的份额接近 90%。

原总后勤部油料部部长、负责志愿军后勤工作的周玉成，曾于 1951 年 8 月撰写了《关于战争物资的筹划与供应情况》报告，该公开档案中写道："油料，目前一加仑（注：1 加仑约为 3.79 立方分米）汽油价值 100 斤小米，市价需 120 斤，消耗很大，主要靠进口，油桶的铁皮也是靠进口（主要靠英国进口，但现已停运）。现在把东北的油桶都收光了，一个旧油桶要 30 万元（注：旧币），有的还漏油（装过三四次，即不能再用），新油桶每个值 50 万元，没有桶，油就运不上来，所以仍要求前方利用回空的火车、汽车尽量把空油桶拉回来。"不仅汽油靠进口，甚至油桶、制作油桶的铁皮都依靠进口，在前线浴血奋战的志愿军战士们还得冒死回收空油桶，冲破敌人空中封锁拉回后方基地。

在中华人民共和国盛大的开国大典上，部队接受检阅时配备的高射炮甚至普通枪械，几乎都是"万国造"，更不用说从天安门前通过的汽车、坦克、飞机了。朱德总司令检阅受阅部队时乘坐的就是一辆 1941 年款右舵版美国别克路霸敞篷车。

正如毛泽东主席在中华人民共和国成立之初所说的，"现在我们能造什么？能造桌子椅子，能造茶壶茶碗，能种粮食，还能磨成面粉，还能造纸，但是，一辆汽车、一架飞机、一辆坦克、一辆拖拉机都不能造"。

"中国制造"整体缺位。

2.3 奠基大业：大规模工业建设起步

中华人民共和国争取国家富强的过程中遇到的最大障碍，就是中国根本性的经济和军事的落后，这不是一朝一夕形成的，也不是一朝一夕能够改变的。

面对这样一个"烂摊子"，面对与大国地位极不相称的落后状况，面对满目疮痍、积贫积弱的中国经济，充满诗人般浪漫情怀的毛泽东豪迈地说："一张白纸，没有负担，好写最新最美的文字，好画最新最美的画图。"在他看来，在保证中国富强方面，工业所扮演的和可以扮演的角色，是头等重要的部分，是最新最美的画图的主体。他甚至把工业发展与国家独立相提并论，"只有当中国的工业已经发展了，于是中国在经济上再也不依靠外国了，她才能享受真正的独立"。

然而，从实际遇到的困难来看，建设中国远比在一张"白纸"上谱写新乐章复杂得多。新时代的新需要和新创造，毕竟都必须在中国这片古老的土地上展开，这离不开原先的经济基础、民众素质和思想观念。

中华人民共和国成立后，首先要解决战争造成的严重通货膨胀和失业问题，恢复公共秩序和良好的社会风气，之后才谈得上动员全国力量，努力恢复、发展这个浴火重生的国家的经济，进行空前的大规模工业化建设。这些都是新政权的工作重点。

事实上，军事胜利带来的民族独立和国家统一，是中华民族奋斗史上的巨大进步，也是新政权着手解决经济建设等诸多棘手问题的最大本钱。因为在所有爱国的中国人心中，民族独立和国家统一是复兴中华文明、强国富民的必要前提，是他们衷心渴望的目标。毛泽东在1949年9月自豪地宣布，"我们的民族将再也不是一个被人侮辱的民族了，我们已经站起来了"，道出了中国人民发自心底的愿望、决心和自豪。

渴望和平和秩序的民众对新政权的热诚拥护，造就了后者强大的政治控制和组织力量。通过群策群力，新政府实现了三年内将生产水平恢复到战前水平的目标。尤其值得称道的是，这还是在耗资巨大、艰苦卓绝的抗美援朝战争期间实现的。

截至1949年底，新政府接收了国民党政府企业共2858家，职工129万余人，没收铁路2万多公里，开始建立起新的国营工业体系，大型工业企业产值中，国营比重达到40%。国营工业在全国工业产量中所占比重分别为：电力产量的58%、原煤产量的68%、生铁产量的92%、钢产量的97%、水泥产量的68%和棉纱产量的53%[《中国工业的发展·统计资料（1949—1984）》]。新政权统一了财政经济，稳定了金融物价，采取了调整工商业、进行民主改革、建立统一市场等一系列措施，整治和稳定了工业经济赖以发展的社会环境和内部秩序，使得工业生产得到了全面恢复：1949 年 10 月到 1952 年的 3 年左右时间里，中国工业总产值从 140 亿元增长到 343 亿元，年均增长率高达 34.8%。1952 年，除硫酸铵等少数产品外，其他工业产品的产量都超过了历史最高水平。

从现实来看，以严格的经济标准来衡量，虽然沉睡的东方巨人已经觉醒，5 亿多民众组织起来确立了共同追求的国家目标，而且自成立之日起中华人民共和国就成为世界事务中的一支重要力量，但经济落后的实际状况仍然触目惊心。例如，1953 年，中国制造业生产只占世界 2.3% 的份额，其"全部工业潜力"只相当于 1900 年时英国的 71%（《大国的兴衰：1500—2000 年的经济变迁与军事冲突》，保罗·肯尼迪著）。在工业技术方面，中国更是落后，多个重要工业部门还是空白，建立完整工业体系的目标似乎遥不可及。作为工业发展中最重要的基础要素，新中国成立之初的人口资源状况是，5.5 亿人口中约 4 亿人是文盲，要把中国从一个落后的农业国改造成一个现代化的工业国，劳动者的基本素质也是巨大障碍。

只有自强才有自尊，个人如此，国家亦复如此。而工业化是大国快速实现强国、自立目标的唯一发展途径。自 20 世纪 50 年代起，中国开始加快工业化建设的步伐，以试图迅速实现经济现代化的目标。

1953 年开始的中华人民共和国发展国民经济的第一个五年计划明确把工业摆在国民经济的主干和重点的地位，拉开了中国波澜壮阔的大规模工业化历史的帷幕。

图为《中华人民共和国发展国民经济的第一个五年计划（1953—1957）》。该计划的成功实施为中国的工业化奠定了初步基础

中国的工业化是一个社会主义大国的工业化，是在世界两大阵营强力对峙的背景下起步并展开的。其间，美国联合其亚洲盟国对中国实施全方位封锁，从岛屿锁链发展成针对中国的新月形包围，在进行军事封锁和威胁的同时，还在其他各方面封锁和"遏制"中国，拒不承认新中国，禁止与中国进行任何贸易和文化交流，还严格限制和无理干涉其他国家同中国的交往，甚至限制和干涉正常贸易往来。时不我待、急需发展的新中国选择加入以苏联为首的东方社会主义阵营，因为在这一时期，中国的工业化战略不可能从当时的西方发达国家获得任何支持，真正的友谊和援助只能来自社会主义阵营。

当时的苏联和其他社会主义国家也确实给中国的工业化建设提供了慷慨援助。在"一五"计划安排的 694 个大中型项目中，就有 156 个项目由苏联援建，68 个项目由德意志民主共和国、捷克斯洛伐克、波兰等 6 个东欧社会主义国家援助。苏联除了在 1950 年提供 3 亿美元的低息贷款外，之后又提供了 5 亿多卢布的长期贷款，这两项合计就有 4 亿多美元。据统计，1950—1959年期间苏联对华援助合计达 54 亿美元，用于工业设备和技术投资（含朝鲜战争期间的军事开支）。不过，外来援助毕竟只是杯水车薪，按照当时的建设规划，仅基本建设投资就需要 170 多亿美元，更不必说整个五年计划的庞大投资了。

尽管苏联对中国的援助规模，与苏联对东欧国家的援助规模不可相提并论，但苏联提供了关键物资，派出大批专家到中国进行手把手的现场指导，帮助中国建立起了一整套现代工业体系的框架，实现了有史以来国家间最大的一次工业技术转移。这种诚心诚意的技术援助，融入中国工业建设者们前所未有的高涨热情之中，迅速发生了奇妙的化学反应，产生了惊人的效果。20 世纪60 年代初，苏联中止援助协议、撤走专家，不仅没有浇灭国人建设之火，反而激发出了另一波自力更生、奋发图强发展民族工业的澎湃热潮。

由此有限而珍贵的财政援助起点出发，到实行改革开放政策为止，中国被迫在一条基本封闭的独立自主的工业化道路上摸索前行，与两大阵营对峙下处于资本主义阵营的亚洲发展中国家和地区分道扬镳。

第一个五年计划完成之时，中国工业在自身基础上向前迈进了一大步，现代工业技术得到了大规模应用。五年时间里，工业总产值增长了128.6%，大大超过了原计划100%的增长幅度，平均每年增长19.2%，其中生产资料增长2.2倍，轻工业增长83%（平均每年增长12.9%），钢产量从135万吨增长到535万吨。罗德里克·麦克法夸尔与哈佛大学费正清教授编撰的《剑桥中华人民共和国史·上卷：革命的中国的兴起（1949—1965年）》对此有如下评论。从经济增长的数字看，"一五"计划相当成功。国民收入年均增长率为8.9%（按不变价格计算），农业产出和工业产出每年分别以3.8%和18.7%的速度递增。人口年增长率为2.4%，而人均产出年增长率为6.5%，这就意味着每隔11年国民收入就可翻一番。与20世纪前半叶中国经济的增长格局相比——当时产出增速仅和人口增速相当，二者的年增长率均为1%左右——第一个五年计划具有决定性的加速作用。即使是同20世纪50年代大多数新独立的、人均产出年增长率为2.5%左右的发展中国家相比，中国的经验也是成功的。例如印度，作为大陆型的农业经济国，其最初的经济状况和中国相似，但它在50年代的人均产出年增长率还不到2%。比经济增长更突出的是社会成就，具体表现为：中国人的平均寿命从1950年的36岁延长到1957年的57岁，学龄儿童的入学比率同期从25%增至50%。

"一五"计划期间，中国工业经济实现了真正意义上的跨越，这不仅表现在工业产值上，也表现在工业技术进步方面，而技术进步是国家制造业获得更为长远发展的基础。在旧中国一穷二白的工业基础这张"白纸"上，越来越多的美丽图画开始被描绘出来：载重汽车、海洋船舶、精密仪表、联合收割机、高效率机床、重型机床、自动化高炉／平炉／炼焦炉设备、联合采煤机、煤炭洗选设备、电铲、地质钻机、汽轮发电设备等，这些旧中国不能制造的产品和设备，现在制造出来了，机器制造这一工业心脏更加健康地跳动了起来；机器设备的自给能力，已由1949年前的20%左右提高到60%以上；中国已能够成批制造喷气式飞机，填补了航空工业的空白；在工业的基础——钢铁领域，合金钢、硬质合金、无缝钢管、大型钢材等新的工业品种生产出来了，不再只是提供普通碳素钢或轧制普通的中小型钢材。1952 年，中国只能生产 180 多种钢和 400 多种规格的钢材，1957 年已能生产 370 多种钢和 4000 多种规格的钢材；解放前所需钢材的 95% 依靠进口，1957 年全国所需 80% 以上的钢材可由国内生产。汽车制造从无到有，1957 年生产了 7900 辆；有色金属工业中新建了铝及其他有色金属冶炼和加工工业（尽管现在中国铝资源丰富，但 1949 年前全部铝材却均需进口）；化学工业建立和发展了生产高级染料、工业和航空油漆、塑料、磷肥、抗生素、飞机轮胎及特种橡胶制品等产品的部门，"一五"计划期间化学工业产品品种增加了近 1000 种；无线电和有线电工业也是"一五"计划期间建立起来的重要工业部门，当时中国已能制造包括收发报机、自动电话交换机在内的电信设备。此外，轻工业领域也建立了一些新的工业部门。同时，由于原有工业企业实行了技术改造，它们也逐渐具备了生产新的工业产品的能力。

图为歼 -5 型战斗机，是沈阳国营 112 厂（今沈飞集团公司）于 1956 年自主制造并批量生产的第一代战斗机，是中国制造并装备空军的第一种高亚声速喷气式战斗机。当年 10 月 1 日，第一批 4 架歼 -5 型战斗机参加了国庆阅兵，正在天安门城楼上检阅的毛泽东主席指着飞机自豪地对外国朋友说："我们自己的飞机飞过去了。"

中国基本的工业发展战略，就是在"一五"计划中提出的。1952年，中国第一、第二、第三产业占国内生产总值的比重依次为50.5%、20.8%和28.7%，其中工业增加值占GDP的比重只有17.6%；到了1976年，中国第一、第二、第三产业占国内生产总值的比重变为32.4%、45.0%和22.6%，其中工业增加值占GDP的比重为40.7%；两年后，中国第一、第二、第三产业占国内生产总值的比重变为27.7%、47.7%和24.6%，其中工业增加值占GDP的比重为44.1%。可以看出，尽管历经种种波折，这一时期，中国工业化仍然取得了长足进步。

从洋务运动引进机器工业以来，中国还从来没有过像这样集中、全面、系统地在短时间里完成以大工业为基础的国民经济体系的根本性改造的经历。只有大规模建立这样的基础工业，才能奠定一个强大国家必不可缺的牢固基础。

2.4 不对称战略：优先发展重工业

鸦片战争后的一个世纪，中国一直处于主权部分沦丧的状态，中华仁人志士努力奋斗的一大目标就是使祖国免遭列强侵略，因此他们有意识地特别强调以火力对火力的重要性，希望了解、应用和学习外国先进技术，以保卫中国。1952年后，中国倾力加强重工业建设、发展国防制造业的做法，也是民心所向，水到渠成，势在必得。

19世纪中叶，为了扳回英中贸易逆差，已是世界上最强大工业国家的英国竟然支持无耻的鸦片贸易，以此赚取中国的巨额白银。在林则徐虎门销烟后，英国更公然采用战争手段解决贸易冲突。区区2万英军，凭借先进的舰船枪炮横行于中国沿海。英国仅以死伤523人的代价，逼迫清政府签订中英《南京条约》。由此开端，此后一百年时间里，中国在东西方列强大炮的淫威下，签下1000多项不平等条约。到1937年日本发动全面侵华战争，当时的首都南京遭到日军屠城，中华民族更是面临亡国灭种的空前危险。正如毛泽东所言："我国过去是殖民地、半殖民地，不是帝国主义，历来受人欺负。工农业不发达，科学技术水平低，除了地大物博、人口众多、历史悠久，以及在文学上有部《红楼梦》等等以外，很多地方不如人家。"

落后就要挨打，痛彻心扉的百年屈辱史，苏联十年"铁血工业化"的历史经验，以及中华人民共和国成立伊始就与当时的世界头号强国在国门口的直接对垒，都强化了中国向国防制造倾斜的政策取向。为了捍卫新中国的生存权，倾尽国力发展重工业和国防工业，是新中国政府的不二选择。

1950年6月，朝鲜战争爆发，美国海军第七舰队进入台湾海峡，后来，美国把战火延烧至鸭绿江边，中国出兵参战。这样的政治和军事态势，逼迫中国政府必须迅速提高国防实力和整个国民经济的战争动员能力。此外，以美国为首的西方列强对社会主义中国实行了政治上孤立、经济上封锁的措施，切断了后者正常的国际经济交往和贸易，又迫使中国必须迅速建立起比较完备、自成体系的工业结构，而发展重工业是其中的关键。

1949年，中国重工业产值占工农业总产值的比重仅为7.9%，这是国家经济发展水平和经济实力落后的明显标志。基于对苏联经济建设经验的借鉴以及对中国现实的理解，党和政府选择了优先发展重工业的战略，并将这一战略作为社会主义工业化的中心环节，以国民经济计划的形式确定下来，目标是在获得政治上的独立之后独立自主地发展经济，实现经济的迅速起飞，以便早日摆脱贫穷落后的困境，迈上社会主义工业化康庄大道。第一个五年计划首要的基本任务，就是集中力量进行以苏联帮助设计的156个建设项目为中心、由694个重要建设项目组成的工业建设，建立中国社会主义工业化的初步基础。其中重工业占据了中心战略位置：建立和扩建电力工业、煤炭工业和石油工业，建立和扩建现代化的钢铁工业、有色金属工业和基本化学工业，建立制造大型金属切削机床、发电设备、冶金设备、采矿设备和汽车、拖拉机、飞机的机器制造业。作为工业建设的核心和骨干的156个重点工程都是重工业项目，起着填补工业领域空白、健全工业体系的作用。其中国防工业占了相当的分量，共44项，其中航空12项、电子10项、兵器16项、航天2项、船舶4项。"一五"计划期间，中国重工业基本建设投资占到工业基本建设投资的89.9%，占工农业基本建设总投资的 72.9%（《中国统计年鉴（1992）》）。

恢复了国家独立主权的中华人民共和国迅速扭转了中国近代百年颓势，卓有成效地展开了国家重建。由于在朝鲜战场与世界上最强大国家的交手中不落下风，中国的民族自信和国际威望大为提高，中国开始在工业化道路上大步前行，取得了令人瞩目的经济增速，突击建成了新兴的工业部门，奠定了一定的重工业基础。

苏联在 1927—1937 年间实行所谓的"铁血工业化"政策，迅速崛起为世界主要工业国之一。而中国在工业基础远比苏联建国初期薄弱的条件下，采用相对温和的社会主义改造政策，依靠优先发展重工业、高积累低消费的不平衡战略，在不到十年的时间里，初步建立起了自己的工业体系。

在更加突出国防需要的不对称战略的推动下，以"两弹一星核潜艇"为代表的中国国防制造业在工业基础仍相当薄弱、科技水平很低的条件下取得了重大突破。

1964 年 10 月 16 日 15 时，代号为"596"的中国第一颗原子弹在新疆罗布泊试爆成功，中国作为第五个成员跻身世界核俱乐部。两年之后，中国进行了第四次核试验，两弹结合，从双城子向罗布泊发射中程导弹，核弹头当量 2 万吨，中国具备了真正的核实战能力。由此中国建立起了自己的核武器工业，陆续制造出远程洲际导弹，打造了一支战略核潜艇部队，并拥有了以图 –16 中型轰炸机为主的中程核武器投射能力。1967 年 6 月，中国成功爆炸了第一颗氢弹；1970 年 4 月，又成功发射了第一颗人造地球卫星。1971 年，联合国恢复了中华人民共和国的合法席位。1974 年，邓小平出席联合国大会第六届特别会议，后来他感慨道："如果六十年代以来中国没有原子弹、氢弹，没有发射卫星，中国就不能叫有重要影响的大国，就没有现在这样的国际地位。这些东西反映一个民族的能力，也是一个民族、一个国家兴旺发达的标志！"

根据现已解密的资料综合估算，截至 1964 年 10 月中国爆炸第一颗原子弹，建设核工业体系与配套开支（如铀开采等）已达数十亿元，估计最多达到 80 亿元的规模；截至 20 世纪 80 年代初，包括核武装，如核潜艇、导弹、核武器开发等在内的核工业体系投资，总金额大约为 300 亿元。这些项目都是在极其困难的国民经济环境下举全国之力实现突破的特大项目。

尽管投入巨大，但创设原子能、导弹、航天和电子等国防工业体系，无疑是新中国成立后 30 年里取得的非常重大的成就。此外，需要加以说明的是，这一时期优先发展重工业，固定投资重点向重工业倾斜，比起开发大庆油田、建设多个钢铁基地和大型水利工程、化肥基地等项目，国防科技领域的直接投资在国家财政支出中所占比重并不算特别大。

英国国际战略学家劳伦斯·弗里德曼爵士曾经如此评说世界局势，"在广岛和长崎被原子弹轰炸后，没有哪个国家像中国一样如此接近核打击"。事实上，20 世纪五六十年代，中华民族在帝国主义的核讹诈下多次离万劫不复的深渊只有半步之遥。戈壁深处闪耀升腾的"蘑菇云"，是建设和发展自己的"护身符"。在国力赢弱的历史时期，采取优先发展国防重工业的不对称战略，也是理智而必然的选择。

2.5 初步工业化：工业体系成形

从 1953 年到 1977 年，中国工业总产值年均增长 11.3%。1952 年，中国工业总产值占社会总产值的比重为 34.4%，1978 年上升到 61.9%，中国已经由一个以农业产值为主的国家转变为一个以工业产值为主的国家。与 1952 年相比，1978 年一些主要工业产品的产量都有数十倍甚至数百倍的增长，跃居世界前列。例如，钢产量由 135 万吨增加至 3178 万吨（其中，成品钢材产量由 106 万吨增至 2208 万吨），居世界第 5 位；煤产量由 0.66 亿吨增加至 6.18 亿吨，居世界第 3 位；原油产量由 44 万吨增加至 10 405 万吨，居世界第 8 位；发电量由 73 亿度增加至 2566 亿度，居世界第 7 位；水泥产量由 286 万吨增加至 6524 万吨，居世界第 4 位；硫酸产量由 19 万吨增加至 661 万吨，居世界第 3 位；化肥产量由 3.9 万吨增加至 869.3 万吨，居世界第 3 位；化学纤维生产从无到有，1978 年产量已达 28.46 万吨，居世界第 7 位；棉布产量由 38.3 亿米增加至 110.3 亿米，居世界第 1 位；糖产量由 45 万吨增加至 227 万吨，居世界第 8 位；电视机生产从无到有，1978 年产量已达到 51.73 万台，居世界第 8 位；汽车产量从无到有，从 1955 年的 0.01 万辆提升到 1975 年的 13.98 万辆。20 世纪 70 年代后期的中国工业经济已基本达到 1961 年苏联和日本的水平，中国初步形成了门类齐全的工业体系。

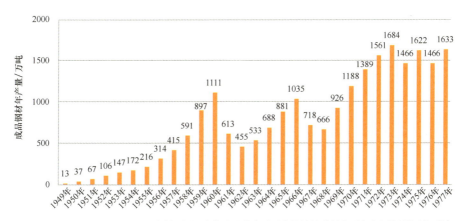

资料来源：中华人民共和国国家统计局《新中国六十年统计资料汇编》。

中国成品钢材年产量（1949—1977 年）

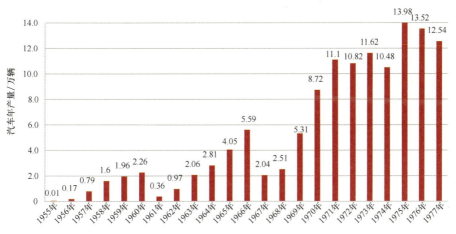

资料来源：中华人民共和国国家统计局《新中国六十年统计资料汇编》。

中国汽车年产量（1955—1977 年）

　　此外，工业的区域布局也有较大改善，改变了中华人民共和国成立初期工业主要分布在东北和东部沿海地区城市的区域不平衡状况，实现了重工业基础较为扎实的东北地区、面向纺织业和轻工业的东部沿海城市，与几乎未被现代工业触动的广大内地之间的相互融合，使这三种原先相互分离的经济形态逐渐实现一体化，全国工业区域布局渐趋合理。原先不发达的内地工业得到迅速发展，在中西部地区形成了不少工业中心，如以武汉、包头为中心的钢铁基地，山西、内蒙古、河南的煤炭基地，兰州的石油化工中心，成都、重庆的钢铁、机械工业基地等。为备战而推进的"三线"建设，客观上促进了中国西部地区经济的发展，改善了东西部经济发展不平衡的局面。

　　总之，1949年后的30年时间里，中国建起了一个由铁路运输、公路运输、内河航运、民航空运构成的交通运输网络，建立了独立的、比较完整的工业体系（包括国防工业体系和国民经济体系），为20世纪80年代后中国的经济起飞创造了有利条件。作为第三世界中最大的发展中国家，中国在一穷二白的工业基础上，克服千难万苦，以较快的速度初步建立起一个门类比较齐全、以大型国有企业为骨干的工业体系，这是现代中国的重大经济成就。这样一个独立自主、相对完备的工业体系，在全世界是独一无二的。中国能够雄立于当今世界，这一强大的实体化工业体系功不可没。这一工业体系对于中国人的价值和意义无比巨大，它是中国自鸦片战争、洋务运动以来，经过数代人前仆后继、流血流汗、奋斗牺牲，付出高昂代价换来的，是中国当今国力与命脉之所系，也是实现中华民族伟大复兴、未来完成新一轮工业革命以及技术升级的根本和基础。

　　受国际环境因素的制约和封闭内向发展路径的影响，加之借鉴苏联工业化的历史经验，新中国选择优先发展重工业的工业化战略，在实施过程中也出现了一些偏差。随着工业化实践经验的积累和对世界经济、中国国情的新认识，由优先发展重工业到实现工业现代化的战略转变，成为国民经济决策者的理性选择。钢产量不再是衡量工业化程度的唯一标准和最关键的因素，工业化的质量和科技含量比其产量和数量更为重要，甚至连工业化本身都不是国家建设的最终目标。1964 年 12 月，周恩来总理在第三届全国人民代表大会第一次会议上的《政府工作报告》中提出，今后发展国民经济的主要任务，"就是要在不太长的历史时期内，把我国建设成为一个具有现代农业、现代工业、现代国防和现代科学技术的社会主义强国，赶上和超过世界先进水平"。为了实现"四化"，从第三个五年计划开始，"第一步，建立一个独立的比较完整的工业体系和国民经济体系；第二步，全面实现农业、工业、国防和科学技术的现代化，使我国经济走在世界的前列"。中国正式吹响了进军工业现代化的号角。

国民经济在曲折中发展，工业化最为艰难的第一步，终究还是成功迈出了。

2.6　反思与启示：初步工业化的力量来源与经验教训

中华人民共和国的成立，终结了中华民族长达一个多世纪饱受欺凌的历史，彻底废除了列强强加的所有不平等条约和帝国主义在中国的一切特权，实现了民族独立和人民解放，为推进大规模工业建设创造了必不可少的社会条件。从新中国成立到改革开放前夕，神州大地经历了有史以来最为广泛而深刻的社会变革，取得了一穷二白、人口众多的农业大国初步实现工业化的巨大成就。虽然这一发展探索过程中也曾有过种种曲折，但这近 30 年积累起来的理论和实践、精神和物质成果，还是为后来中国改革开放时期的快速工业化提供了宝贵的经验，做好了一定的理论准备，奠定了必不可少的物质基础。

民族独立和人民解放创造了工业化社会条件

新中国成立后，对外卓有成效地维护了国家的独立和主权完整，对内大刀阔斧地荡涤了旧社会留下的污泥浊水，人民当家做主，社会面貌焕然一新，中华民族开启了政治稳定和社会信任的新纪元，第一次真正具备了全民动员实现工业化建设的社会条件。

土地改革和农业合作化运动让以自耕农为主体的中国农民开始学习如何组织自己、形成社队。全民扫盲基础教育的普及和国家工业化的强力意志结合在一起，第一次唤醒了全国民众而不只是少数精英阶层潜在的创造精神和民族制造精神。与1949年之前的社会相比，新中国的社会组织和治理不再局限于中上层，而是深入社会基层、工厂车间、部队连排、农村社队乃至家庭，令行禁止，中央政府的政治治理政策和经济规划得以在全社会广泛传播，深入贯彻、实施和执行，这彻底结束了旧中国一盘散沙的社会局面，激发了全民建设国家的爱国热情，使得大规模工业建设的探索过程充满活力。

民族制造精神推进工业化

中国的工业化建设是一项崭新的事业，面临着许多难以预料的风险和考验。而中国的工业化进程是在贫穷落后的基础上起步的，尤其是中国选择了优先发展重工业的工业化道路，必须保持较高的"积累率"，实行消费紧缩政策，人民群众基本生活需要的满足和生活水平的提高不可避免地受到影响。在国际环境方面，中国面临西方国家的种种威胁、军事挑战和经济封锁，进入20世纪60年代后更是雪上加霜，民众不得不节衣缩食，以保持国家较高的战备水平。在种种不利条件下，中国人民顶住压力，克服重重困难，冲破帝国主义封锁，自力更生，发愤图强，艰苦创业，在资金和技术严重不足的情况下，只用了四分之一个世纪就建成了一个相对独立、完整的初步现代工业体系。追根溯源，其中最重要的动能来自工业化进程中产生的以大庆精神、"两弹一星"精神为代表的民族制造精神。它们是中华民族精神的升华，是推进社会主义工业化进程的精神力量。正是在这样的民族制造精神的激励下，中国的建设者们迸发出了无穷的能动性、自觉性和创造性，创造了中国工业化史上的许多奇迹，为中国最终迈入现代工业化国家的行列奠定了基础。

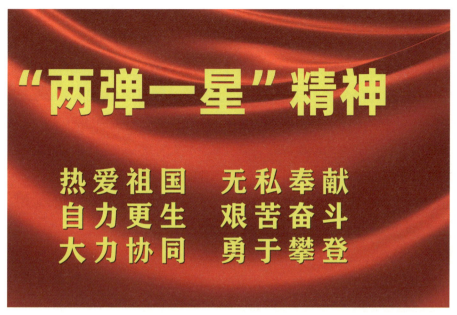

"两弹一星"精神

必须基于国情选择工业化路径

世界各国工业化的历史经验和教训一再证明，走符合本国国情的工业化道路，是实现工业化的关键。1949 年后中国 30 年的工业化实践也证明：从中国这个经济落后的农业大国的具体国情出发，坚持实事求是的原则进行工业化建设，工业化进程就有可能顺利开展；反之，如果单纯从主观意愿出发，违背客观经济规律，工业化进程就将受挫。

中华人民共和国成立初期，因为缺乏经验，在工业化建设方面不得不学习甚至照搬苏联的经验和做法。"这在当时是完全必要的"，但"同时又是一个缺点，缺乏创造力，缺乏独立自主的能力。这当然不应当是长久之计"（《毛泽东文集》第 8 卷）。苏联模式的国家组织形式、面向城市的发展战略以及各种各样特定领域的政策和方法，为中国的经济建设提供了参考甚至模仿的蓝本。尽管如此，新中国后来并没有完全直接照搬苏联的经验，在社会主义建设阶段，坚持走自己的工业化道路，随着时间的推移，对于苏联经验在许多关键领域的应用，都根据具体国情进行了调整。例如，十月革命后，苏联采用暴力手段和强力行政措施没收资本主义工商业，使其变为国有。而中国的社会主义工业化建设过程则坚持立足国情，探索适合中国的工业化道路，显示出通过和平、渐进的赎买方式走向工业化的特征。苏联的社会经济模式是在十月革命后为适应政治、军事和经济的需要，通过集中有限的人力、物力于主要的经济部门以迅速增强国力而建立起来的计划体制。中国在社会主义建设初期借鉴了苏联的计划经济体制，但中国的计划经济体制自始至终都伴随着不同规模的商品和市场，中间除一小段时间外，中国的计划经济并未把消灭商品和市场真正付诸现实行动，始终有"准市场"的存在空间，这与苏联的计划经济体制有着很大不同。

作为新中国的重点发展产业，制造业获得了巨大发展，1978 年的制造业增加值达到 1953 年的 13.41 倍，但发展并不平稳，历年波动起伏的幅度相当之大。制造业增长率从 1953 年的 30.5%，到 1961 年的 −40.69%，再到 1969年的 39.08%、1972 年的 −10.31%、1978 年的 14.19%，呈现出"几起几落"的曲折发展态势，如同坐上了忽上忽下的过山车。此间既积累了初步工业化的宝贵经验，又留下了欲速则不达的惨痛教训。

1953—1978 年中国 GDP 增长率、工业增加值增长率与制造业增长率

年份	GDP 增长率	工业增加值增长率	制造业增长率
1953年	15.60%	35.70%	30.50%
1954年	4.30%	18.20%	15.42%
1955年	6.90%	6.70%	5.86%
1956年	15.00%	28.80%	28.12%
1957年	5.10%	11.40%	11.19%
1958年	21.30%	53.60%	37.53%
1959年	9.00%	29.40%	36.87%
1960年	0	6.70%	11.85%
1961年	−27.30%	−38.90%	−40.69%
1962年	−5.60%	−13.10%	−17.61%

续表

年份	GDP 增长率	工业增加值增长率	制造业增长率
1963 年	10.30%	13.40%	10.48%
1964 年	18.20%	25.40%	22.75%
1965 年	17.00%	25.60%	26.59%
1966 年	10.70%	23.50%	21.22%
1967 年	−5.70%	−15.10%	−16.62%
1968 年	−4.10%	−8.20%	−9.72%
1969 年	16.90%	32.90%	39.08%
1970 年	19.30%	35.00%	34.95%
1971 年	7.10%	12.40%	16.97%
1972 年	3.80%	7.60%	−10.31%
1973 年	7.80%	8.70%	10.22%
1974 年	2.30%	1.00%	0.40%
1975 年	8.70%	15.90%	15.12%
1976 年	−1.60%	−3.00%	0.63%
1977 年	7.60%	14.30%	14.68%
1978 年	11.70%	16.40%	14.19%

资料来源:《中国统计年鉴》(中国统计出版社，1981—2011 年出版)，《中国工业交通能源 50 年统计资料汇编（1949—1999）》(中国统计出版社，2000 年出版)。

1953 年提出的过渡时期总路线确定，要在一个相当长的时期内，逐步实现国家的社会主义工业化，并逐步实现国家对农业、手工业和资本主义工商业的社会主义改造。实现社会主义工业化成为国家在经济上的基本国策和社会主义建设的中心任务。工业化的基本内容是：建立独立完整的工业体系，改变工业的落后状况，提高国家自力更生的能力。"一五"计划完成之时，我国已经基本建立起了社会主义工业化的初步基础，展示出了工业化未来发展的美好前景。

1956 年召开的党的八大根据我国社会主义改造基本完成后的形势，提出全国人民的主要任务是集中力量发展社会生产力，实现国家工业化，逐步满足人民日益增长的物质和文化需要，走出一条适合我国国情的工业化道路。

在第二次世界大战结束后的几十年时间里，就在中国人民独立自主、胼手胝足地建设民族工业之时，得益于西方资本主义经济复苏和全球经济扩张产生的影响，世界工业产量出现了空前的增长。有经济史学家统计过，1953—1973年这20年间的世界工业累积产量，相当于之前自1800年以来一个半世纪的产量；从1954年到1975年，世界工业产量年均总增长率达到引人瞩目的6%。这一变化的根源，可以归于被战争破坏了的经济的恢复、新技术的发展、农业向工业的不断转变、把国家资源纳入计划经济之中，以及工业化扩展至第三世界等多种因素的合力作用。

反观中国，尽管经济增速不慢，但由于人口暴增——到1978年，中国人口占到世界总人口的22.3%，而GDP仅占世界生产总值的4.9%，仅比1952年提高了0.3个百分点——这一年，中国的人均GDP水平只有世界平均值的22.1%，相比1952年还少了1.7个百分点（《中国经济的长期表现——公元960—2030年（修订版）》，安格斯·麦迪森著）。就这一时间节点来说，赶超发达国家的宏伟目标显然还是非常遥远的，实现还是非常渺茫的。

图为甘肃酒泉卫星发射中心的发射塔架——当年成功发射了我国第一颗人造卫星东方红一号

回望 1949—1978 年这 30 年，在中国的广袤大地上，既上演过辉煌岁月的凯歌行进，也经历了曲折发展时期的波折起伏。然而，不可否认的历史事实是，中国工业化的复兴曙光终于普照中华大地，初步工业化的探索实践建立起了以重工业为主的、较为完整的自主现代工业体系，为 1978 年后的加速工业化奠定了坚实基础。

第三章 『第五极』崛起

改革开放后的30年时间里，中国制造异军突起，是继欧洲制造、美国制造等『四极』陆续崛起之后的『第五极』突破，在神州大地上拉出了一条令人赏心悦目的工业化陡峭上扬的曲线。中国形成了举世无双、行业齐全的完整工业体系，为世界工业化的发展历史谱写了浓墨重彩的后发新篇章。

实现现代化与消除贫困的巨大压力和渴望，激发了中国人民巨大的创造能量。始于 1978 年的改革开放进程，以"摸着石头过河"的方式，不断寻求适合中国国情的发展道路，摆脱了长期计划经济发展模式的束缚，展开了有中国特色的市场经济实践。在全球化的大背景下，中国抓住全球制造业历史性的产业迁移机会，进入加速工业化阶段。经过 30 多年的艰苦奋斗，中国制造异军突起，中国重新回到世界第一制造大国的位置，创造了令世人瞩目的"中国奇迹"，实现了历史性跨越。

3.1 "五极"的崛起与突破

中国制造的异军突起，是继欧洲制造、美国制造等"四极"陆续崛起之后的"第五极"突破，在世界工业发展史上写下了浓墨重彩的后发新篇章。

先让我们按时间顺序梳理一下世界制造历史上"五极"出现的前因后果。

第一极：欧洲制造开风气之先

自 18 世纪末开始，在工业革命和工业化浪潮的影响下，国际力量对比逐渐变得不利于旧有的一流强国，而有利于那些既有资源又善于组织利用新生产工具和新技术的国家。工业革命的发源地——英国率先转型成功。英国经济在 1800 年以前已呈蒸蒸日上之势；到 19 世纪下半叶，西欧多国也取得了类似英国的长足进步。殖民优势带来的资本原始积累和世界市场的成功开拓，将工业革命点燃的欧洲转型之火烧得更旺，欧洲成为历史上制造业"觉醒"的最早一极，在 19 世纪中叶确立了全球优势。

以蒸汽机的发明和广泛使用为标志的第一次工业革命，让英国从田园牧歌的农业时代奔向以纺织、钢铁、造船等为代表的烟囱林立的大工业时代。从伯明翰到曼彻斯特，从格拉斯哥到南威尔士，从苏格兰到伦敦工业区，几乎遍布整个英国国土的工厂如雨后春笋般蔓延开来。借助大航海贸易的东风和疯狂的殖民扩张，大英帝国把商品投放到了全世界几乎每个角落，其在全盛时期统治着约占全球四分之一的疆域和人口，控制了几乎所有的海域。当世界上其他国家大都还在农耕文明边缘徘徊之时，英国率先完成了工业革命，建立了强大的制造业部门。19世纪20年代，只有不到2000万人口的英国却占据了世界工业总量的50%，即使后来其市场份额因法国、德国、美国等工业强国的崛起而有所下降，1870年的英国仍然占据着全球工业总量的约32%，居世界首位。直到19世纪末，英国的工业霸主地位才被美国超越。在两次世界大战中，英国受损严重，国力遭到大幅削弱，但仍保有强大的工业基础。"二战"结束后的20世纪50年代，只有5000多万人口的英国，有近900万人从事制造业，另有90万人是煤矿工人。1950年，制造业对英国GDP的直接贡献占比达到三分之一，英国的出口贸易额占到全球工业品出口额的四分之一，比战后的德国、法国和意大利加起来还要多。直到20世纪中后期，英国经济避实就虚，开启了"去工业化"进程，制造业才日渐式微。

在英国崛起和对外殖民扩张的过程中，从经济角度来看，强大的制造业和商品贸易是驱动其世界霸业的两个轮子。工业革命时期，英国虽然失去了北美殖民地，但不断在大洋洲、亚洲等地扩张新的殖民地以弥补其损失，并通过《航海条例》禁止殖民地之间进行自由贸易，不允许殖民地发展危及其帝国地位的制造业，牢牢地把商品制造和商品贸易的权利掌控在自己手中。

在英国取得经济霸权后的几十年时间里，随着交通运输条件的大规模改善，工业技术加速从一个区域向另一个区域转移。在自由贸易思想广泛传播、关税壁垒削弱和其他重商主义措施的影响下，欧洲诸国先后进入工业化阶段。其中最为突出的代表是德国，其凭借独特的科技优势，在19世纪中叶开始步入世界工业生产和贸易国家的前列。

19世纪30年代，德国发生了它的第一次工业革命，其间涌现出了一批世界知名的科学家兼工程师。德国启动了世界上最早的真正意义上的企业实验室，利用基础研究的突破、煤化学科研新成果，率先开创了现代化学工业，发展了合成化学技术及工业，由合成燃料带动合成纤维、制药、油漆、合成橡胶、造纸和酸碱工业的快速发展，引领世界进入了合成化学和人工合成品时代。到 1895 年，德国所有产业的产量全部超过英国，其成为世界制造中心。

1750—1900 年世界制造业产量的相对份额百分比

国家 / 地区	1750 年	1800 年	1830 年	1860 年	1880 年	1900 年
整个欧洲	23.2%	28.1%	34.2%	53.2%	61.3%	62.0%
英国	1.9%	4.3%	9.5%	19.9%	22.9%	18.5%
奥地利（哈布斯堡王朝）	2.9%	3.2%	3.2%	4.2%	4.4%	4.7%
法国	4.0%	4.2%	5.2%	7.9%	7.8%	6.8%
德意志诸邦 / 德意志	2.9%	3.5%	3.5%	4.9%	8.5%	13.2%
意大利诸邦 / 意大利	2.4%	2.5%	2.3%	2.5%	2.5%	2.5%
俄国	5.0%	5.6%	5.6%	7.0%	7.6%	8.8%
美国	0.1%	0.8%	2.4%	7.2%	14.7%	23.6%
日本	3.8%	3.5%	2.8%	2.6%	2.4%	2.4%
当今第三世界各国	73.0%	67.7%	60.5%	36.6%	20.9%	11.0%
中国	32.8%	33.3%	29.8%	19.7%	12.5%	6.2%
印度 / 巴基斯坦	24.5%	19.7%	17.6%	8.6%	2.8%	1.7%

资料来源：《大国的兴衰：1500—2000 年的经济变迁与军事冲突》（保罗·肯尼迪著）。

第二极：美国制造夺取霸主宝座

在独立后的半个世纪里，美国几乎没有自己的制造业，因为之前英国凭借强大的制造能力、充裕的资本所提供的优质廉价商品，如潮水一般淹没了美国孱弱而幼稚的制造业。英国严禁北美殖民地兴建炼钢高炉和轧钢厂，也不允许开办不以本地消费为目的的日用商品制造厂。当时美国的制造业基本上都是家庭作坊，所谓的工人主要是木匠、铁匠、鞋匠等。

美国独立之初，面对英国的打压，对发展制造业仍存在很大的分歧——

出生于弗吉尼亚州的一位开国元勋托马斯·杰斐逊习惯并喜爱传统的南方庄园生活，希望维持世外桃源式的农业社会；另一位开国元勋亚历山大·汉密尔顿则坚持美国必须拥有强大的工业，并于 1791 年 12 月向国会提交了著名的《关于制造业的报告》。在这份报告中，汉密尔顿指出，每个国家都应该把人民生活所需要的衣、食、住、行等生活物资的生产掌握在自己的手里，必须发展制造业，因为制造业的发展与国家真正意义上的独立是密切相关的，是一个国家经济独立的基础和前提。当时美国的社会经济由依附于英国的种植园主和大商人主导，汉密尔顿的提议并未受到重视。尽管托马斯·杰斐逊"农业立国"的主张起初受到欢迎，但残酷的现实让美国人民最终认识到，没有强大的制造业，就没有国家富强的基础。

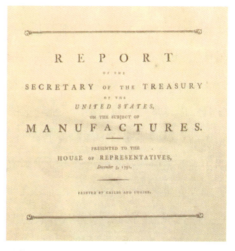

图为 1791 年 12 月时任美国财政部长的亚历山大·汉密尔顿向国会提交的《关于制造业的报告》，该报告中提出的主张后演变为美国发展制造业的基本国策

在汉密尔顿所提经济政策的主导下，美国大幅提高关税以保护本国的幼稚工业，强力发展美国未来的战略性优势产业，即制造业，而不是当时的静态比较优势产业，即农业。而后，美国的纺织、钢铁、煤炭等产业迅速崛起。以钢铁为例，1886 年，美国成为全世界最大的钢铁生产国，到 19 世纪末，美国的钢材产量已经占到全世界总产量的约三分之一，宾夕法尼亚州、俄亥俄州、印第安纳州和伊利诺伊州的钢铁厂逐渐成为规模庞大、资金实力雄厚的大型工业企业。其实，早在南北战争结束后，美国随即迅速进入工业化进程，19 世纪 70 年代末其国内生产总值已经超过英国。1870 年，英国的制造业产值仍占据世界四分之一的份额。1894 年，美国制造业产值首度超越英国，问鼎世界第一制造大国。美国在夺取了世界第一宝座之后的 110 多年时间里，始终维持着世界制造业霸主的

地位。20世纪初，美国制造业产值占全球制造业产值的三分之一左右，"二战"爆发时大约是日本和德国产值之和的两倍，"二战"结束后更是占据了整个世界的半壁江山。时至今日，美国看似走衰的制造业，其实仍然拥有强大的影响力和生命力。

第三极：日本制造成就"日本奇迹"

在中国遭遇西方入侵的鸦片战争之后十数年，日本于1853年发生"黑船事件"，日本幕府被迫签订一系列不平等条约，向美国等西方列强开放港口。1868年，明治天皇建立新政府，推行近代化政治改革和经济改革，大力发展教育，以"富国强兵、殖产兴业、文明开化"为号召，大张旗鼓地发动明治维新运动，最终促使日本加速走上资本主义道路并跻身近代资本主义强国行列。明治维新之后，日本通过学习欧美国家近代工业化的经营理念、制度设计，引进国外先进技术和设备，不断加快工业化进程，改变了原先制造业基础薄弱、产业结构不合理的状况，奠定了制造业发展的坚实基础。

日本制造能够继欧美之后崛起为世界制造的"第三极"，还有赖于日本人强烈的危机意识和根深蒂固的"制造文化"。哈佛大学费正清东亚研究中心（现哈佛大学费正清中国研究中心）前主任傅高义在1979年出版的《日本第一：对美国的启示》一书中感慨道，"日本的国土面积小，工业原料资源有限，人口稠密，多自然灾害，这样一个国家却能在短短一百多年的时间内成为仅次于美国的世界第二大经济体，一度让欧美世界惶惶不安"。其实，并不理想的地理环境和自然资源禀赋，恰恰造就了日本特殊的制造理念。日本人自己认为，如果没有制造业，日本将再无可依靠者。在制造模式上，日本发明并完善了精益制造生产方式，丰田的崛起就是精益制造的成功典范。丰田采取准时制（Just In Time，JIT），全员积极参与改善生产流程，该理念超越了美国福特流水线规范化大生产理念。凭借优异的质量控制和性价比竞争优势，丰田在两次"石油危机"的助力下，对欧美汽车厂商造成了巨大冲击。

凭借在全球市场抢占的制造业份额，日本积累了巨大的财富。1985年，日本取代美国成为世界上最大的债权国，日本制造的产品充斥全球。以收购美国洛克菲勒大厦为标志，日本掀起所谓"购买美国"的热潮，对美国朝野产生极大震动，日本资本疯狂扩张的脚步，令美国人不由得惊呼"日本将和平占领美国"。

物极必反，就在 20 世纪 80 年代中期，日本被迫与美国签订了著名的"广场协议"，日元升值，日本经济增长冲顶之后泡沫破裂，陷入漫长的发展低谷。日本经济总量最高时曾经占全球生产总值的 17.8%，这一占比在 2017 年降至 6.057%，2021 年进一步降为 5.14%。

得益于雄厚的制造业实力，日本曾占据世界第二大经济体位置几十年时间。而日本经济总量占全球比重的下降，自然也与日本制造业的衰落息息相关。不过，由于日本已经建立起完善的高端工业体系，现在日本制造业在全球工业供应链中仍然发挥着至关重要的作用。2011 年日本福岛大地震引发核泄漏危机带来的后续影响提醒人们，日本在一些重要但通常容易被忽视的领域（如精密零件和材料）仍然具有极强的比较优势。举例来说，其时日本半导体生产商瑞萨占据着全球近 50% 的车用微控制器市场（2021 年这一市场份额降至 19% 左右），当瑞萨的微控制器工厂因地震而停工时，从日本汽车制造中心名古屋到美国亚拉巴马州的组装工厂，都因"缺芯"而被迫停顿。

第四极："龙虎"经济体顺势承接，金榜题名

日本是亚洲第一个在 19 世纪末成功复制工业革命的国家，在第一次世界大战前已经是世界工业化俱乐部的成员，是亚洲唯一的发达国家；在第二次世界大战后从废墟上重建，利用朝鲜战争，以极快的速度恢复经济并跃升到世界前列，又成为亚洲第一个在 20 世纪上半叶基本完成工业化的国家。在世人眼中，日本总在创造奇迹，它的再度崛起似乎只能说是亚洲的一个例外。

19 世纪 50 年代初期，工业化水平很低的 4 个亚洲经济体（韩国、新加坡、中国台湾地区和中国香港地区）人均地区生产总值只有 100 美元左右。然而，从 20 世纪 60 年代中期开始，它们的经济在二三十年的较长时期里持续快速增长，成为新兴工业化经济体，创造了"日本奇迹"之后所谓的"东亚奇迹"（其

实其中的新加坡位于东南亚地区），工业由劳动密集型产业逐步发展为资本、技术密集型产业，因此它们得了"亚洲四小龙"的名号，这着实让不少产业分析专家大跌眼镜。

1965—1973 年，"亚洲四小龙"的地区生产总值年均增长率从 7.9% 到 12.7% 不等，而同期低收入国家和地区的年均增长率只有 5.6%，下中等收入国家和地区为 6.8%，上中等收入国家和地区为 7.7%，市场经济工业国家和地区则为 4.7%。在其后的 1974—1984 年，它们的地区生产总值年均增长率从 7.2% 到 9.1% 不等，而同期低收入国家和地区的年均增长率为 5.3%，下中等收入国家和地区为 4.2%，上中等收入国家和地区为 4.5%，市场经济工业国家和地区为 2.4%。

进入 20 世纪 80 年代后，东南亚地区的印度尼西亚、泰国、马来西亚和菲律宾继续承接国际产业转移，有过十几年的经济高速发展时期，被称作"亚洲四小虎"。

亚洲"龙虎"上榜，其实就是典型的在生产过剩条件下，制造业发达国家向制造业欠发达，但具备良好海运港口条件的地区转移劳动密集型加工生产线的产业外移。后者顺势而为，从积极发展劳动密集型产业起步，充分发挥各自的比较优势，扩大出口，不断加深外向型经济程度，通过不断积累资本和技术，逐步升级到资本、技术密集型乃至信息密集型产业。

例如，韩国在特定阶段采取了有选择、有重点的产业政策。而技术创新为韩国的经济发展提供了强大的动力。韩国的技术创新经历了引进—消化—吸收—自主创新的历程。经过多年发展，韩国形成了较为完备的以企业为主体、产学研结合的技术创新体系，企业成为技术创新的主体。

而新加坡在 1965 年脱离马来西亚而独立时，只是一个破落不堪的海港小城，尽管占据了地理位置与海港运输上的优势，但国土面积狭小（仅数百平方公里），自然资源匮乏，连淡水供给都有困难。新加坡在建国之初，工业基础薄弱，百业凋敝，失业人口众多，这样一个国家如何一跃成为"亚洲四小龙"之一？当时，在李光耀的领导下，新加坡根据本国的地域特点和现实情况，把经济发展模式定位为"外向型、开放型"，取消了 300 多种关税，大力引进外资，在土地、税收方面给予外资优厚待遇。新加坡迅即成为全球的"投资天堂"和"世界工厂"。新加坡依靠外资的大力推动，通过十多年时间的努力，实现了国家经济的飞跃。尤其是在以制造业为主导的外向型经济发展到一定程度时，新加坡政府适时提出了"第二次工业化"的发展理念，推进经济转型与产业升级，完成了从劳动密集型制造业向资本、技术密集型工业和服务业的跨越。秉承这一理念，新加坡在 20 世纪 90 年代形成了高新技术经济、知识经济新局面。

顺应世界产业转移大潮，承接发达国家的外迁劳动密集型产业，从而积累资本，因地制宜地提升本土制造业层次的成功经验，证明后发者也有自己的发展优势：可以学习发达国家的经验，根据本土要素禀赋特征制定适宜的产业政策，借鉴和应用已有技术实现技术的跨越式发展，赶超发达国家。

中国制造：第五极"觉醒"

1817 年，试图与清政府商谈贸易问题的英国外交官阿美士德铩羽而归，返国途中他经过监禁拿破仑的圣赫勒拿岛，于是拜访了这位传奇人物，想听听他对中国问题的看法。阿美士德认为，中国的专制统治者冥顽不化，只有通过战争敲开中国的大门，才能使他们明白打开国门对双方都有好处的道理。拿破仑对此不以为然：同这个幅员辽阔、物产丰富的帝国作战，开始时你们可能会成功，但你们也会让他们明白他们自己的力量——他们会思考；他们会建造船只，用火炮把自己装备起来；他们会把炮手从法国、美国甚至你们英国的伦敦请来，建造一支舰队，把你们打败。阿美士德反驳说，中国表面强大的背后是泥足巨人，很软弱。对此，拿破仑表示怀疑，他认为中国并不软弱，它只不过是一头沉睡的雄狮。以今天看来，狮子睡着了，连苍蝇都敢落到它的脸上肆无忌惮地爬来爬去。但中国一旦被惊醒，世界都将为之震动。

近代中国主权沦丧、文明衰败，已传承数千年的古老文明面临着不是亡国灭种就是湮没无闻的悲惨命运。中国人民不甘沉沦，经过浴血奋战，终于挣脱了列强的枷锁，投身于大规模工业化建设中。沉睡的"东方雄狮"开始觉醒，社会和经济面貌发生了根本性的变化。特别是改革开放之后，中国抓住全球制造业梯度转移的机遇，制造业生产能力突飞猛进，经济总量、制造业产值、进出口贸易额、利用外资规模等重要指标跻身世界前列，创造了"中国奇迹"。

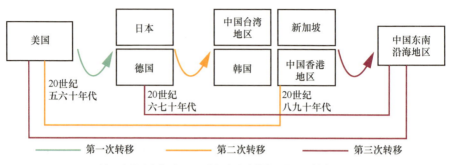

第二次世界大战后至 20 世纪末全球制造业的三次梯度转移

中国制造在大机器生产时代的重新崛起，是古老文明大国的一次经济复兴，其对世界的贡献和影响无比巨大。

3.2 工业化曲线陡峭上扬

工业化在中国快速且高效地推进，是在改革开放以后。1978 年 10 月，时任国务院副总理的邓小平抵达日本东京，展开了为期 8 天的对日访问。根据行程安排，邓小平一行 10 月 26 日要从东京前往京都。东京与京都之间的距离大约为 370 公里，坐飞机太近，坐汽车又太远，日方极力向中方代表团推荐乘坐新干线。在乘坐"光-81 号"新干线列车时，工作人员问邓小平乘坐新干线有什么想法。他回答说："就感觉到快，有催人跑的意思，所以我们现在更合适了，我们现在正合适坐这样的车。"

这几句随口而出的家常话简直就是对中国此后经济高速发展的预言，中国改革开放总设计师脑海中的宏伟蓝图逐步在中国大地上变成现实。就像飞驰的高速列车一样，中国经济高效率地运转起来、奔跑起来，中国进入了快速工业化的发展时期，最终拉出了一条世所罕见、陡峭上扬的工业化曲线。

1978 年 12 月，党的十一届三中全会召开，开启了中国改革开放的新进程。经过几十年的社会主义建设探索实践，党和政府认识到，要解放和发展生产力，实现国家现代化，让中国人民富裕起来，实现中华民族的伟大复兴，改革开放是唯一出路。

1949 年后 30 年的时间里，中国模仿当时苏联的计划经济体制，建立了较为完整的制造业体系，具备了生产各类工业产品和消费产品的能力，并优先发展重工业，奠定了较为扎实的军工制造业基础。但是，重工业毕竟都是资本密集型产业，计划经济体制将资源向发展重工业倾斜，在资本极端短缺、低端劳动力极端充裕的基本国情下，也显现出了弊端。由于缺乏发达国家工业化初期的殖民资本积累、对外贸易、外资引进以及原有工业的积累，中国被迫长期依靠工农业产品剪刀差实现资金积累，同时抑制轻工业投资规模，扭曲了各种要素和产品的价格，削弱了农业和轻工业的发展潜能，限制了工业吸纳劳动力的数量，劳动者尤其是农民收入长期处于低水平，贫困人口数量居高不下。工业技术与世界先进水平的总体差距并未缩小，而在封闭条件下建立起来的重工业国企，缺乏开放竞争市场中的自生能力，这些都成为后来中国改革开放过程中十分棘手的难题。

1979 年 11 月，邓小平会见美国不列颠百科全书出版公司副总裁弗兰克·吉布尼等人时，提出了"社会主义也可以搞市场经济"的著名论断，为社会主义建设找到新的活力之源指明了方向。从 20 世纪 80 年代中国引入市场经济概念到 90 年代确立市场经济体制，中国工业摆脱了计划经济的束缚，走向市场，并逐步建立起包括生产资料市场、资金市场、劳动力市场、技术市场、企业产权市场等生产要素的市场体系，形成了国有经济与民营经济共同发展、相互补充的多元化工业经济格局。特别是 2001 年正式加入 WTO 之后，随着制造业融入全球产业链，中国昂首迈进世界工业大国行列。中国长期锲而不舍地执着于推进工业化，终于在改革开放的和煦春风中找到了一条适合自身国情的快行道。

改革开放后的第一个十年

尽管国有企业还是中国制造业的绝对主流，但是，"忽如一夜春风来，千树万树梨花开"，从允许个体创业开始，到乡镇企业遍地开花，不过短短几年时间而已。这期间，乡镇企业数量增长了 12 倍，生产总值增长了将近 14 倍，占 GDP

的比重从 14% 上升到近 50%。乡镇企业的发展，是开启中国快速工业化的关键。

这一时期，中国的经济政策由内向型转向外向型，从"进口替代"转向"出口导向"，探索出来料加工、来样加工、来件装配和补偿贸易的"三来一补"国际贸易形式，开辟了深圳等经济特区，大力引进境外投资，大规模建设出口产品生产基地。

乡村经济、民营经济的繁荣及外资的进入扩大了中国市场的规模，一些军工企业也开始生产民用产品。在经济改革中初尝实惠的城乡居民接触到了各种新鲜商品，民间俗称的"三大件"品种不断丰富和变化，电视机、洗衣机、电冰箱逐步成为所有家庭的必备电器。食品和各类消费品品种日益丰富，轻工业和低端消费品制造业得到长足发展。

改革开放后的第二个十年

中国的民营制造业崛起，外资制造业大规模进入中国，引爆了以规模化、劳动密集型方式生产和出口大批量日常消费品的革命。这一时期，劳动密集型工厂遍布中国城乡各地，作为中国工业革命"后备军"的农民工开始大规模流动。为满足国内和国际市场的需求，中国制造了大量轻工业产品，但高端生产设备主要依靠进口。其间，中国抓住了纺织品这个最大的轻工业产品市场，找到了快速工业化的旗舰产业和市场，发展成为全球最大的纺织品出口国。

随着国家政策的不断放开以及沿海地区开放程度的逐渐提高，民营企业日益崛起。"苏南模式"和"温州模式"成为两种体制改革的典型模式。随着经济特区的实验示范、股票市场的建立、商品房的出现，中国基本实现了由计划经济向市场经济的转型，而中国市场也逐渐由供不应求的短缺经济形态转向供大于求的过剩经济形态。

在这十年时间里，广东成为中国经济发展的龙头，江浙地区的民营经济同步崛起，形成了珠三角和长三角两个巨大的"增长极"。中国沿海地区的制造业迅速发展，内地的制造业乃至经济实力与沿海地区之间的差距逐渐拉大。而大量刚从计划经济转轨过来的国有企业不适应市场经济的打法，缺乏竞争意识、品牌意识，在市场竞争中出现亏损甚至破产倒闭的现象，不少国有企业原先拥有的知名品牌在这个时期遗憾陨落。

在中国走向市场经济的大潮中，国家充分鼓励民营经济的发展，成就了一大批民营企业家。他们脱颖而出，依靠灵活的市场嗅觉和敢为天下先的企业家精神，在中国经济转型的过程中逐渐赢得了竞争优势。"营销"尤其是"广告"成为中国民营企业打开市场的金钥匙，央视"标王"现象引人注目。有些籍籍无名的中小企业一掷千金，竞得"标王"，一夜成名，甚至成为家喻户晓的品牌企业；与此同时，天价标额也引发了市场的恶性竞争，又让一些声名鹊起的明星企业如流星般划过天空，陨落破产。众多民营企业也正是在这个时期完成了资本原始积累。在这一时期，还有大量原先在国有企业工作的管理和技术人员"下海创业"，创业者开始受到社会的广泛尊重。

在这十年中，中国大力兴建各类工业园区，巨大的中国市场吸引了大批国外制造企业进入中国，外资、中外合资和合作企业的数量和规模都大幅增长。东南沿海地区率先形成了多种所有制经济共同发展的格局。中国的低成本后发优势显露，国际贸易额节节攀升，国内市场日渐繁荣。中国制造企业开始广泛引进国外工业品和消费品设计、制造技术和生产设备，提升了自身的技术水平。而消费能力的提升，使得中国消费者对制造业产品产生了更多个性化需求。也正是在这十年间，中国制造业的信息化进程开始逐渐加快，财务软件、计算机辅助设计软件成为热门软件。

改革开放后的第三个十年

中国制造业逐渐融入世界，"中国制造"闻名全球。外资进入中国的趋势随着改革开放的深入而日渐凸显，尤其是 2001 年中国正式加入 WTO 之后，在全球制造企业降低制造成本、面向亚太市场的产业链外移战略的大背景下，中国顺势而为，推出了积极引进外资的政策，吸引大量外资进入中国，出现了众多外资制造企业与中外合资制造企业。长三角地区随着浦东开发、开放的逐步深入，成为中国改革开放的新龙头。

图为 2005 年 10 月 21 日，浙江一芯片生产企业的 8 英寸芯片生产线

　　在这十年中，中国通过基础设施升级和高速交通网络建设，在前 20 年创造的对能源、动力系统和交通运输基础设施的巨大市场需求的基础上，强势突破了能源、动力、交通、通信等发展瓶颈，机械设备、中间产品和交通工具等产品市场快速扩张，迎来了煤炭、钢铁、水泥、化学纤维等生产和技术的发展高峰，冶金、钢铁、矿产、大型机械设备、精密仪器、化工材料等行业的规模化大生产迈上了新的台阶，实现了改革开放前难以想象的重化工业的革命性突破。

　　令"Made in China"（中国制造）全球闻名的，正是中国沿海地区的众多出口导向型制造企业。这些企业充分发挥低成本优势，逐渐形成了国际竞争力，赢得了大量 OEM（原始设备制造）订单，成为国际制造业的生产外包基地。而支撑这些企业实现低成本优势的，是来自中国农村的大量低成本劳动力和沿海地区逐渐形成的专业化产业集群，尤其是在 IT 产品、玩具、服装、制鞋等产业领域。

有人说，这个时期，如果深圳到东莞的高速公路堵车，就会造成全球计算机配件涨价。这虽略显夸张，但却是有些事实依据的产业链传导"蝴蝶效应"。

这十年也是全球经济发生翻天覆地变化的十年。互联网的蓬勃发展，改变了人们的生活方式。1997年香港回归和1999年澳门回归，使内地与港澳的合作更加深入。中国在基础设施建设方面的投入飞速增长，跨越全国的高速公路网络全面建设，铁路一次又一次大提速，航空载客量和货运量增长神速，而中国的电信事业，尤其无线通信的发展更是突飞猛进。中国的城镇化进程也呈现出蓬勃发展的态势，中国的城市俨然成了全球最大的"工地"，建筑业的发展又带动了对制造业产品的需求。农民工像潮水一般涌向沿海地区，支撑了民营制造企业尤其是外向型企业的发展。这一时期，汽车迅速进入中国家庭。

随着中国基础设施建设投资、国内消费需求的增加以及国际贸易的迅速增长，2003年之后，整个中国制造业进入新一轮快速发展期。尤其是中国的船舶、机床、汽车、工程机械、电子与通信等产业发展迅速，进而又带动了对重型机械、模具以及钢铁等原材料需求的海量增长，带动了整个制造业产业链的发展。国家对军工行业的投入增大，在航天领域取得的成就举世瞩目。大型国有企业的效益显著提升，钢铁、烟草等行业开始进行整合。资本市场为我国大中型制造企业的发展带来了充足的资金。

这十年中，民营企业赢得了更大的发展。一方面，除能源、军工、烟草等特殊行业以及国资委主管的重点国有企业集团之外，很多国有企业逐渐实现民营化；另一方面，很多民营龙头企业通过兼并、收购发展成为遍布全国的产业集团，在产业规模方面达到了全国甚至全球的领先水平，如广东顺德的家电产业、浙江温州的电气产业、福建晋江的制鞋业、江苏昆山的电子产业等。

这十年中，中国的工业品和消费品市场已由卖方市场完全转变为买方市场，国内的制造业市场已经国际化，市场竞争空前激烈，产品品种极其丰富，产品生命周期越来越短。中国经济成为全球亮点，而中国制造业深度融入全球经济体系，国际贸易额持续高速攀升，外汇储备不断增长，中国对国际贸易的依存度也越来越高。

尤其值得称道的是，在这十年中，中国的优秀制造企业已经走向世界，例如海尔、华为等，而机床、汽车等行业的大型制造企业也已着手国际并购。中国制造业的发展，带动了对电子商务的巨大需求。而企业资源计划（ERP）、产品生命周期管理（PLM）、客户关系管理（CRM）等制造业信息化技术的应用，成为支撑制造业发展的重要手段。中国固定资产投资大幅增长，投资效益不断提高，对促进国民经济发展、增强经济实力起到了重要作用。工业生产能力迅速提升，工业发展突飞猛进，是改革开放30年来中国经济高速增长的主要动力之一。

改革开放后30年的发展为中国制造业奠定了雄厚的基础，中国从落后走向昌盛，从贫穷走向小康，昂首挺胸迈进工业大国的行列。1952年，中国的国内生产总值只有679.1亿元，1978年增加到了3678.7亿元，在改革开放的历史新时期，经济总量迅猛扩张，2008年超过了30万亿元，达到319 244.6亿元。2008年中国的GDP比1952年增加了469倍，是1978年的86.8倍。其中，1979—2008年中国GDP的年均增长率高达9.8%，是同期全球年均增长率的3倍多，也超过了日本与韩国经济起飞阶段的GDP年均增长率（分别为9.2%和8.5%）。随着经济总量的增加，中国的人均国民总收入翻了近一番，中国步入了中等收入国家行列。按照2008年汇率（注：100美元＝694.51元）计算，中国的GDP为459 67亿美元，居发展中国家首位，位于美国、日本之后，世界排名第三。同样以美元计，2010年第二季度，中国成为全球第二大经济体，GDP超越日本，世界经济格局的天平再次向中国倾斜，在历经一个半世纪的沧桑后，中国重回世界第一制造大国的位置，中国制造业再次站在了世界浪潮之巅。

2010年中国制造业主要相关经济指标国际比较（单位：亿美元，按当年价值）

国家	国内生产总值	工业增加值	制造业增加值
中国	60 879	27 462.57	19 061.86
美国	144 471	29 369.76	17 794.74
日本	54 884	14 945.40	9702.04
德国	32 589	9255.72	5679.02
英国	23 519	4859.53	2175.94

资料来源：中华人民共和国国家统计局《国际统计年鉴》（中国统计出版社．2012年出版）。

　　20世纪80年代后期大规模轻工业特别是纺织服装业的兴盛，90年代中期钢铁、煤炭和公路建设的繁荣，进入21世纪后高铁建设和重化工业的起飞，它们分别作为各个时期国民经济的产业典型，共同拉出了一条工业化发展的陡峭上扬曲线。中国人凭借中国制造的巨大能量，在各个产业领域全面突破，在神州大地上创造出了令人惊叹的成就。

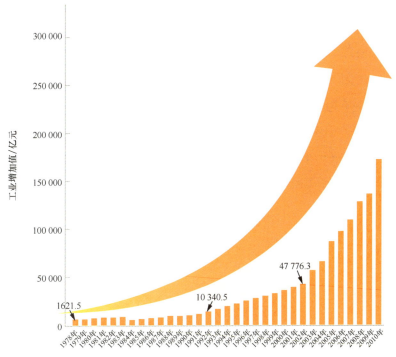

资料来源：中华人民共和国国家统计局《新中国六十年统计资料汇编》。
中国工业增加值年度增长情况（1978—2010年）

3.3　完整的工业体系奠定大国地位

　　经过几代人的努力，中国的工业化取得了伟大的成就。众多工业制成品产量、出口量均高居世界之首，遥遥领先于其他各国。中国从一个贫穷落后的国家跃升为世界第二大经济体、第一大出口国和第一制造大国，国民收入和生活水平得以显著提高，中国在国际经济体系中的地位大大提升。

中国建立了完整的工业体系

中国拿到了世界制造中心俱乐部的入场券，第二产业特别是制造业成为拉动中国经济增长的主力，在经济结构中占据了最大份额。中国工业主要产品产量在全世界的排名不断攀升，直至牢牢坚守在第一的位置，占全世界产能产量的份额遥遥领先。中国制造业产业结构不断优化，越来越多的先进制造业产品跻身世界前列。相应地，中国制造在国际市场所占份额日益提高，且出口商品结构不断优化。

就产业结构而言，1978—2010 年，中国的 GDP 构成中，第二产业所占比重在 41.3%（1990 年）和 48.1%（1980 年）之间，其中工业所占比重在 36.6%（1990 年）和 44.1%（1978 年）之间。2000—2010 年，除 2001 年、2002 年、2009 年三年工业占比分别为 39.6%、39.3% 和 39.6% 之外，其余年份的工业占比均在 40% 以上。

就创造就业而言，2008 年，仅年主营业务收入在 500 万元以上的工业企业，其就业人数就达 8100 万人，再加上由此而创造的相关就业机会，工业发展对中国就业的贡献无可替代。

就对 GDP 增长的贡献而言，1990—2000 年，第二产业的贡献率在 41.09%（1990 年）和 67.93%（1994 年）之间，其中工业的贡献率在 39.7%（1990 年）和 62.6%（1994 年）之间。2000—2010 年，工业对 GDP 增长的贡献率年年都超过 40%，有两年甚至超过了 50%。

就中国工业主要产品产量的世界排名而言，中国传统劳动密集型制成品的产能产量较早时候就已位居世界前列，21 世纪前十年资本和技术密集型制成品产能产量的世界排名亦突飞猛进。2007 年中国制造业已有 172 类产品的产量位居世界第一，从纺织、服装、玩具到家电、电子、汽车、船舶、高铁，越来越多的中国制造业行业跃居世界第一，不少行业占全世界产能产量的比重相当高。在 2009 年新中国成立 60 周年之前，联合国工业发展组织发布的资料显示，在国际标准产业的 21 个大类中，我国制造业占世界比重就已在 7 个大类中名列第一，在其他大类中也全部跻身前三。

与其他发展中国家产业结构单一的情况不同，新中国自工业发展之初就朝着工业门类齐全的方向努力，1978 年前就已初步构建起了一个相对独立、比较完整的工业体系。截至 2009 年，中国拥有《国民经济行业分类》（GB/T 4754—2002）中所有的工业大、中、小类别，也是全世界唯一拥有联合国产业分类中所列全部 41 个工业大类、207 个工业中类、666 个工业小类的国家。中国形成了行业齐全的完整工业体系，这是中国制造业参与国际竞争、获取比较优势的重要源泉。

离开中国制造的一年：一个美国家庭的生活历险

2004 年圣诞节来临之际，美国人萨拉·邦焦尔尼猛然发现，她采购的 39 件圣诞礼物中，印有 "Made in China" 字样的竟有 25 件；而家里的 DVD、鞋子、袜子、玩具、台灯……也统统来自中国。这位资深的财经记者不禁自问："如果没有中国产品，美国人还能活下去吗？全球化真的已经悄悄进入了我们的生活？"

萨拉突发奇想，决定自 2005 年 1 月 1 日起，带领全家尝试一年不买中国货。当年年底，她根据亲身经历发表了文章 *A Year Without "Made in China" – One Family's True Life Adventure in the Global Economy*，引起巨大反响，后来她将内容集结，写成了同名图书，该图书后由中国的出版社引进出版，书名为

图为《离开中国制造的一年：一个美国家庭的生活历险》中文引进版。2005 年，萨拉一家进行了一场长达一年的生活实验，实验内容为全家尝试一年不买中国货

《离开中国制造的一年：一个美国家庭的生活历险》。

这本书按时间顺序讲述了一场长达 365 天的有趣却又充满挫折的真实冒险经历。在庞大的全球经济中，小人物的琐碎生活充满了一个个发人深省又乐趣十足的片段：没有中国的塑料轮子，萨拉夫妇没法给 4 岁的儿子造一辆漂亮的木头赛车；为了给孩子买鞋，萨拉跑遍了商场，最后只好忍痛订购了一双 68 美元的意大利童鞋；孩子们眼巴巴看着"鳄鱼医生"、充气游泳池、塑料光剑，掰着手指头盼望这一年早点过去，到时他们就可以尽情购买中国玩具了；孩子爸爸穿着一只深蓝色、一只橙色的拖鞋，似乎在嘲笑萨拉的古怪荒唐。蜡烛、打印机墨盒、太阳眼镜、咖啡机、捕鼠器……所有这些物品的采购，都让萨拉一家大伤脑筋。厨房的抽屉坏了，可买不到工具修理；要是家用电器坏了，那更会引发不小的危机。在这一年中，萨拉不得不做好随时想中止这次尝试的先生的心理建设。她很遗憾让喜欢玩具的儿子屡屡失望，但无意间还是买到了不少"中国制造"的商品。离开了"中国制造"，以前再平常不过的购物经历，在那一年里都变成了一种煎熬。2006 年元旦的到来，终于结束了这场给生活带来诸多不便的生活实验，萨拉全家很高兴能与"中国制造"重修旧好。

完整的工业体系意味着什么？

完整的工业体系是奠定中国大国地位的基石，其作用主要体现在增强对外竞争力和保障国防军事力量方面。在对外贸易竞争中，完善的工业体系能够减少工业配套生产成本，有利于生产质优价廉的产品，加强国内产品在国际贸易中的竞争优势。

客观地说，由于全球化的影响，很多原材料、半成品、产品等从国外进口比在国内生产更有价格优势，所以保持百分之百完整的工业体系会增加产品生产的成本。这就是除中国以外其他国家的工业体系并不绝对完整的原因之一。

一个国家百分之百完整的工业体系，其最大价值体现在战争期间能够自主生产一切产品而不致被别国"卡脖子"。在小国和大国的战争中，大国完全可以靠少数尖端产品击败甚至消灭小国，但是大国之间若发生战争，彼此拥有的尖端技术之间的差距还没有大到其中一方完全无力抵抗的地步，这时能够快速、大批量生产中端武器，比慢慢生产少数昂贵的高端武器更有现实意义。新中国对战争的威胁有切肤之痛，所以一个绝对完整、不假外人之手的工业体系，就成了新中国保家卫国、捍卫主权的理性选择。

一个完整的工业体系对于中国制造业的产业升级具有重要意义。从经济发展的角度来看，由于一国的产业比较齐全，产业链中的任意一环都很容易在本地找到上下游配套生产厂家，这大大降低了产品的生产成本，从而提高了对外资的吸引力，因而在中国劳动力成本已经明显高于周边很多发展中国家的情况下，大量外资企业还是对转移到成本更低的新兴国家心存疑虑（当然，完善的基础设施和劳动力素质也是重要因素）。当今世界，尽管一些小国可以凭借自己的特色经济谋求生存乃至发展，未必要以工业立国，但有追求、有尊严的大国则必须建立本国工业来支撑其庞大的身躯。建设并完善规模巨大、完整齐全的工业体系，是中国经济抵御种种外来压力、解决各种内生性问题、持续快速发展的重要法宝。

3.4 中国快速工业化的奥秘

改革开放几十年，中国创造了世界经济史上的大国增长奇迹，为大国发展道路选择提供了丰硕的理论和实践经验，为发展中国家提供了和平开创国内和国际市场的新模式。

中国人口占世界人口近五分之一，比美国和欧洲的人口加起来还多，却只有世界 6% 的水资源和 9% 的耕地，人均资源少得可怜，例如，中国的人均耕地面积只有美国的十分之一。1978 年中国的人均收入甚至只相当于非洲撒哈拉沙漠以南国家人均收入的三分之一。中国完全不可能通过殖民扩张从别国获取廉价资源、开拓全球市场。但是，随着改革开放的深入，中国的制造业一步步向上攀登，在规模上陆续超越其他老牌工业强国，中国发展成为最大、最具活力的全球制造业中心，2010 年，超过美国重回世界第一制造大国地位。从一个积贫积弱的农业大国成功迈向工业大国，中国用 60 多年的时间走过了发达国家一百多年甚至二三百年的历程，这样惊人的转型给了世人怎样的启示？是什么促使一个贫穷大国引爆工业革命，催生经济腾飞？中国实现快速工业化的奥秘究竟是什么？

改革开放开启快速工业化之路

在改革开放总设计师邓小平的指引下，中国展开了波澜壮阔的改革开放。如果说推翻"三座大山"的新民主主义革命是为了解放生产力，那么从根本上改变束缚生产力发展的经济体制、建立起充满生机和活力的社会主义经济体制，这样的改革目标同样也是为了解放生产力，扫除生产力发展的障碍，让中国摆脱贫穷落后的状态。改革是决定当代中国前途命运的关键招数。

改革必然引起经济体制、政治体制、社会利益格局、社会价值观念及生活方式等方面的巨大变化，是推进中国快速工业化的引擎。中国自近代以来为解放生产力、发展生产力所做的种种努力，就集中体现在工业建设和工业化过程之中。

社会主义市场经济体制目标的确立，为中国的快速工业化开辟了一条崭新的道路。从改革开放初期谨慎重启市场造就乡镇企业崛起，到 20 世纪 90 年代中期财税、金融和外贸领域深入改革有效推动民营经济发展和吸引外资进入，再到 2001 年正式加入 WTO 后中国经济通过融入全球经济获得巨大的市场红利和制度红利，国有企业打破"铁饭碗""大锅饭"局面，建立现代企业制度以市场机制配置资源，这些打破了过去条条框框的改革举措，促使中国实现了从高度集中的计划经济体制到充满活力的社会主义市场经济体制的历史性转变。生产力中最活跃的人的因素得到激活，科学技术和管理模式不断创新。中国的工业化正是在新体制、新机制的激励下快速推进并取得令世人瞩目的伟大成就的。

改革和开放紧密相连，邓小平明确提出"我们的经济改革，概括一点说，就是对内搞活，对外开放。对内搞活，也是对内开放"，社会主义市场经济必然是开放的经济，因为"现在的世界是开放的世界"，"任何一个国家要发展，孤立起来、闭关自守是不可能的，不加强国际交往，不引进发达国家的先进经验、先进科学技术和资金，是不可能的"。历史经验一再告诉我们，关起门来搞工业化是不行的，把自己孤立于世界之外是不利的。从中国的实际来看，面对当时资源相对不足、科学技术落后、管理知识和经验不足的状况，中国迫切需要融入国际经济，加强技术交流，引进先进的技术、设备和管理经验，发展对外贸易，以加快工业化建设进程。党的十一届三中全会以后，中国开启了全面对外开放的历史进程，成功实现了从封闭、半封闭到全方位开放的伟大历史转折。从建立经济特区到开放沿海、沿江、沿边、内陆地区，再到正式加入WTO，从大规模"引进来"到大踏步"走出去"，中国逐步形成了全方位、多层次、宽领域的全面开放新格局，利用国际和国内两个市场、两种资源的水平显著提高，中国的工业化步伐得以大大加快，国际竞争力不断增强。

改革开放是中国工业化进程得以启动、快速发展并取得巨大成就的关键因素。

政治稳定和社会信任保障快速工业化

工业化是一个国家或地区（特别是大国）实现现代化不可逾越的历史阶段，因而处于工业化阶段的大国特别需要一个良好的国际环境。改革开放以来，中国提出了"和平崛起""负责任的大国"等理念，目的就是力争为中国的工业化创造一个良好的国际环境。和平与发展是时代主题，要保证中国工业化的顺利进行，就必须防止世界传统安全威胁和非传统安全威胁的冲击，尤其是后者，例如全球性或区域性的金融危机。

工业是一个有机体、一个大系统，工业化不只涉及企业层面生产技术的变革，更是民族国家凤凰涅槃式的振兴过程。它要求所有社会阶层和利益集团的最大协调，并动员所有阶层和各种自然、社会、政治资源，需要付出巨大的资金和社会成本，对政府的市场协调能力和组织效率提出了严峻的挑战。快速工业化的实现，只能发生在社会环境相对安定的国家或地区；反过来，国家或地区工业化的巨大成就又有助于化解重大社会风险。

依靠强大的政府动员能力、良好的经济增长实绩带来的正向预期和全民的积极参与，从乡镇起步，中国以相对较低的成本开启了改革开放进程，建立起基础更为牢固的社会信任，保障了快速工业化的顺利推进。

多元力量共推快速工业化

改革开放初期，国营工业企业扩大企业自主权的改革并没有取得预期成效，市场化取向的改革并不顺利。然而，中国改革首先在非国有领域实现突破，集体经济取得长足进步，个体经济、私营经济和"三资企业"齐头并进，形成了"国有经济为主导、公有制为主体"条件下多种所有制经济共同发展的新格局。

"增量改革"是中国渐进式改革的基本内涵，指先在旧体制旁边或周围发展起新体制或新的经济成分，随着这部分经济成分的发展壮大、经济结构的不断变化和体制环境的不断改善，逐步改革旧的体制。

改革开放以来，中国的非公有制经济从无到有、从小到大、从弱到强，由单一到多元，得到了较快的发展，成为拉动中国经济和社会发展的"原动力""加速器""生力军"。截至 2008 年，民营经济已经占 GDP 的 65%，从业人数占城镇就业人数的 77.3%，纳税总额占全部税收的 78.6%，成为中国经济发展举足轻重的力量。

允许和鼓励外商投资既是中国对外开放基本国策的重要内容，又是中国突破计划经济体制和探索改革道路的重大战略举措。实行改革开放政策以来，中国接受外商直接投资的规模以及对外资的吸引力，在全世界均名列前茅。外资企业在中国的建立和发展，改进了陈旧产业，优化了产品结构，填补了若干缺门短线产品，缩短了汽车、电子、通信设备、信息等产业与世界先进水平的差距，带动了一大批协作配套的零部件和原材料工业，开拓了许多新的经济增长点，增加了就业。

1992 年以来，随着社会主义市场经济体制改革目标的确立、市场化取向的经济改革目标的明确、社会主义市场经济体制与市场法律的逐渐完善以及对外开放从沿海向广大内陆地区的深入，非国有企业的制度环境显著改善，国有企业、民营企业、外资企业"三足鼎立"和共同发展的格局基本形成，构成了推动中国工业化深入发展的"三驾马车"。

以融入经济全球化促进新型工业化

以蒸汽机的发明和电的应用为主要标志的西方工业革命的兴起，加上西方国家在全球范围内的殖民扩张，形成了世界市场，促使世界经济具有了真正意义上的全球化特征。经济全球化趋势从一开始就是资本力量自发作用的结果。以中国的改革开放和苏联解体为标志，全球化进入了一个新阶段，呈现出与以往不同的特点。

首先，世界贸易的增速超过了世界生产的增速。在发达国家与发展中国家的贸易中，"原材料—产品"的传统模式已被打破，工业制成品的地位超过了原材料，成为交易的主要对象。国际贸易的种类和范围也由过去的商品贸易不断扩展到技术贸易、劳务贸易和包括金融保险、邮电通信、文化教育、交通运输、信息咨询等在内的服务贸易，人类生活中的一切几乎都成了贸易的对象。第二次世界大战后，跨国公司快速发展，并在国际经济活动中起着举足轻重的作用。

其次，全球资本一体化已经打破了生产体系的国家界限，把各个部分重构为一个全球生产体系。这一生产体系的各组成部分是分散的，远远超出了公司所在的地理位置范围，产品凝聚了如此多产地的技术成分，以至于人们无从辨认每个国家的具体贡献，也无法区分制造该产品的劳动者的国籍……全球化以普遍消除资本的区域性为特征，正在使资本重新组合。"流动空间"正取代"地域空间"，政治空间和经济空间在历史上第一次不再联系在一起。

最后，相应地，在科技革命的推动下，国际分工已从传统的以自然资源为基础的分工体系逐渐发展为以现代工艺、技术为基础的分工体系，从产业部门间的分工发展到以产品专业化为基础的分工，由以产品垂直分工为主发展成以生产要素水平分工为主。国家内部的分工协作拓展为全球范围的分工协作，不同产业部门的分工和交换也发展为同一生产过程内部的分工和交换。各个国家的生产活动都是"世界工厂"上下游协作的有机组成部分，从而使世界资源得到了优化配置，由此出现了生产要素配置的全球化。改革开放后的中国工业化，顺应全球化的新特点，大胆吸引外资，以外资推动外贸发展工业化，2001年中国正式加入WTO后，工业化的势头更加迅猛。与此同时，中国经济的外贸依存度迅速提高，表明中国的经济发展，特别是20世纪90年代以来外资推动的外贸增长，对中国工业化的支持力度相当可观。

全球化也带来了由发达国家主导的世界范围内的产业结构调整，这不仅涉及一些劳动密集型产业的整体调整，更涉及资本密集型和技术密集型产业生产环节的迁移。这一趋势一方面推动发达国家、跨国公司把劳动密集型产业和劳动密集型生产环节向外转移；另一方面帮助在劳动力资源上具有优势的中国抓住机遇，参与全球化的生产体系，大力发展劳动密集型产业，同时调整和优化劳动密集型产业的内部结构，以此建立支柱产业，促进中国工业化进入更高水平的阶段。

产业结构调整提升工业化水平

改革开放后的中国工业化发展并非一帆风顺，然而，在崎岖不平的历程中，依靠政府和民众的智慧，中国在工业化阶段性升级的关键步骤屡屡涉险过关，这也许就是中国能够快速推进工业化进程的核心"诀窍"。

从世界工业大国的工业化进程来看，随着经济的发展以及人均国民收入水平的提高，劳动力首先由第一产业向第二产业转移；当人均国民收入水平进一步提高时，劳动力便向第三产业转移。在工业化初期，工业结构通常处于轻型结构发展阶段，常以轻工业尤其是纺织工业为主；在工业化中期，工业结构逐步向以基础型工业为主的结构转移，即向以能源工业、原材料工业发展为中心的重化工业化阶段转移，重化工业化阶段前期一般以原材料工业为主，后期以重加工工业为主；在基础型工业和基础设施充分发展、建设的基础上，工业结构逐步转向以机电工业等加工组装工业为中心的深加工度阶段，加工深度和产品附加值提高，表现出产业结构高加工度趋向、高附加值变动的规律；最后进入后工业化阶段。

中国改革开放后的工业化进程，遵循了规模化工业品市场的实现顺序，以相对较低的社会成本和资金成本，遵循市场创造的正确顺序和方法，首创了超大型国家工业化的和平崛起新模式，与过去一个多世纪以来中国在不同政治制度、经济体制下进行的不懈工业化尝试的失败和受挫形成了鲜明对照。

改革开放以来，在各级政府的积极推动下，中国的工业化从农民自发组织开始，从数量庞大的小型乡镇企业起步，不断深入社会各阶层，整个产业结构经历了比较大的变化。从长期的变动趋势来看，三种产业之间的比例关系明显改善，产业结构正向合理化方向发展。第一产业在 GDP 中的比重呈现持续下降的态势，同时内部结构逐步得到改善；第二产业的比重经历了不断波动的过程，但长期稳定在 40% ~ 50%；第三产业在国民经济中的比重处于不断上升的过程之中，由 1979 年的 22.3% 大幅上升至 2008 年的 42.9%。工业内部结构迅速变化，按照轻、重工业比例关系的变化，大致分为四个阶段：1978—1984年，轻工业产值占工业比重上升，重工业产值占工业比重下降，轻、重工业结构趋于协调和优化；1985—1991 年，轻、重工业保持基本平衡的发展态势；1992—1998 年，工业结构重新出现较明显的重工业化趋势；从 1999 年开始，重工业呈现快速增长势头，重工业为主导的格局再次形成。从工业结构的行业构成变化来看，改革开放以来，中国一般加工制造业的比重相对稳定或有所下降，以电子及信息通信业为中心的技术密集型产业和高新技术产业迅速增长，带动了工业结构的升级。

中国制造业的再度崛起，是颇为壮观的全球性历史事件。中国的快速工业化是通过互惠互利的国际贸易拓展市场，依靠自身的商业智慧、实干精神、政治稳定、社会信任以及借鉴别国发展经验、教训而实现的，因此也给众多发展中国家谋求发展、富强的努力提供了新的选择和参考。

第四章 巨制鸿篇

创造了奇迹的中国工业化进程，由于其压缩式、跨越式的发展特征，也累积了核心技术缺失、供需错配、资源和人才利用效率低下、质量管理与品牌建设薄弱等方面的诸多问题，这些问题让中国制造由大变强的努力面临更加严峻的挑战。已达全球最大规模的中国制造，在复杂多变的国际环境中，执着而巧妙地越过重重障碍，在之前30年的亮丽成绩单上又增添了一份令世人惊艳的佳绩——『巨制』谱新章，工业新时代的荣光熠熠闪亮。

工业化与中国十亿数量级人口的结合，造就了中国在世界上的制造大国地位，推动世界工业文明发展史进入了波澜壮阔的新阶段。然而，制造大国的身份，甚至世界第一制造大国的身份，并不是中国跻身世界制造强国之林理所当然的入场券。

4.1 对标制造强国

2019 年 9 月 17 日，习近平总书记在郑州煤矿机械集团股份有限公司考察调研时强调："我们现在制造业规模是世界上最大的，但要继续攀登，靠创新驱动来实现转型升级，通过技术创新、产业创新，在产业链上不断由中低端迈向中高端。一定要把我国制造业搞上去，把实体经济搞上去，扎扎实实实现'两个一百年'奋斗目标。"

进入 21 世纪第二个十年，世界各国争相参与新一轮国际分工竞争，伴随着比较优势的此消彼长，全球制造业版图正在被重新塑造。对于中国制造在全球制造业版图中的地位，2015 年 11 月，时任工业和信息化部长苗圩在全国政协十二届常委会第十三次会议上做学习讲座时提出了"四级梯队"说：全球制造业已基本形成了"四级梯队"的发展格局，第一梯队是以美国为主导的全球科技创新中心；第二梯队是高端制造领域，包括欧盟主要工业国和日本；第三梯队是中低端制造领域，主要是一些新兴国家；第四梯队主要是资源输出国，包括 OPEC（石油输出国组织）成员国、非洲国家、拉丁美洲国家。他认为，中国现在处于第三梯队，既面临重大机遇也面临重大挑战，当然机遇大于挑战，经过若干阶段的努力，提升位次完全有可能，希望到新中国成立一百年时，我国能够成为引领世界制造业发展的制造强国。2021 年 3 月，在全国政协十三届四次会议第二次全体会议上，卸任工业和信息化部部长、转任全国政协经济委员会副主任的苗圩重申了中国在全球制造业的"四级梯队"中处于第三梯队的定位，认为实现制造强国的目标仍然任重而道远。

全球制造业的"四级梯队"

"知己知彼，百战不殆"，了解国际上主要制造强国的实力优劣，是有追求的后发工业国的一门必修课。

第一梯队之美国制造业

长期以来，美国在全球制造业分工体系中都处于领先地位，堪称世界一流制造强国，无论是在硬实力还是软实力方面都是佼佼者。作为世界头号制造强国，美国在航空航天、电子信息、生物医药、新能源、新材料等领域均具有超强实力。以军工为例，在全球十大军工巨头名单中，美国稳占六席，洛克希德·马丁公司几乎包揽了美国所有军用卫星的生产和发射业务。而在举足轻重的集成电路行业，英特尔、高通、AMD、英伟达、德州仪器、赛灵思、美光等美国品牌的产品是生产计算机、智能手机和各种电子终端设备必不可少的关键部件。在汽车领域，特斯拉开创性地掀起了纯电动车风潮，谷歌的无人驾驶汽车蓝图正在有条不紊地实施。尤其是未来引领信息产业发展的创新领域，诸如大数据、云计算、虚拟现实、人工智能、增材制造等，基本上都是在美国实现源头创新的。

硬实力　与其他国家相比，美国制造业的硬实力最强，在许多产业领域和关键行业部门，美国都是世界前沿技术的掌握者、引领者和控制者。例如，在深海勘探开发领域，美国的深潜器和深海钻探船等技术处于世界前列。美国在增材制造领域居于世界垄断地位，是全球增材制造技术及应用的领导者。在先进材料和高端装备方面，美国掌握着多领域的最前沿材料科学技术和制造能力，高端装备的研发制造能力在全球处于领先水平。美国在航空发动机制造方面同样处于世界巅峰。在工业机器人制造方面，美国是工业机器人的诞生地，与其他国家相比，美国的工业机器人性能可靠、功能全面、精度高，机器人语言种类多、应用广。在极端制造的各个领域，美国也是世界最先进水平的引领者，在极大制造和极小制造两个极端领域都掌握着绝对主导权。在航空母舰制造方面，美国是继英国之后第二个具备航母制造能力的国家，拥有企业号核动力航母。在集成电路制造方面，尽管优势逐渐被东亚地区蚕食，但美国仍把控着集成电路全产业链的主导权，占据了芯片设计自动化软件的垄断地位。而美国的大型飞机制造能力及洲际运载能力，奠定了其航空工业强国地位的制造基础。最后，也许是最重要的，软件优势正是其硬实力的典型体现，在硬件时代被其他制造强国压制的美国，在更加强调开放和快速迭代的互联网时代，迎来了芯片、智能手机、新能源汽车等众多高端产业的大爆发。

软实力　美国制造业在全球范围内具有很强的影响力，在航空航天、汽车、电子信息等领域拥有大量世界级的品牌和企业。在 2021 年"世界品牌500 强"排行榜上，美国占据了其中 198 席，继续保持品牌大国优势。该排行榜的前三名——谷歌、亚马逊、微软都是美国品牌，其中还不乏苹果、福特汽车、通用汽车、戴尔、强生、辉瑞、百事、英特尔、宝洁、通用电气、IBM、洛克希德·马丁、雷神技术这样的具有世界影响力的制造业品牌。创新能力为其品牌影响力提供了强力支撑，美国具备面向大学和国家实验室的健全的研究经费体系。在 2021 年美国专利申请数量的前 50 名中，美国企业达 19 家之多，是名副其实的科技创新强国。

在人力资源方面，美国除了在劳动力成本上不具备优势之外，劳动力素质和研究人员数量两项指标均处于世界前列。每个劳动力创造的 GDP 遥遥领先，体现出较高的劳动生产率。此外，美国在制造业领域形成了一套完整的保护知识产权、反垄断、保护制造业劳动者的法律法规体系，包括《专利法》《商标法》《版权法》《反不正当竞争法》等。保护跨国公司利益是美国《专利法》的一大特点。美国拥有世界上发展最成熟的反垄断法律法规体系，包括被公认为世界反垄断法里程碑的《谢尔曼反托拉斯法》《联邦贸易委员会法》《克莱顿反托拉斯法》。优质的教育和创新机制也是美国制造业软实力的重要体现。有数据显示，美国的大学汇聚了全球 70% 以上的诺贝尔自然科学奖获得者，按科学贡献度计算，在全球顶尖的 20 所大学中，美国占了 17 所，培养出了全球顶尖的科学家和工程师。美国的产学研联动机制为制造业创新提供了强大支持。

尽管从 20 世纪 80 年代开始，美国过分侧重发展金融、房地产等服务业，制造业不断萎缩。但是必须看到，美国依旧把控着制造业中利润最丰厚的领域以及产业链中附加值最高的环节，并基于其科技研发和品牌优势展开了全球化布局，这就是尽管美国本土制造业在 GDP 中的占比已下降到约 10%，美国却仍能保持世界制造最强国家地位的原因所在。与此同时，美国仍一直不断强调制造业的重要作用：2009 年，美国奥巴马政府提出了"再工业化"战略；接棒的特朗普总统喊出"让美国再次伟大"的口号，提倡"买美国商品，雇美国员工"；拜登沿袭了前任的"回岸制造"政策取向，致力于扭转制造业的"空心化"趋势，试图重振美国制造业，实现再工业化。

第二梯队之德国制造业

强大的标准化和质量保障体系、高端装备制造能力和科技创新能力支撑起了德国"众厂之厂"的地位。2013 年欧债危机期间，欧洲各国经济哀鸿遍野，唯有德国在欧元区屹立不倒，其制造业的长盛不衰和稳如磐石，无疑是其抵御欧债危机的坚实基础。

硬实力 德国在全球范围内的工业领先性体现为其能在短时间内设计和制造出高质量的产品。德国走的是高端制造路线，与美国相比，德国更偏重于高、精、尖技术研究；而与日本相比，德国则更偏重于应用技术开发。德国在关键行业领域的技术水平处于较为领先的地位。在航空工业技术方面，德国从绿色发动机、绿色航空机体制造、绿色航空电子设备到绿色航空能源，都掌握了最新技术。在汽车工业技术方面，德国更是具有自己的代表特色和绝对实力，德国汽车以"高调质量和低调态度"占领了世界汽车市场，如梅赛德斯－奔驰、大众等汽车品牌对全球汽车产业具有深远影响。德国的先进材料和高端装备业表现优异，德国默克在电子信息材料领域、英飞凌半导体公司在芯片领域都是响当当的角色。德国拥有最先进的磁悬浮技术和传统轮轨型高速铁路技术，并在大型工业设备、精炼化工产品、精密机床和高级光学仪器等方面拥有无可争辩的优势。德国率先形成了整体超精密工程能力，建立了成熟、高效的国家测量体系，是名副其实的质量强国。德国首倡"工业4.0"，其核心就是"制造业＋互联网"，将信息物理系统广泛深入地应用于制造业。

软实力 "德国制造"已成为高质量、高端、持久耐用的代名词，形成了一大批德国知名品牌。全球500强中，总部设在德国的企业大多归属制造业，如大众、梅赛德斯－奔驰、西门子、万宝龙、双立人等，这些都是人们耳熟能详的德国制造品牌。与此同时，德国中小企业的竞争力在全球亦独树一帜，它们中的佼佼者虽名不见经传，却都在各自的行业内占据全球市场的垄断地位。这些中小企业极具创新性，它们选择了质量、稀缺性等非价格竞争力的特殊领域，致力于高端制造业，被称为全球"隐形冠军"。德国数以千计的"隐形冠军"占德国制造出口总量的比重相当高。在研发方面，德国处于全球领先水平，专利数量居世界前列。同时，德国还制定了很多制造业的"德国标准"。"德国制造"根植于科研机构，"制造科技"是德国制造业研究的重点。德国也很注重职业教育和普通教育，这为德国制造业源源不断地提供了制造业基础技术人员和高级科研人员。一方面，具有德国特色的双元制教育为德国制造业提供了充足的具有专业技术的人才；另一方面，德国依靠企业科研、大学科研和专业科研三个平台提供高质量、高水平的科研人员和科研成果。通过高质量的教育体系对人才的培养，科学技术对社会发展的杠杆作用被利用到了极致。此外，德国还有以专注与严谨为特点的制造业文化，强调和推行"工匠精神"，制造业崇尚标准化，在设计和材料使用上，考虑用户利益，将产品质量做到极致。德国拥有一整套法律、法规、行业标准以及质量认证等制度体系，形成了产品质量事前管理、事中监控和事后处理的一整套完整程序。除了在保护竞争方面设立严格的法律外，德国还制定了竞争秩序方面的法律法规，而政府则以严格执法著称。为了避免由垄断造成的企业缺乏创新动力和停滞现象，各级政府制定和执行国家的研究与技术政策，在技术进步的各个环节为企业的技术创新提供支持，包括国家通过专利保护、知识产权制度以及环保等标准的制定为企业的创新提供激励和必要的约束。"理性、严谨"是德国向世人展示的集体形象，由此孕育出来的强大的流程化、标准化和质量认证体系，也成为德国制造业软实力的重要表现。

第二梯队之日本制造业

日本是全球经济最发达、制造业发展水平最高的工业强国之一，其制造业技术水平和制造能力处于世界一流行列。日本的汽车、高端制造、先进材料等领域在全球制造业分工体系中居于重要地位。日本制造业诞生了很多颇具实力的公司：索尼曾长期引领消费电子风潮，其生产的 Walkman 成为"随身听"的代名词并被收录进《牛津英语词典》；"液晶之父"夏普凭一己之力让液晶电视在全球普及；丰田、本田等企业则撑起了日本作为汽车强国的崛起之路。

硬实力　在不少领域的核心技术、关键装备、高精尖产品生产等方面，日本制造甚至对美国制造构成了巨大威胁。例如，日本在以碳纤维和超导材料为代表的先进材料研发制造方面实力强大，高速列车制造在世界范围内起步早、制造能力强。尽管近 20 多年来，日本制造业被普遍认为其"黄金时代"已经落幕，尤其是在消费电子领域让位于韩国、中国，但日本的创新方向正在发生巨大变化——日本企业虽在大众市场衰退，但在上游核心部件和商用领域的话语权却有一定提升。碳纤维材料方面，日本的东丽、东邦和三菱三家公司代表了世界最先进水平。高速列车方面，日本 1964 年即开通了世界上最早的高速列车——新干线列车，川崎、日立、三菱等均是具有世界影响力的轨道交通制造商，通过贯穿产品研发、设计、生产、销售、服务等全生命周期的质量控制和管理，其高速列车产品的稳定性、安全性等指标均居于世界领先水平。

软实力 在汽车和电子产品方面，日本制造业的品牌影响力显著。丰田、本田、日产等汽车品牌，索尼等电子产品品牌在全球享有极高的知名度。日本制造业在人力资源方面的软实力主要体现在研发人才方面，根据德勤发布的《2016 全球制造业竞争力指数》报告，日本每百万人口中研究人员的数量多年居世界第一。日本拥有大量训练有素的工程师，大学毕业生担任工程师的平均人数占比高于美国。日本形成了较完善的保护知识产权的法律体系，1985 年制定了现行的工业产权法，包括专利法、实用新型法、外观设计法和商标法。日本的禁止私人垄断法《禁止私人垄断和确保公平交易的法律》于 1947 年颁布实施，此后不断修订，2006 年重新颁布实施。在不同的历史时期，日本政府出台了各种专项法律法规、产业政策，以确保日本制造业的国际竞争力。此外，"匠人精神"是日本制造业的灵魂，成就了日本制造的国际领先地位。在此基础上诞生的丰田生产模式，就是"精益制造"的代名词，也是日本制造业的典型象征。

在全球制造业的"四级梯队"中，美国作为全球科技创新中心，在制造业产业基础及最前沿科技创新方面仍处于领先地位。第二梯队中，德国、日本两国的地位进一步巩固。而一些后发国家有望通过技术、资本和人才积累，借由产业升级进入这一梯队，中国是其中最有希望的候补选手。第二梯队中德国以外的其他欧洲工业国家，包括老牌工业强国英国、法国在内，都有可能滑落到第三梯队。第三梯队中，大量的新兴经济体通过发挥要素成本优势，积极参与国际分工，也将逐步被纳入全球制造业体系。而第四梯队丧失了制造业发展主动权，唯有发生脱胎换骨的变革，才有可能向上一梯队升级。这种"四级梯队"的格局短期内难有根本性改变。

4.2 无形的"楚河汉界"

作为第三梯队的"排头兵",中国制造在 21 世纪的第二个十年里不断巩固自己的地位,具备了冲击第二梯队的基础条件。然而,中国制造规模大而不强、种类全而不优的局面并未得到根本改变;自主创新能力不足,产业基础能力依然薄弱,关键核心技术受制于人,在逆全球化流行的国际环境下,"卡脖子""掉链子"风险明显增大,整体处于全球制造价值链的中低端;在知识产权保护、劳动者素质培养、民族工业文化建设、质量和效率等制造业软实力的提升方面,还有很长的路要走。唯有强渡这些无形却客观存在的"楚河汉界",中国制造才有机会突入产业价值链的中高端,犹如过了河的"排头兵",赢得深入产业腹地纵横捭阖的无限空间,昂首跨入制造强国之列。

自主创新能力相对薄弱

随着经济全球化步伐的不断加快,产业融合程度进一步提高,越来越多的国家和地区参与全球竞争,中国已成为国际分工体系中不可或缺的一部分。

中国制造规模巨大、种类齐全、整体提升迅速的伟大成就背后,还存在着质量效益、结构优化、持续发展等核心竞争力方面与美、德、日诸制造强国之间的较大差距。中国制造尚未摆脱规模拉动的发展路径,即便是在具有绝对产量优势的产品领域,中国制造也大多处于组装和制造生产环节,在关键核心技术上受制于人。中国信息通信研究院发布的《中国工业经济发展形势展望(2020 年)》白皮书显示,2019 年,中国的核心基础零部件、关键基础材料、基础技术和工业等产业的对外技术依存度在 50% 以上;集成电路的进口占比为 80%,大型优质铸锻件的进口占比约为 90%,高档液压件、密封件的进口占比接近 100%。此外,产业链、供应链的稳定风险在加大,芯片、功率元器件国际供应紧张。上述现状造成的结果是,虽然中国企业已融入全球价值链体系,但由于发达国家在芯片、数据、算法等核心技术领域具有明显优势,全球价值链高端仍为发达国家的跨国企业所控制，中国大多数企业的发展路径被锁定在全球价值链中低端的生产制造环节，附加值较低。

TCL 董事会主席李东生在 2021 年全国"两会"期间提交的一份关于"加速新型显示产业生态发展的建议"议案中，用数字描述了我国显示产业的真实图景：国产显示面板出货总量约占全球市场的 53%，但面板产业中一些关键材料和核心装备仍然依赖进口，如 OLED 核心材料的国产化率只有 17%，国产新型显示关键发光材料在国内市场的占有率仅为 5%，国内 OLED 终端材料如蚀刻液、显影液、靶材、封装薄膜等产品主要被国外企业垄断。TFT-LCD 关键材料、彩色光刻胶的国产化率不足 10%，光掩膜版的国产化率低于 15%。AMOLED 关键材料中，有机蒸镀材料的国产化率低于 10%，其中红绿磷光掺杂材料、圆偏光片、金属掩膜版、透明 PI 膜等几乎全部依靠进口。核心设备方面，曝光机、刻蚀设备、蒸镀机、激光退火设备、激光剥离设备等设备及上游关键零部件均被佳能、尼康、ASML 等国际巨头垄断，显示设备的国产化率仅为 10%。此外，国内面板企业对以巨量转移、全彩显示为代表的核心技术的掌握程度较低。从生产环节看，OLED 产能主要集中在低附加值领域，如 OLED 发光材料制造中，粗体、中间体等生产环节的产能较为充足，升华提纯环节则面临产能匮乏问题；从技术领域看，OLED、QLED、Micro/Mini LED 等新兴技术领域的研发制造投入不足，高端产能布局基本空白，无法对上游高端产品、前沿新兴技术等领域形成有力的配套支撑。发人警醒的是，在先进制造领域，类似的产业图景并不令人陌生。2015 年中国大企业发展趋势报告显示：上榜世界 500 强的 94 家中国企业，有 74 家申报了研发投入，研发强度为 1.24%，与世界 500 强企业的平均研发强度 3%～5% 相比，差距不小。

在开放经济环境下，产业创新的三种基本方式（引进与仿制、技术引进与自行研究相结合、独立研究开发）各有优缺点，对企业人力、物力、财力的要求也各不相同，企业经营者应当根据本企业的具体情况做出选择。只要运用得当，"拿来主义"策略具有缩短开发周期、节约开发费用、降低投资风险等突出优势。世界上任何一个国家都不可能完全独立完成所需的全部创新，任何一个国家完全只靠自己开发所有技术、所有产品既不现实也不划算。美国是世界头号科技强国，其自身创造的科技成果也只占世界科技成果总量的四分之一左右，其余四分之三都是别国创造的。举一个例子，中国从 1962 年开始研制集成电路，至 1968 年投产，花费了六年时光，而日本 1965 年引进美国的集成电路技术，一年多即投产；1976 年，中国的集成电路产量为 2000 万块，日本则为 8 亿块（注：当时中国遭受西方科技封锁，无法引进国外先进技术）；第二次世界大战后，日本通过技术引进，只用了技术投资的 25% 就实现了 70% 的工业主体技术，1960 年日本技术引进支出 1 亿多美元，却因此减少进口，节约了 45 亿美元。然而，高度依赖引进方式的缺陷也极为突出，因为占有技术优势的海外投资者的目的通常是延长产品的生命周期，从而最大限度地激发已有产品的赢利潜力，输出到发展中国家的产品和技术往往相对落伍，这将置其于路径依赖的长久追赶者的地位。更重要的是，核心零部件和关键技术过度依赖海外资源，存在巨大的政治风险和经济风险。我们不应忘记，当年东西方"贸易封锁"，几乎令中国经济窒息近 30 年之久，中国甚至长期被战争乃至核打击的阴影所笼罩。只有在胼手胝足地建立起独立的初步工业体系，付出较高成本开发国内品位、运输条件均不理想的矿产等资源，并显示出自主的生存和发展能力之后，中国才获得了与东西方工业制造强国展开互惠互利经贸往来的资格。

产业结构不够合理

我国完整的工业体系提供了工业品和消费品的先进制造能力，但低端产能过剩、高端产能不足、产能过剩与供给不足并存等问题突出。自 2008 年国际金融危机爆发以来，全球经济持续在低位徘徊，外需低迷带来周期性的产能过剩，使得中国出口增长不再一马平川；中国经济也由高速增长期逐渐过渡到中高速增长的"新常态"，内需不旺。一些传统产业在前期累积了较高产能，面对需求下滑，不可避免地出现了产能过剩。一些产能过剩行业典型地呈现出结构性供需错配现象，折射出的核心问题是中国企业的技术创新能力不足，没有掌握核心技术，在大量高端产品的产业链关键环节仍然严重依赖发达国家和跨国公司，中高端基础零部件和元器件较多依赖进口，核心技术和产品的控制力不佳。企业技术创新能力有限，便只能在低端产品的制造环节展开价格竞争，在信息不对称的条件下，这容易导致低水平产能重复建设的"潮涌现象"。根据中国海关总署的统计数据，2020年1～8月，中国机床出口均价为296.00美元/台，进口均价为80 605.73美元/台，进口均价比出口均价高出约271倍。许多中国光机（仅机械机构）出口到德国，德国公司配装上电子与数控系统，将它们升级为数控机床后，再以翻几倍的价格卖到越南或者中国市场。这只是一个典型的例子，中国工业化要做好艰苦跋涉的准备，真正体现综合国力和国际竞争力的高精尖产品和重大技术装备生产仍远远不足。此外，尽管中国内需市场广阔，然而内需释放并不充分，根源在于贴合消费者需求的有效供给不足，而偏离甚至有悖市场需求的无效供给却过剩。

此外，近年来，中国进入人口结构转换期，人口结构发生了明显的变化。15～64岁处于劳动年龄的人口数量在2013年达到了峰值，2014年开始下降。与此同时，人口总抚养比则自2010年起逐步上升。人口结构的变化将引发中国产业结构的剧烈变化。在各年龄层人口中，劳动年龄人口是耐用品消费尤其是房地产和汽车市场的主力人群，而人口抚养比的上升势必会使得房地产和汽车市场的增速放缓。受此影响，房地产相关产业（如钢铁、玻璃等）的需求也将下跌，但前期累积的扩张产能却无法在短时期内快速消化，这很容易导致传统行业大量产能过剩。

虽然国家对高端产业的扶持力度较大，但是诸如人才需求矛盾、技术壁垒矛盾、资金链、供给侧结构性改革深化后的产业平衡等问题，尤其是产业基础结构问题，都是制造强国建设过程中不容回避的一场场要打的"硬仗"。

产业基础和质量品牌建设滞后

在新一轮全球产业化分工中，中国制造面临着"双重挤压"：一方面，国际金融危机使美国、欧盟等发达国家和地区重新重视发展实体经济，加速"再工业化"和"制造业回归";另一方面,受劳动力成本上升等因素影响,中国低附加值产品出口的价格优势弱化,其他发展中国家也在加快以更低的劳动力成本承接劳动密集型产业的转移步伐。以往那种以劳动力成本低,资源、能源消耗大,甚至以牺牲环境为代价建立的比较优势难以为继。在这种形势下,中国要抢占制造业的新一轮竞争制高点,必须重塑中国产业基础和制造业核心竞争优势,其中的重要内涵是完善基础产业配套能力和建设质量品牌。

中国制造大而不强的特征十分突出,追根溯源,其主因之一是关键基础材料、核心基础零部件(元器件)、先进基础工艺、产业技术基础和工业基础软件这"五基"能力薄弱,严重制约了整体竞争力和可持续发展能力。中国制造要由大变强,必须奠定产业基础能力再造这块战略基石,而提升产品质量、加强品牌建设是工业强基行动的重要使命。

随着中国企业走向世界的影响力不断提升,新的风险也相伴而生。"中兴事件""断供华为"等各种突发危机,固然有种种导火索,但本质上就是因为诸如芯片、内存、元器件、高端原材料等供应链关键环节失控,有些产业链上游的关键零部件、工业设计软件等,除美国外,在全球范围内难觅替代品。重新布局供应链甚至自主研发某些核心零部件,将成为一些有追求的中国企业痛定思痛后的重要选择。国家则应在整体产业基础建设方面创造有利环境,优先发展核心基础产业,突破核心通用芯片设计与制造瓶颈,在重点应用领域急需的先进基础材料方面实现突破,提前布局和研发战略新型材料。

中国拥有日益壮大的产业集群,但产业链协同性不强,缺少整合产业链上下游资源的龙头企业,缺乏集群创新机制,因而造成了企业单打独斗的局面,这样做不仅市场拓展效率低下,还很容易出现劣币驱逐良币的逆淘汰现象。中国制造的"软件"与"硬件"整合效果差、融合发展不足的问题也很突出,工业基础软件和关键应用软件的自主创新水平较低,国产工业软件的应用生态体系尚待完善。

尽管中国制造业的质量水平已有了显著提升,一批知名品牌脱颖而出,质量和品牌竞争力持续增强,但受传统粗放型发展方式的长期影响,快速工业化过程缺失了质量文化的长期熏陶，中国的工业质量和品牌发展还存在一些突出问题：产品质量发展不均衡，部分产品质量档次不高，与国际先进水平相比仍有差距，突出表现为产品质量安全性、质量稳定性和质量一致性等方面存在问题；标准结构不合理，部分技术标准水平低、适用性差、贯彻实施不力，一些领域的产品标准、检测方法标准跟不上新产品研发的速度，高新技术、高附加值产品的关键技术标准缺乏，难以满足质量品牌竞争发展的需要；品牌建设滞后，尽管中国制造业的自主品牌数量众多，但市场认可度仍较低，与国际知名品牌相比，中国制造业的部分品牌附加值低、竞争力弱，在顾客美誉度和忠诚度等方面有待提高；企业主体作用发挥不充分，部分企业质量意识薄弱，质量信誉不高，质量和品牌管理的系统性不强，效率不高；质量安全保障体系尚不完善，部分产品的质量检测能力不足，监督检查不到位，产品质量安全事件时有发生，损害了中国制造业的质量形象和大众的消费信心；基础能力建设投入不足，质量检测、质量控制和技术评价等质量保障基础能力滞后，一批影响质量的关键共性技术问题长期得不到解决，质量和品牌的公共服务能力与企业的需求也存在明显差距。

资源利用开发效率不高造成环保难题

中国工业化对资源的高消耗，首先表现为资源消耗量大。世界制造中心需要大量资源，当前及今后相当长一段时期内，中国制造业发展的重点仍在重化工业，对自然资源的需求量更大。例如，据国际铜业协会统计，2002 年，中国首次取代美国成为世界第一大铜消费国，当年全球铜消费总量为 1520 万吨，其中中国铜消费量达到 250 万吨，约占全球消费总量的 16.4%；2020 年中国精炼铜消费量为 1452.7 万吨，占全球精炼铜消费总量的比重高达 58.5%。中国消费量为全球之冠的初级产品还有很多，不胜枚举。

中国工业化对资源的高消耗，同时也体现在资源需求远远超越了国内供给能力，初级产品进口持续高速增长。全面步入工业化社会的中国深感实际资源状况不容乐观，农业社会的"地大物博"满足不了工业时代对自然资源的巨大胃口，无论是可再生的农、牧、林、渔业资源，还是不可再生的矿产资源，都与大规模快速工业化的需求量相差甚远。在矿产资源方面，中国不仅总体储量不足，而且需求结构与资源共享结构脱节，用量较少的钨、硒、稀土、钼、锑等矿产资源蕴藏量丰富，但需求量大的石油、天然气、富铁矿、锰、铬、钾盐、铜、铝等大宗矿产储量不足，供求失衡严重，难以满足长期稳定供给的需求。这样一来，中国工业化对资源的高消耗就带来了一系列副作用。首先，高消耗大大抬高了资源价格，相应地挤压了下游制造业的利润，中国制造业自身受创最重。众多制造业企业深受原料和能源价格上涨之苦，不少出口制成品行业已从昔日的"摇钱树"沦为"苦菜花"，利润率从20世纪90年代后期的20%～30%跌落到近年来的2%～3%，有些企业甚至在盈亏线上沉浮挣扎。其次，快速工业化过程中资源利用效率不高造成的环境污染问题，成为严峻的社会问题。再次，随着东部沿海地区的成熟产业大规模向中西部转移，如果没有同步提高相应的环保水平，没有相应的清洁生产方式改进，这种产业转移很可能带来污染转移，而中西部地区的环境容量比东部沿海地区要小得多，遭受同样规模的污染后恢复难度更大。最后，也是最为关键的一点，在碳减排的大背景之下，作为仍处于工业化中后期、经济中高速发展、能源结构不尽合理、能源利用效率较低的一个新兴经济体，中国面临的压力和挑战不言而喻。

客观地说，迄今为止，从总体上看，中国实现的仍然只是一种比较粗放和低层次的工业化，在全球经济体系中尚未完全摆脱被动局面，由此造成的环境污染副作用、资源过度消耗、核心技术短缺、品牌缺失等突出问题，使得中国制造业由大变强的征途中布满荆棘和障碍。中国唯有实现产业基础能力的突破，强渡已经形成的无形的"楚河汉界"，才能在国际产业竞争中站稳脚跟，争取未来产业发展的主动权。

4.3 聚光灯下：先进制造产业焦点

新科技革命和新产业变革的广泛渗透，使得技术密集型产业成为世界经济强国稳固国力的重要保证，在调配资源、创造价值、推动经济结构优化等方面发挥着重要作用。为了适应愈发激烈的国际竞争形势，要在全球发展环境发生巨变的情况下提高中国制造业的层次，就必须大力发展以先进制造业为核心的制造体系，以先进制造业带动制造业优化升级，从而优化国民经济的整体结构。

从"中兴事件"说起：令人窒息的"缺芯"背后

2016年3月7日，在深圳和香港上市的中兴通讯发布公告，称因美国商务部拟对公司实施出口限制而停牌。美国政府禁止美国公司向中兴通讯出口任何在美国生产的设备和产品，首当其冲的自然是芯片。迫于政府压力，中兴通讯的美国供应商全面停止了对中兴通讯的技术支持，甚至连 ARM 这家英国公司也被迫停止对中兴通讯的支持和商务合作，原因是它的大部分研发是在美国进行的。

此后的一年时间里，中兴通讯积极展开谈判，美国商务部曾多次宣布对中兴通讯暂时解除出口限制，这意味着中兴通讯获得临时许可，美国公司可继续向中兴通讯出口含有美国技术的设备和产品，但每次只有两三个月的许可周期。直到整整一年后的2017年3月7日，中兴通讯再发公告，宣布和美国政府就出口管制案达成全面和解。

不少国人不解：中兴通讯为什么不改用国产芯片呢？

因为工业级应用芯片一直是国产芯片的短板，而芯片产业本身正是中国制造业的一大"痛点"。从1958年第一块集成电路的发明开始，至今60多年的发展历程中，全球集成电路产业经历了起源壮大于美国、发展于日本、加速于韩国及中国台湾地区的过程，目前整个产业又有向中国大陆转移的迹象。近年来，国内集成电路产业的发展突飞猛进，自给率逐年提高。华为海思最新的麒麟芯片已不输高通骁龙芯片；技术积累了十多年的龙芯也终于可以和北斗卫星一起遨游太空；随手拆开一个蓝牙音箱、机顶盒或者一台冰箱、洗衣机，里面的核心芯片已经大部分都是国产品牌了。

但不容忽视的现状是，这些国产芯片的成功应用大多是在消费类产品领域。在对稳定性和可靠性要求更高的通信、工业、医疗以及军事的大批量应用中，国产芯片的质量与国际一流水平仍有差距。尤其是一些技术含量很高的关键器件，如高速光通信接口、大规模现场可编程门阵列、高速高精度模/数转换器、高速高精度数/模转换器等领域，还是基本依赖国外供应商。

尽管以美国为代表的西方发达国家一直抱怨对华贸易存在较大的逆差，但它们却依然顽固地坚持其限制高科技产品出口的做法。时间已进入21世纪第三个十年，西方国家为遏制中国、限制高技术产品出口到中国的《瓦森纳协定》却依然在发挥作用。对于中国下游厂商来说，工业级芯片就是国外限制出口的重灾区。

虽然我国的整机厂商通过自产基带芯片掌握了核心算法，但是却无法解决被国外芯片供应商"卡脖子"的问题。假如一台基站有100颗芯片，其中只要有一颗芯片遭到禁运，整台基站就无法交付使用。就算找到团队重新进行设计，根据集成电路研发的固有规律，一颗芯片从设计、测试到量产至少需要一年以上的时间，高可靠性的工业级芯片则需要更长时间。

诚然，这些年来，中国的电子整机行业发展迅猛，华为超越爱立信成为世界第一大通信设备公司，中兴通讯跻身世界前四。联影、迈瑞等国产大型医疗器械产品水平直逼通用电气、飞利浦等国际巨头。然而，不能逃避的事实是：尽管中国是全球最大的半导体消费市场，"芯"却一直掌握在以美国为首的发达国家手中。"中兴事件"一出，国人才猛然注意到，我们世界领先的整机产业实际上是建立在如沙子一般脆弱的地基之上的。

为什么在集成电路领域，中国会处于如此尴尬的地位呢？因为这是一个高难度的产业，背后蕴藏着巨大的经济利益和商业价值。集成电路被誉为电子工业的粮食，除了对国家和行业安全具有重大意义外，利润率也随着技术含量水涨船高。芯片本身的材料不过是二氧化硅，成本极低，而芯片上面凝聚的技术决定了它的高利润。消费类芯片产品的一般毛利率为30%～40%，工业级芯片产品的毛利率一般能达到50%～60%，以高性能模拟芯片为主的美国凌力尔特公司，平均毛利率曾达到90%！很多目前中国无法设计的芯片，例如高端交换芯片，毛利率甚至在99%以上。

中国一直在通过众多国家级科研计划大力支持关键器件研发及其应用，积极投入，后期还扩展到了整机领域以解决应用脱节的问题。2014 年 6 月，国务院出台了新的《国家集成电路产业发展推进纲要》，改为通过设立国家产业投资基金来吸引大型企业、金融机构以及社会资金，采取市场化运作，重点支持集成电路等产业发展。

显而易见，越是产业上游，中国企业与世界先进水平之间的差距越大。值得欣慰的是，随着电子整机行业的强大，集成电路下游的国产需求方也日益强大，有可能真正带动上游的发展。中国本土巨大的存量市场奠定了华为海思芯片崛起的基础。海思、紫光展锐、中兴微电子、华大、大唐等集成电路设计公司发展起来了，中芯国际和华力微电子这些制造企业就有了更多的发展机会；而制造企业的发展又可能带动更上游的北方华创、中微半导体等半导体生产设备供应商的发展。

图为华为麒麟芯片。大规模市场迭代促进了华为海思芯片的快速升级

"中兴事件"之后，更为严苛的芯片断供制裁落到了华为等中国企业头上。不过，"塞翁失马，焉知非福"。也许多年后，"中兴事件""断供华为"这些事件对中国集成电路产业"当头棒喝"的深远影响才会真正显现出来，那时回头再看，它们或许正是这一关键产业发生某种历史性大转折的导火索。

融合工业：由新一代信息通信技术和人工智能引爆

新一代信息通信技术与制造业、金融、医疗、教育等领域的结合，将产生巨大的商业价值，让世界变得更加美好。而 AlphaGo 和"冷扑大师"的登场，可谓新一代信息通信技术和人工智能技术发展的现象级事件和典型缩影。

早在 20 世纪末，一台名为"深蓝"的超级计算机就以微弱优势战胜了人类有史以来最伟大的国际象棋选手之一卡斯帕罗夫，显示出人工智能深不可测的发展潜力。

2009 年底，电影《阿凡达》上映，让许多人都体验了一把 3D 影像的魅力。2016 年 7 月，一款名为《Pokemon GO》的手机游戏面世，点燃了大众尝鲜虚拟现实的极大热情，使得 VR（虚拟现实）、AR（增强现实）、MR（混合现实）这些原本仅为小众所知的字母组合，瞬时成为众多玩家竞相热捧的热门概念……回顾历史，不少前沿科技从实验室"飞入寻常百姓家"，似乎都伴有类似现象级事件的爆发，这些"引爆点"事件，恰恰是前沿新科技现实化的表征和催化剂。

AlphaGo 挑战人类顶级围棋高手，显然是比上述事件更加吸睛的超现象级"引爆点"。

有专家解析，从数学上考虑，国际象棋棋盘上能够发生的可能性大约是 10^{46} 种，而围棋共有 19×19 个落棋点，加上不同的落子方式，全部可能性大约是 10^{172} 种，因而围棋也许将是人类捍卫"万灵之长"智慧尊严的最后一块领地。

2016 年 3 月，AlphaGo 挑战韩国著名棋手李世石。起初，人们似乎期待人工智能技术获得新的突破，盼望 AlphaGo 旗开得胜。然而，当 AlphaGo 势不可当地以 4∶1 的总比分横扫李世石时，人们又产生了"人类智商的巅峰被机器人打败"的惶惑和不安，把人类维护体面的最后一丝希望寄托在荣膺世界冠军的中国围棋天才少年柯洁身上，期待他代表人类一雪前耻。

2017 年初，一位自称"Master"的网上棋手横扫棋坛，打遍天下无敌手，柯洁也在他的手下败将之列。人们纷纷猜测这位绝世高手可能是 AlphaGo 的升级版，柯洁本人也在微博中感慨："人类千年的实战演练进化，计算机却告诉我们，人类全都是错的……"于是,世人更加期待柯洁能创造奇迹,即便知道希望渺茫。

2017 年 5 月 27 日,柯洁和 AlphaGo 三番棋人机大战正式开打,AlphaGo 直落三局,干净利索地以 3∶0 的比分战胜了人类世界冠军。让棋迷聊以自慰的是,"AlphaGo 之父"、谷歌 DeepMind 创始人哈萨比斯发文表示,柯洁的表现堪称完美,把 AlphaGo 逼到了极限。

AlphaGo 就出自哈萨比斯创办的 DeepMind。DeepMind 非常重视人工智能与人类高度贴合的研究,目标指向是把人类的感知与精神思维方式移植到机器当中去,而且还鼓励业界一同朝这个方向尝试。

和人类一样,人工智能也在不断"进化",只是进化的速度、迭代的速度要比人类快得多。2017 年 4 月,哈萨比斯在英国剑桥大学演讲时专门提到,之前 AlphaGo 升级一个版本需要 3 个月时间,当下只需要一周。AlphaGo 对阵李世石时的版本号是 V18,而对阵柯洁的 AlphaGo 2.0 估计已经到了 V60,在逻辑和棋局策略上早已今非昔比。

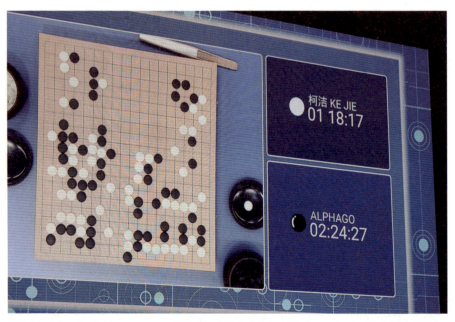

图为 2017 年 5 月 27 日,AlphaGo 对战柯洁,柯洁大比分 0∶3 落败。不过,人工智能的潜力不会只停留在下棋上,它与制造业的深度融合将创造出全新的产业格局

从 AlphaGo 到 Master 再到 AlphaGo 2.0，短短一年多时间，三代产品，三段历程，对应的恰好是"理论，实验，再创新"的否定之否定过程。而这代表的基于互联网大数据的深度学习和决策支持系统，将在很多人类算力不可及的领域提供支撑。AlphaGo 积累的决策模型，将在更大的深度和广度上逐渐把人力从重复性劳动中解放出来，同时对脑力劳动进行反哺，对绝大多数社会元素进行快速解构并解读，再反馈给人类。

也是在 2017 年初，人工智能"冷扑大师"和中国龙之队进行德州扑克对决，人工智能同样没有悬念地完胜人类。这场比赛证实：人工智能已从完美信息处理进一步延伸到了对不完美信息的分析，因为德州扑克的玩法更接近人性，牌手既可以诚实表达，也可以欺骗式表达，心理战是其中相当重要的部分。对各种心理因素的推敲，接近人与人之间的商业、外交博弈，而"冷扑大师"的人工智能技术已经具备了分析这些因素的能力。

上述现象级事件展示了新一代信息通信技术和人工智能与人类生活密切结合的巨大潜力，新一轮工业革命就是以信息通信技术与制造业融合为标志的。制造业与信息通信技术日益结合，表现出融合工业的鲜明特征，有观察者概括出融合工业的八大集成趋势：技术角度的五大趋势，即产品兼容性集成、材料/能量/信息的集成、增材制造与软件技术的集成、虚实结合，以及认知计算技术与工业的集成；企业和社会生态角度的三大趋势，即知名企业之间的技术集成、小企业与大企业之间的生态集成，以及国际范围内的标准集成。

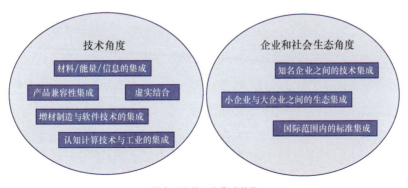

融合工业的八大集成趋势

下面选取认知计算技术与工业的集成这一角度来观察融合工业的演进方向。

认知计算的企业代表当仁不让是 IBM，IBM 寄予厚望的则是代表着人类认知计算技术未来的"沃森"超级计算机。现在沃森不只是秀场明星、投资顾问、超级客服或者大厨、医生，它已经跨进工业领域，操控起了金属加工机床，还可提供"工业认知物联网解决方案"。由于认知计算技术可以从收集的海量数据中分析其中的关联模式，沃森以类似人脑的思维和学习方式，能够根据分析结果洞察未来行为。人工智能与物联网技术的结合，使得 IBM 能够通过先进的学习算法，迅速优化多变量条件下的参数组合，从而显著改善加工效果。这类认知计算技术的工业应用案例，正在引发工业界产品开发和运营模式的大变革，基于长期历史经验制定机械加工策略的传统公司，短期内可能会被善于学习、模仿人类思维过程的计算机程序超越，因而丧失原有的竞争优势。认知计算技术与工业的集成既带来了工业产品的自进化，更推动了工业组织的自进化，而自进化的产品和组织，才代表融合工业的未来。正如《连线》杂志创始主编凯文·凯利在《必然》一书中所断言的，机器将会更新自己，随时间慢慢改变自己的功能；只有把人工智能置于普通事物之中，才能带来真正的颠覆；想要在全新的领域中成功，就要掌握新出现的流动性；未来所有的设备都需要互动，如果有什么东西不能实现互动，它就会被认为"坏掉"了。这里提及的关键词——机器更新、人工智能、流动、设备互动，统统在新型工业的图景中浓墨重彩地登场了。

因而，我们应该用生物学而不是机械学的角度看待这个世界，用生态系统而不是纯制造的观念看待工业融合日益生动的大趋势。

立足本国产业基础，发挥比较优势，是各国推进新一代信息通信技术和人工智能与制造业深度融合的自然选择。美国以一批大型互联网企业为先锋，加快信息通信技术向传统制造业的渗透应用，走的是"互联网＋制造业"的路径。德国以提高制造企业竞争力为目标，通过深化信息通信技术应用加速生产方式变革，走的是"制造业＋互联网"的路径。这两种路径选择不同，但核心都是推动互联网和制造业深度融合，本质上殊途同归。而中国的优势在于，一方面，互联网技术和市场处于全球领先地位；另一方面，中国制造拥有世界上最大的生产能力和潜在市场，新一代信息通信技术和人工智能只有在社会生活尤其在工业中广泛应用，才能体现它们不可替代的价值。"互联网+"制造发生的强烈化学反应，将是中国制造转型升级的关键突破口。

补齐新材料"短板"

构成现代文明三大支柱的，除了信息和能源，还有不可或缺的材料。20世纪50年代后，人类社会开始进入所谓的"硅时代"，由此引发的信息技术产业革命深刻影响了当今世界的格局与面貌。有人称21世纪将是"碳时代"，无论属实与否，若想言简意赅地定义我们当今所处的时代，恐怕总摆脱不了类似"信息时代""新能源时代""新材料时代"这类名词吧。

1964年春，甫入古稀的毛泽东展读史籍，写下一首《贺新郎·读史》，词曰："人猿相揖别。只几个石头磨过，小儿时节。铜铁炉中翻火焰，为问何时猜得？不过几千寒热……"寥寥数语，便诗意盎然地概括了一部人类文明进化史。乍看枯燥乏味的材料，其实为人类的出现和进步立下了汗马功劳：人类在"小儿时节"，学会了把石头磨成石器，由此迈上了万物之灵种属的进化之路；"铜铁炉中翻火焰"，从青铜时代到铁器时代，一路演变过来，在历史长河中，迄今不过区区数千年时光，终于使得人类进入了真正意义上的现代文明。可见，材料的发展标志着社会的进步，而人类文明的每次重大进展，都伴随着材料的演进。正因如此，人们往往依据人类所使用的材料来划分人类文明的发展阶段：新石器时代、青铜时代、铁器时代、钢铁时代，等等。

新材料是全球新技术革命的重要支柱之一，近年来中国的新材料产业已有长足的发展，但受制于材料强国的技术垄断和封锁，加上自主创新能力不强，新材料的许多领域仍属"短板"，缺乏竞争力。例如，碳纤维材料的特性使其在高端制造市场上的应用价值日益彰显，从占领波音787机体的半壁江山，到成为汽车、自行车和风能发电装置叶片的新宠，碳纤维产业将迎来井喷发展期。中国碳纤维国产化技术的自主创新打破了西方国家对中国相关技术的封锁，初步满足了若干重点领域的需求。然而，中国碳纤维产业与发达国家之间的差距依然存在，我们必须正视问题，客观分析碳纤维及其复合材料的研发、生产和应用实际水平，合理规划技术发展路线，发挥中国经济大市场、全产业链、大产能的竞争优势，创新体制机制，激发市场活力，充分借鉴材料强国的成功经验，取长补短，以应用为牵引，聚焦、突破产业关键和共性难题，努力从产业链低端向上攀爬，进入更高的层次，不断提高新材料产业的发展水平。

由于基础材料是生产工业制成品过程中不可或缺的关键性支撑材料，而且从研发到市场化的周期长、投入和风险较大，因此市场一度倾向于用购买代替生产，尤其倾向于购买国外工艺成熟的知名产品。然而，基础材料对提升产品性能起着至关重要的作用，甚至直接决定了产品性能的高低和迭代水平，对产业创新具有驱动作用。例如，隐形飞机表面涂层材料一旦被"卡脖子"，带来的损失将难以计量。

完善顶层设计和夯实基础能力相结合，是制造强国建设的前提条件，而新材料产业则是中国必须优先发展的核心基础产业之一。

"我们一定要有自己的大飞机"：高端装备创新进行时

高端装备制造业是装备制造业的高端领域，具有技术含量高、附加值高、占据产业链高端核心部位的"三高"特征，其发展水平决定了产业链的整体竞争力，是带动整个装备制造产业升级的重要引擎。

"十三五"期间，中国组织实施了大型飞机、航空发动机及燃气轮机、民用航天、智能绿色列车、节能与新能源汽车、海洋工程装备及高技术船舶、智能电网成套装备、高档数控机床、核电装备、高端诊疗设备等一批创新和产业化专项、重大工程。

高端装备创新工程涉及领域众多，这里通过其中最牵动国人心绪的大飞机专项工程来一窥这一宏大工程对中国制造的深远影响。

2014 年 5 月，习近平总书记在考察中国商飞设计研发中心时指出："中国是最大的飞机市场，过去有人说造不如买、买不如租，这个逻辑要倒过来，要花更多资金来研发、制造自己的大飞机。"

20世纪50年代，中国编制科技规划，提及"造飞机"比"造导弹"在技术上更难，要花费更长的时间。据说报告送到毛泽东主席手里，主席觉得奇怪：飞机在世界上满天飞已经几十年了，很多国家都会造；导弹却是发明不久的新东西，造飞机怎么会比造导弹更难？主席把主管科技的领导们叫来，他们汇报说明了半天，毛主席摇头，仍表示不解。最后，主席把钱学森请来，钱学森说，导弹只要能打出去，就算成功了，至于能打多远多准，是第二步的问题；飞机既要安全上天，更得安全落地，还要保证乘坐的舒适性，所以造飞机比造导弹更难！

整整一个甲子过后，中国的先进导弹和火箭技术高歌猛进，早把人造卫星和载人飞船送入了浩瀚太空，倒是大飞机的研发起起伏伏，一路曲折坎坷，总算在21世纪的第二个十年中，国产新支线飞机ARJ21完成了适航取证并投入正式运营，国产大型客机C919实现了总装、首航成功。

图为2017年5月5日中国自主知识产权民用大飞机C919首次试飞成功。这是中国民用航空工业发展的一座里程碑，标志着中国高端装备制造业达到了新高度

大飞机设计和制造凝聚了时代的顶尖高新科技，是多学科交叉的复杂系统工程，居于"工业之巅"，傲视群雄。

然而，大飞机市场竞争极为激烈、残酷。举目四望，波音和空中客车（空客）两家公司垄断了大型喷气式飞机市场，在支线飞机和涡轮螺旋桨飞机领域确立了领先地位的庞巴迪和巴西航空工业公司，前者已被空客收入囊中，后者多年经济效益不佳，几度濒临破产，其与波音进行的"商用飞机业务合并计划"谈判一波三折，最终还是受航空市场不景气影响而破裂。全球大飞机市场的双寡头体系似乎不可动摇。20世纪后半叶，中国、日本和印度尼西亚等国都曾多次尝试自力更生发展民用大飞机制造业，结果均以失败告终，这几个国家对竞争环境之险恶当有切肤之痛。事实上，对于中国的大飞机项目，相对技术研发难度而言，面临的更大挑战还在于能否经受住激烈市场竞争的考验，打破寡头垄断，实现产业化目标。

中华民族近代以来最伟大的梦想是实现中华民族的伟大复兴，而大飞机梦想无疑是中华民族伟大复兴梦不可或缺且极具象征意义的一部分。

"8亿件衬衫才能换来一架空客A380"，中国要想改变这种局面，必须实现产业升级。而大飞机的研发和制造覆盖机械、电子、材料、冶金、化工等几乎所有工业门类，涉及从能源资源到生产加工、制造集成、信息技术、贸易物流、金融服务等的完整产业链条。中国的大飞机项目将带动国家整体工业实力的升级，是名副其实的"中国制造新引擎"。

4.4　高端突破：产业逆袭，多点开花

中国制造业的崛起不是简单的规模累积，而是内在的有机生长、发育、壮大的过程。企业间在竞争与合作的过程中大浪淘沙、优胜劣汰，产业间上下游联通整合、互为犄角，在对外开放中消化吸收先进技术，在制造实践中不断创新，构建了一个庞大而完整的制造体系。无数企业不懈努力的结果，是终于打通了一条又一条产业链，助力中国制造迈上了全球制造价值链更高的一个个台阶。2010年之后，中国制造业进入了一个新的发展阶段，不仅有量的扩张，更有质的提升，产业高度重视核心技术研发，企业更是瞄准发展质量和效益。

中国制造复杂产品的能力不断提升，在不少高端制造领域实现了产业逆袭，如新能源汽车、先进轨道交通装备、智能硬件、光伏发电设备等，中国制造在众多产业开花结果，成绩斐然。

从智能马桶盖到"太空之家"

2015 年"两会"期间，李克强总理在回应政协委员讨论时说，中国民众的消费水平确实在升级，有外媒报道，我们的国民到国外去买马桶盖，"我们国内也能生产啊"！对此问题，总理的表态有两点。第一，要抱着"开放的心态"，反对贸易壁垒，因为"消费者有权享有更多选择"。第二，中国的企业要升级，如果国内也有相同质量的产品，应该更有竞争力。"起码能为消费者省下机票钱！"

就在 2015 年春节期间，45 万中国人在日本消费了近 60 亿元人民币，人均消费约 1.3 万元，其中大部分钱都花在了马桶盖上。对于普通人来说，生活日常就是吃喝拉撒睡，智能马桶盖是智能家居中必不可少的，其市场在消费升级的背景下相当可观。

中国企业最初是从欧洲引进了马桶，改革开放后不断发展，做到了全球规模最大，而且产业链不断延伸到洗手盆、水龙头、浴室柜、淋浴房等系列卫浴产品，产品更新速度极快。然而，这种规模化生产强化了中国卫浴产品在市场上的定位和消费者心理上的刻板印象：中国产品价廉物美，发达国家产品高质高价，满足日常生活需要可以买中国产品，享受生活还得选择国外的精品。这样的现象又使得很多中国企业不敢贸然投入高端产品研发，或者仅仅浅尝辄止，最终导致技不如人，陷入恶性循环。智能马桶盖的跨国疯狂大采购就是这种刻板印象的具象化结果。

事实上，中国生产智能马桶盖的头部企业，其技术能力和产品质量并不输外人，很多中国游客从日本辛辛苦苦背回来的智能马桶盖，其实很可能就是在中国生产，然后出口到日本的。比如松下品牌的智能马桶盖，全世界只有位于杭州的一家松下工厂在生产。当时智能马桶盖在日本的普及率已经超过 95%，而在中国尚属边缘产品，国内普及率仅为 3% 左右，消费者对其功能缺乏认知，加之国内消费水平参差不齐，市场监管和市场准入机制相对宽松，导致有较高支付能力的消费者宁愿在国外买贵的外国产品（即便买到的还是"中国制造"），以求质量保证，也从没想过在国内购买同类产品。他们倒并不一定是在出国前就做好了采购计划，更多的是旅游期间感受到了智能马桶盖的便利和好处，一时心动就下手了。

在竞争激烈的中国市场上搏杀出来的国内头部厂商，不会错过国人消费升级为其创造的机会。它们在生产标准、技术研发和产品质量上精益求精，特别是根据中国各地的水质差异针对性地开发各类产品，提供更高标准的技术处理和售后服务，性价比更是碾压国外同行。由于智能马桶不再是传统的陶瓷产品，一旦强调它的另一面——消费电子功能，中国厂商在电子设备方面的研发优势就能充分发挥出来。短短几个月时间它们就能推出一款新品，和其他智能家居产品一样快速迭代。类似遥控马桶 App、冲洗的双涡轮驱动技术、糖尿病指数测试，只要你能想得到的，没准就会在下一代产品中出现。由此，这类产品颇受追求新潮、对国货没有偏见的年青一代的热捧。

近 30 年来，随着企业生产能力及工艺技术水平的不断提高，国产卫浴品牌已经逐步摆脱了对国外技术的依赖，具备了自主研发创新的能力。但这些品牌在高端市场上的渗透率却依然不高，很难撼动 TOTO、科勒等国际品牌的地位。这并不是因为技术和产品上的落后，而是因为国产品牌起步较晚、发展时间较短，中高端市场的品牌定位已然成形，后来者很难切入，遑论超越。另外，大多数国产品牌一开始必然主要面向大众市场，从而让消费者形成了"这些品牌就应该提供高性价比产品"的认知。中低端市场的庞大规模，以及价格、品质、成本之间的"不可能三角"，都让国产品牌对进入高端市场极其谨慎。兼具"电器"与"卫浴"双重属性的智能马桶的出现和国人对它较为广泛的认知，为国产品牌进入高价位段凿开了一条缝。尽管如今在智能马桶市场上，国际品牌仍占据主导地位，但其市场占有率的领先优势却大幅缩小，而在智能马桶一体机市场上，中国品牌后来居上，占据了 65% 左右的市场份额，表明中国消费者对中国品牌的认知度已是今非昔比。

与看上去微不足道的马桶盖正好相反，中国的航天事业寄托了中国人心驰神往的航天强国梦，因而后者完全不可能通过纯市场方式获取国外先进技术作为发展的基础，只能白手起家，靠一代代航天人的努力奋斗，靠中国航天人薪火相传、生生不息的航天精神，自立自强，自主创新。作为宏大的国家工程，航天工业的发展走的是一条独立自主的道路。从最初的《东方红》响彻太空，到如今的北斗卫星导航系统环绕全球，从神舟五号的顺利升空，到天宫空间站的全面建造，中国航天事业稳步发展，中国的全球航天测绘体系、卫星导航系统、载人航天系统和空间站体系已经站在了世界前沿。我并无意在这里鹦鹉学舌地复述中国航天事业的里程碑事件，只想谈谈与智能马桶盖有一定相关性的"太空之家"。

2021年神舟十三号载人航天飞船的成功发射，开启了我国迄今为止时间最长的载人飞行。而安装了全屋智能家居系统的天和核心舱——航天员的"太空之家"——理所当然地又一次成为热门话题，这也表明中国的智能家居产品迈入正轨，日益走向多元化。

据报道，核心舱里充满了家的感觉，3名航天员在这里吃穿住行有序规律；从太空生活必备的卫生区、独立睡眠区，到各具特色的锻炼区和就餐区，天和核心舱的舱内活动空间超过110立方米。

开展日常的生活起居、身体锻炼，定期监测、维持与评估自身健康状态，是航天员的重要任务之一。据了解，每位航天员每天需锻炼约两小时，以预防心血管功能失调、骨质脱钙、肌肉萎缩等"太空病"。在健身区，核心舱内有太空跑台、太空自行车、抗阻锻炼装置等设施。太空跑台与地面上的跑步机不同，增加了重力模拟装置，可施加一定压力将航天员固定在跑步机上，如此一来，航天员可以在相当于正常重力的环境下运动。太空自行车可以通过增加间歇或者冲刺的运动状态，刺激航天员的心率阈值，增强心血管的调节能力。在蹬车运动时，航天员需佩戴专用的呼吸器以强化心肺功能，以及专门的上肢锻炼模式装置以增强全身的锻炼效果。

图为神舟十三号 3 名航天员顺利进驻天和核心舱（中国载人航天工程办公室提供）

　　航天员们的生活似乎和在地球上没有两样。在航天食品方面，天和核心舱内配备了 120 余种荤素搭配、营养均衡、保质期长的航天食品。早餐有面包和粥，还有酱萝卜、卤鹌鹑蛋等美食；午餐有炒饭、猪排、土豆、牛肉汤等，还有特色食品——粽子；晚餐有金枪鱼、莜麦菜、香菇等，再加上水果、巧克力、饼干等辅助性食品。此外，就餐区域配备了食品加热、冷藏及饮水设备，还有方便航天员就餐的折叠桌。

　　空间站里设计了独立的睡眠区，确保航天员不受干扰，享受相对高质量的睡眠。他们要进睡袋休息，但也可以和在地球上一样安心地"躺着睡"。

　　尽管航天员们不能像在地球上一样泡澡，但可以将湿毛巾加热后擦拭身体。洗头时则把浴帽套在头上，用免洗洗发液揉搓洗净。此外，空间站内还有一间"包裹式淋浴间"，可以在里面用喷枪冲洗身体，也能使航天员们感到舒爽。

　　"太空之家"配备了什么马桶呢？尚未见到相关报道，没有记者问起，也没见航天员提过。据外媒报道，2020 年 10 月初，美国国家航空航天局用天鹅座货运飞船将约 3.6 吨物资和设备送到国际空间站，其中颇受瞩目的就是一个新马桶。这台名为"通用废物管理系统"的新型太空马桶，耗资 2300 万美元、花费 6 年多时间研制，堪称史上最贵马桶。相信进入"太空之家"的马桶，也一定是充满"黑科技"的高精尖装备吧！期待不久的将来，应用于"太空之家"的各种前沿科技都能进入民用领域，造福广大消费者。

新能源汽车：车轮上的新变局

从德国人卡尔·弗里特立奇·本茨获得全世界第一项汽车发明专利那天算起，汽车已经上路自由奔驰了 130 多年，如今的社会堪称"车轮上的世界"，没有汽车的生活，就像没有电一样，人类根本无法想象。

一方面，汽车在带来便利的同时，也让人们日益担忧：尾气排放带来环境污染，不可再生的石油资源被大量消耗，汽车成为空气污染、能源消耗和碳排放问题的主要来源之一。基于这一共识，进入 21 世纪后，尤其是自第二个十年以来，世界各国竞相描绘新能源汽车发展蓝图，制定政策力推新能源汽车的普及，以求两全其美的结果。

另一方面，汽车产业就业面广、关联度高、消费拉动大、产业链长、价值链丰富，几乎称得上是工业金字塔的塔顶，一览众山小。鉴于汽车产业在国民经济中的支柱性地位以及关乎面向未来的国际竞争力，正在发生的史无前例的大变局无疑对全球所有汽车强国和汽车大国都影响深远。汽车产业能力体现出一个国家的综合工业能力，是一个国家民族经济兴衰的晴雨表。以"电动化、网联化、智能化、共享化"为主要特征的全球汽车产业大变局，改变的不只是汽车产业技术的发展方向，还有产业参与者之间的生产关系，最终则将改变国家工业竞争能力和经济实力的对比。汽车产业凭借其在国民经济中的地位，当之无愧地成为所有制造强国不容有失的竞争主战场。

上述两方面的因素，使得中国发展新能源汽车有着与别国不同的特殊意义。

首先，新能源汽车关乎国家能源安全。据统计，2013 年，中国进口原油 2.82 亿吨，对外依存度达 57.9%，而汽车耗油量占总耗油量的三分之一以上。按这一趋势发展下去，30 年后，汽车耗油量将占总耗油量的 80% 以上！有人分析，从石油战略的角度看，中国目前的石油战略储备仅够45天之需。如果中国有10%的汽车换成电动汽车，那么中国的石油战略储备有望增加到够90天之需。同样，出于国家能源安全的战略考虑，中国从21世纪初就开始大力扶持光伏、风电等产业，2013年开始支持核能产业。从风电、光伏、核能等新能源的开发，到汽车新能源的使用，正好形成了一个完美的闭环。进口石油价格不可控，且陆路、海路运输线漫长，而中国的煤炭储量丰富，未来五十年无短缺之忧，待几十年后核能、风能、太阳能成为电力的主要来源，有了绿色发电的保障，自然就有了绿色的电动车。

其次，新能源汽车是中国汽车产业实现"换道超车"的历史性机遇。在传统汽油车领域，欧美发达国家有超过百年的技术积累。在油电混合技术方面，日本优势明显。中国汽车产业掌握核心技术的机会自然指向了电动车研发。毕竟新能源汽车的核心是车载锂电池，在相关材料技术上，中国和国外领先水平处在同一层次上，而在加工性能、生产成本上中国还有一定的优势。在内燃机汽车时代费劲追赶的中国汽车产业，终于在产业的历史转折期获得了"换道"竞赛并超车的机会。

自2012年国务院印发《节能与新能源汽车产业发展规划（2012—2020年）》以来，伴随着各种新能源政策的落地，新能源汽车发展得到了各级政府的大力支持，发展节能与新能源汽车被确定为国家战略，以纯电驱动作为主要战略趋向，争取通过落实政府扶持政策，激发企业创新活力，实现发展目标。2014年5月，习近平总书记在考察上海汽车集团技术中心时强调，"发展新能源汽车是我国从汽车大国迈向汽车强国的必由之路"。

最后，在政策持续支持和行业共同努力下，我国的新能源汽车产业经过多年培育，终于从单纯的政策驱动阶段进入政策与市场双重驱动阶段，市场迅速扩大。经过无数波折，从艰难的市场培育，到"造车新势力"的爆发和传统车企的集体转型，中国汽车人坚持不懈的努力终获丰厚的回报。我国新能源汽车产销量连续多年位居世界第一，电池电机领域处在全球领先的位置，动力电池系统能量密度日益提高，形成了全球最大规模的充换电网络。2021年，我国纯电动汽车的中国品牌占有率为81%，电动乘用车的中国品牌占有率提升到了44.4%。2022年上半年，我国汽车产销量分别达到1211.7万辆和1205.7万辆；累计出口121.8万辆，同比增长47.1%，其中新能源汽车增长111.2%。这一数字甚至超过了汽车制造强国——德国，直逼全球汽车出口第一大国——日本。

光伏启示录

在中国，有这样一个产业，在短短20多年时间里，经历了如同坐过山车一般的急剧起伏，一批一度风光无限的明星企业折戟沉沙，又有一批曾经名不见经传的企业依靠自主创新浴火重生，成为引领全球产业发展趋势的主导力量；还是这个产业，在"走出去"的全球化过程中遭遇欧美发达国家此起彼伏的"双反"调查，经受住了最强力度的贸易保护主义的冲击。它是中国制造的亮点和荣光，是中国战略性新兴产业最早的突破口，但也曾有过成为中国制造令人伤心的痛点那样的至暗时刻——这就是光伏产业。

如今，中国的光伏产业无疑已成为"双循环"的典型范例，核心原材料晶硅产量占全球总产量的60%～65%，核心设备几乎全部实现国产化，拥有完整的产业链，在产业链的所有环节都牢牢占据世界主导地位，握有绝对的话语权。

光伏组件（太阳能电池板）上承硅片、电池，下接电站、运维，是太阳能发电链条中最核心、最重要的部分。在光伏产业的上中下游各环节中，组件企业受关注度最高，竞争也最为激烈。

光伏产业的"江湖"很容易让人产生沧海桑田、物是人非之叹，技术不断迭代，竞争依然激烈。以出货量这一关键指标衡量，全球光伏组件市场经历过很多次产业巨变。

2010年，中国企业站上了全球光伏组件出货量第一的高峰，施正荣的尚德电力以1.5吉瓦的组件出货量，首次超越美国企业First Solar（第一太阳能）。遗憾的是，2012年尚德电力的发展便急速下滑；幸运的是，紧随其后的英利集团、天合光能、阿特斯等众多中国光伏组件企业迅速成长壮大起来。

2012年，英利集团的组件出货量达到了2.1吉瓦，取代尚德电力成为全球第一。

2014 年，化学家唐敖庆的弟子高纪凡带领天合光能突出重围，成为光伏组件新王者，这一年天合光能的组件出货量达到了 3.66 吉瓦。连续夺冠之后，天合光能主动求变。采访中，高纪凡说"全球第一似乎是个圈套"，他把目标瞄向了空间更为广阔的"能源互联网"。

2016 年，晶科能源以 6.7 吉瓦的组件出货量登顶成功，并连续刷新纪录。

2020 年，隆基股份以惊人的 24.53 吉瓦的组件出货量成为光伏组件新王。

不管市场如何变幻，经历欧美对我国光伏的"双反"调查、美国政府调整新能源政策、我国 2018 年的"531 新政"（即 5 月 31 日印发的《关于 2018 年光伏发电有关事项的通知》）、"平价上网"等各种各样的重大事件，总体而言，我国光伏产业的发展可圈可点。这个曾经被诟病为"两头在外""补贴为生"的弱小能源，正一步步向着主力能源迈进，很有希望与风电一起支撑起低碳时代的新能源体系。

中国光伏产业的发展历程，是中国特色产业发展的成功样本。

首先，中国光伏产业渐入佳境，市场的不断成熟是关键因素。在中国光伏产业迎来爆发期的第一阶段，市场在国外，技术在国外，装备在国外，原材料也在国外。中国光伏企业所做的不过是跟踪、模仿国外企业的发展，利用中国相对低成本的要素，努力参与国际市场的竞争。然而，由于供给端的关键原材料受制于人，需求端绝大部分组件产品都出口国外，对欧美市场极其依赖，在国际金融危机和欧美国家"双反"调查的剧烈冲击下，光伏领先企业遭遇了触目惊心的危机。时过境迁，经历过市场化洗礼的中国，现在不仅是全球光伏产业最大的生产国，同时也是最大的应用国，庞大的市场容量产生的规模效应有助于边际成本的降低，而市场竞争的有序化将大大提升中国光伏企业的国际竞争力。

其次，技术的进步，是中国光伏产业跃升的根源。作为战略性新兴产业，光伏产业在中国的发展极具特色，甫一切入就迅速实现了大规模产能，赢得了国际人才和国际资本的青睐。在大浪淘沙的企业更替过程中，产业技术不断迭代，如单晶渗透率不断提升；各种工艺不断改进，如金刚线切割技术的普及大大减少了上游硅料的使用……得益于技术进步、规模经济以及供应链竞争力增强等因素,光伏能源相比传统化石能源的经济性优势日益凸显。

再次,政策的明晰为光伏产业发展保驾护航。在中国光伏企业遭遇"四面楚歌"之时,国家决定出手救市,给予补贴,拉动内需,保留了有效"火种",同时推动企业提高研发能力和市场渗透率。在大规模太阳能发电成本不断下降、逼近"平价上网"成本时,政府又适时推出补贴退坡政策,从而有助于提高行业门槛,淘汰落后和过剩产能,提升行业集中度。

最后,也许是最为重要的,充满韧劲、不断进取、不断创新的企业家群体,是中国光伏产业发展过程中不可或缺的主角。进入"平价上网"时代后,光伏组件企业摆脱了对政策的依赖,开始自由发挥,面临的竞争更加残酷。在扩大产能的同时,企业的成本控制、科技创新、融资渠道、品牌品质、团队稳定等各个方面都在考验着企业家们的智慧和勇气。隆基绿能、晶科能源、天合光能、晶澳科技等知名光伏企业凭借在产能规模、规划布局和技术路线选择上的优势,将继续率领中国光伏产业迎接新的挑战。

作为中国战略性新兴产业中第一个拥有世界竞争力的产业,中国光伏称得上中国制造拿得出手的"名片"之一。我们相信,这张"名片",在中国碳减排的进程中将更加闪亮。

随着中国制造的规模扩张,类似于上述智能家居产品、新能源汽车和光伏组件的产业突破,正在多点全面发生,业界对产业升级的信心越来越足,越来越多地用发展的眼光看待产业"短板"。相信无数点的突破,终将汇成产业升级的大趋势,打破各种"卡脖子"技术的垄断。随着更多的领域取得新的进展,会有更多潜藏的短板得以暴露,并获得产业界和政府的积极关注,进而能够投入资源、攻克障碍,让"短板"不再"短",甚至将它们拉长锻造成"长板"。

在制造强国建设的过程中,中国制造的力量持续扩张,企业自主创新,在生产工艺、关键零部件、设计水平、核心装备、终端产品等各方面快速进步、快速升级,通过发展补齐产业"短板",这样的实例比比皆是。例如工业机器人、数控机床行业,从十年前被"卡脖子"到如今实现了部分进口替代;新能源汽车、动力电池、光伏组件、工程机械、造船业都出现了爆发式增长,形成了全产业链竞争力，初步形成了世界级竞争能力。

2019 年，中国工程院出具了一份报告，报告对中国 26 类具有代表性的制造业产业进行了国际比较分析，结果如下。

26 类制造业产业的国际比较分析

国际地位	制造业产业
处于世界领先地位（5类）	通信设备
	先进轨道交通装备
	输变电装备
	纺织服装
	家用电器
处于世界先进地位（6类）	航天装备
	发电装备
	新能源汽车
	钢铁
	石油化工
	建筑材料
与世界差距大（10类）	飞机
	航空机载设备及系统
	高档数控机床与基础制造装备
	机器人
	高技术船舶与海洋工程装备
	节能汽车
	高性能医疗器械
	新材料
	生物医药
	食品
与世界差距巨大（5类）	集成电路及专用设备
	操作系统与工业软件
	智能制造核心信息设备
	航空发动机
	农业装备

中国工程院还对这 26 类具有代表性的制造业产业开展了产业链安全性评估：我国制造业产业链 60% 安全可控，部分产业对外依赖度高。其中，6 类产业自主可控，占比约为 23%；10 类产业安全可控，占比约为 38.5%；2 类产业对外依赖度高，占比约为 7.7%；8 类产业对外依赖度极高，占比约为 30.8%。在集成电路产业的光刻机、通信设备产业的高端芯片、先进轨道交通装备产业的轴承和运行控制系统、发电装备产业的燃气轮机热部件，以及飞机、汽车等行业的设计和仿真软件等领域，我国的产业基础能力较弱，部分领域的核心关键技术受制于人，存在被"卡脖子"的隐患。

根据 21 世纪第二个十年中国制造发展的实践经验，只要不断发展、不断积累自主创新研发实力，由点带面构建新的产业生态，任何困难都吓不倒勤劳智慧的中国企业家和科研人员。

4.5　工业新时代的荣光

自 2010 年中国成为世界第一制造大国以来，无论是外人的视角还是国人的自我意识，都发生了某种微妙的变化，仿佛中国制造一步跨过了与往昔截然不同的分界线，由此进入了新的发展阶段。

2011—2020 年，是中国"十二五"和"十三五"的两个"五年规划"时期。在这十年间，中国制造在复杂多变的国际环境中执着而巧妙地越过重重障碍，在之前 30 年的亮丽成绩单上又增添了一份令世人惊艳的佳绩。除 2020 年受新冠肺炎疫情影响外，其余 9 个年份，中国工业始终保持着中高速增长态势；尽管增速较"十一五"时期有所下降，工业增加值占国内生产总值的比重也呈下降趋势，但中国制造业增加值占全球的比重持续上升；工业转型升级和结构调整取得显著成效，质量效益提升，利润水平总体良好；高技术产业发展水平登上了新的台阶，传统产业改造升级步伐加快，淘汰落后产能取得积极进展；尤其是创新能力实现跃升，研发投入迅速增加，重点领域技术取得新突破，一批重大装备研发进展可喜。面对 2020 年以来肆虐全球的新冠肺炎疫情，作为国民经济的支柱产业，中国工业在支撑疫情防控方面取得重大战略成果，建立了较为完整的医疗物资应急、生产体系，深入实施了高端医疗装备补短板行动，快速核酸检测生产供给能力大幅提升，疫苗规模化生产组织保障工作积极有序。

中国制造在由大变强的奋斗进程中迈出了坚实的步伐，工业新时代的荣光熠熠闪亮。

工业规模连续 11 年居世界首位

根据世界银行的数据，2010 年中国制造业增加值占全球总量的 18.9%，一举超越美国 18.2% 的占比，成为世界第一制造大国。此后十年，中国工业大国的地位持续巩固，总体规模大幅提升，继续构成支撑世界经济增长的中坚力量。"十三五"时期，中国的工业增加值由 2016 年的 245 406 亿元增加至 2020 年的 313 071 亿元。截至 2020 年，中国制造业增加值占全球比重近30%，中国连续 11 年成为世界第一制造大国，并进一步拉开了与其他国家的差距。

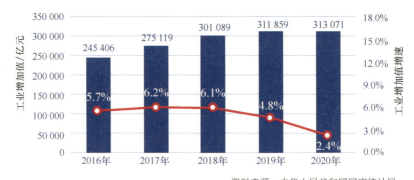

资料来源：中华人民共和国国家统计局。

2016—2020 年中国工业增加值及其增速

对照联合国在 2008 年发布的第四版《全部经济活动国际标准行业分类》可以发现，中国是全世界唯一拥有该行业分类中全部 41 个工业大类、207 个工业中类、666 个工业小类的国家。与 1949 年中国制造整体缺位相反，2020 年中国制造种类齐全，遍布全球。2020 年，中国工业产品总产量稳居世界第一，在世界 500 种主要工业产品中有 220 多种产品产量位居世界第一。据统计，在中华人民共和国成立 70 周年之际，仅轻工产品一类，中国产量居世界第一的就有包括钟表、自行车、缝纫机、电池、啤酒、家具、塑料加工机械等在内的 100 多种。中国高技术装备类产品产量增长迅速，2018 年，中国手机、计算机和彩电等产品的产量分别达 18 亿部、3.1 亿台和 1.9 亿台，占全球总产量的比重从 70% 到 90% 不等；汽车产量为 2782.7 万辆，连续多年蝉联全球第一；高铁动车组已成中国的亮丽名片，走出国门，迈向世界。依托完备产业基础和综合成本优势，中国对外贸易数量和质量齐升，国际竞争力显著增强。1978 年中国货物出口总额仅为 168 亿元人民币，2018 年已达到 16.4 万亿元人民币，增长了约 975 倍。自 2009 年起，中国一直连续稳居全球货物贸易第一大出口国地位。韩国贸易协会旗下国际贸易通商研究院按照国际通用的"HS6"商品分类标准，使用联合国商品贸易统计资料，于 2022 年 3 月发布了一份全球出口市场产品市场占有率报告。报告显示，以 2020 年为准，在总共 5204 个产品种类中，中国市场占有率排名第一的产品种类最多，为 1798 个，超过排名第 2～7 位的德国（668 个）、美国（479 个）、意大利（201 个）、日本（154 个）、印度（148 个）和荷兰（145 个）的总和。

中国制造综合实力的连续提升、工业供给能力的不断增长，为国民经济实力的显著增强提供了有力支撑。

创新能力基础建设卓有成效

"十三五"时期，中国高技术制造业增加值平均增速达 10.4%，高于规模以上工业增加值平均增速 4.9 个百分点，在规模以上工业增加值中的占比也由"十三五"初期的 11.8% 提高到 15.1%。信息传输软件和信息技术服务业的增加值由约 1.8 万亿元增加到 3.8 万亿元，占 GDP 比重由 2.5% 提升到 3.7%。

这两组数据背后，是企业研发投入的持续增长。2019 年，中国规模以上工业企业研发投入强度达 1.32%，比 2015 年提高 0.42 个百分点。截至 2020 年底，中国已初步形成以 16 家国家制造业创新中心为核心、100 余家省级制造业创新中心为补充的制造业创新网络。

2020 年，中国在世界知识产权组织发布的"全球创新指数"中排名第 14 位，比 2015 年足足上升了 15 位，是唯一进入"全球创新指数"前 30 名的中等收入经济体，也是排名进步最大的经济体。

中国拥有全世界最大的科学家和工程师人才库。十年间，中国的研发经费投入持续保持高速增长态势。2011—2014 年中国研发经费年均增速达到 16.4%（按当年价格计算），是全球研发经费大国中增长最快的，比全球研发经费年均增速（5.2%）高 11.2 个百分点。其中，2014 年中国研发经费总量为 13 015.6 亿元，比上年增加 1169 亿元，增长约 9.9%（按当年平均汇率折算为 2119 亿美元），研发经费总量排名保持世界第 2 位，但只有美国研发经费的 46.4%。与此同时，"十二五"期间，研发经费投入占 GDP 比重保持稳步增长态势，到 2014 年达到 2.1%，与世界发达国家的差距逐步减小。2015—2019 年中国研发经费年均增速约为 11.8%，2020 年研发经费投入总量达 2.2 万亿元，研发强度超 2.2%，依然位列美国之后的世界第二。

2014 年，国家知识产权局共受理发明专利申请 92.8 万件，共授权 23.3 万件，工业企业有效发明专利数为 44.89 万件，"十二五"期间发明专利数量年均增长 30.7%。2014 年，中国发明专利授权量排名前五位的国内企业（本统计未包含港澳台企业）依次为：华为技术有限公司（2409 件）、中兴通讯股份有限公司（2218 件）、中国石油化工股份有限公司（1913 件）、鸿富锦精密工业（深圳）有限公司（524 件）、海洋王照明科技股份有限公司（516 件）。2020 年，中国发明专利授权 53.0 万件；受理 PCT（专利合作条约）国际专利申请 7.2 万件，其中国内申请人提交 6.7 万件；截至 2020 年底，国内有效发明专利中，维持年限超过 10 年的达 28.1 万件，占总量的 12.3%，国内拥有有效发明专利的企业共 24.6 万家，其中高新技术企业 10.5 万家，拥有有效发明专利 92.2 万件，占国内企业有效发明专利拥有量的近六成；企业海外知识产权布局能力进一步增强。

截至 2020 年底，中国国内发明专利有效量达 221.3 万件（数据未包含港澳台数据），每万人发明专利拥有量达到 15.8 件，超额完成《中华人民共和国国民经济和社会发展第十三个五年规划纲要》预期的 12 件的目标。据世界知识产权组织统计，中国专利申请数雄踞世界第一，远高于处于第二位的美国。

"十三五"以来，中国建成了全球规模最大的信息通信网络，4G 基站占全球 4G 基站的一半以上，不到一年时间已建成 69 万多个 5G 基站，网络速率翻倍提升。5 年来，光纤用户占比从 34% 提升至 93%。网络能力显著增强，网络水平全球领先，有效实现了网络普及和应用推广。

中国的数字经济规模从"十三五"初期的 11 万亿元，增长到 2019 年的 35.8 万亿元，占 GDP 比重的 36.2%，对 GDP 的贡献率达 67.7%。数字经济加快了工业化和信息化融合的步伐，智能制造得以深入推进，融合应用不断深化，数字经济实现跨越式发展。

创新能力实现跃升，还体现为重点领域技术取得新突破：一批重大装备的研发进展可喜可贺，从深海的"奋斗者"号成功万米坐底，到蓝天的 C919 大型客机取证试飞，再到深空的嫦娥探月、祝融探火、羲和逐日、北斗组网；从农田的无人驾驶电动拖拉机研制成功，到医院的骨科手术机器人临床应用，到工矿企业的五轴联动加工中心填补空白、8.8 米超大采高智能化矿山装备成功研制，再到百万千瓦水电机组投入运行，一大批重大标志性创新成果引领中国制造业不断攀上新的高度；速度达 350 公里 / 时的"复兴号"动车组批量投入运营，C919 大型客机用材、平板显示器基板玻璃等新材料实现突破。中国制造在全球产业链、价值链中的地位明显提升。

制造业综合竞争力和企业竞争力持续增强

持续的技术创新大大提升了中国制造业的综合竞争力，在德勤发布的

《2016 全球制造业竞争力指数》报告中，中国制造业竞争力排名第一。特高压输变电设备、百万吨级乙烯成套装备、风力发电设备、千万亿次超级计算机等装备产品的技术水平已跃居世界前列；高铁、海洋工程装备、核电装备、卫星成体系走出国门。中国制造业形成了一批具有国际竞争力的优势产业和骨干企业。在激烈的市场竞争中，中国的优质企业快速壮大，涌现出了华为、海尔、联想、中国中车、徐工集团、三一重工等享誉世界的品牌。龙头企业的全球竞争力持续增强。2020 年《财富》世界 500 强企业中，中国上榜制造业企业的数量达到 38 家，居世界首位。2020 年全球最具价值品牌 500 强中，中国制造业品牌有 18 个上榜。《2019 福布斯全球数字经济 100 强榜》中，中国有 14 家企业上榜。高技术制造业、装备制造业成为带动制造业发展的主要力量。

"十三五"期间，中国的开放水平不断提升，一般制造业有序放开，汽车、船舶、飞机相关领域逐步取消股比限制。不断提高的产业竞争力主要体现在出口规模上。2019 年，工业产品出口覆盖近 200 个国家和地区，出口额分别占中国总出口额和全球需求总额的 71% 和 21%，在全球产业链、供应链中居于关键位置。截至 2019 年底，中国与"一带一路"沿线 30 多个国家签署产能合作协议，建设了 70 多个境外经贸合作区。

截至 2020 年 6 月，中国制造业重点领域企业数字化研发设计工具普及率、关键工序数控化率分别为 71.5%、51.1%，分别高出 2015 年 14.8 个百分点和 3.8 个百分点。高新技术制造业、装备制造业增加值占规模以上工业增加值的比重分别达到 14.4%、32.5%，分别比 2015 年提高 2.6 个百分点和 0.7 个百分点，它们成为带动制造业发展的主要力量。

产业结构持续优化，钢铁行业提前两年完成"十三五"去产能 1.5 亿吨的目标。

中国工业质量与品牌国际影响力进一步提升。航天、发电、轨道交通等重大装备的质量水平进入世界前列，钢铁、有色金属、石化和建材等主要产品的技术标准和实物质量已与国际水平接轨。

在工业发展新时代的十年里，中国工业的国际影响力不断提升，工业实力、科技实力再上新台阶，制造大国地位不断强化，中国夯实了建设工业强国的基础，正在向制造强国的目标大步迈进。

第五章

制造国运

自英国率先开展工业革命以来，近现代世界格局的轨迹变化和发展的跌宕起伏，其实是以制造业的兴衰为主线的——制造业的兴衰直接关乎国运，制造业兴则国兴，制造业强则国强。即便是在发达国家业已进入后工业社会的今天，世界经济总体上仍处于工业化进程中，新工业革命还在如火如荼地展开，工业化或再工业化仍是各国经济战略的焦点主题。制造业的健康发展和先进制造业的突破，是中华民族复兴的重中之重。

从历史沿革的脉络来看，世界强国各领风骚百十年，背后的决定性因素其实是制造业的兴盛。制造业变革引起的经济力量对比的失衡变化，造就了世界经济主导权接力棒的依次传递，引发了一次次的世界格局大洗牌。

5.1　关键变量：制造业改变世界格局

2015 年 10 月底，著名外交家、美国前国务卿基辛格博士再次来到北京，出席"世界秩序与中国角色——2015 京城国际论坛"。这位彼时已 90 多岁高龄的老人精神矍铄，开口先用浑厚的男低音来了一小段"绕口令"："从来没有一个所谓的世界秩序，但确实需要一个世界秩序，尽管我出版了《世界秩序》一书，可也没有答案，我并不知道世界秩序到底会怎样，我想也没人知道。我知道的是，必须要有一个世界秩序，创造更好的世界秩序是我们共同的使命。"

仔细研究世界发展史就会发现，在国际体系中，真正意义上全球各国都参与的理想体系从来就没有出现过，世界事务总是由一流强国主导。而一流强国掌控世界事务的相对地位则一直处于不断变动的状态，因为各国国力的增速不同，加之技术突破和组织形式变革的影响，结果总是一国相对另一国发生优势迁移。超级大国兴衰更替的故事，留下了各具特色的发展道路和发人深省的经验教训。

自英国率先开展工业革命以来，近现代世界格局的轨迹变化和发展的跌宕起伏，其实是以制造业的兴衰为主线的——制造业的兴衰直接关乎国运，制造业兴则国兴，制造业强则国强。

工业塑造大英帝国：始于商业，成于制造

"日不落帝国"的强盛源于第一次工业革命，这已是共识。那么，就地理空间而言，工业革命为何发生在英国，而不是更早崛起的海上帝国——葡萄

牙、西班牙或者荷兰呢？就时间而言，它又缘何发生在 18 世纪前后，而不是更早的科学启蒙和快速发展的 17 世纪呢？科学、工业、商业、人文等多重要素间的因果关系纠缠夹杂，令史学家们大感兴趣又颇伤脑筋。

不过，毫无疑问，是制造业而非单纯的商业或贸易，促使英国第一个迈入现代社会。

在英国崛起之前，西班牙、葡萄牙和荷兰都是领一时风骚的重商主义国家。西班牙、葡萄牙率先探索海上贸易之路，赢得了真金白银的丰厚回报。然而，单纯依靠航海或军事冒险并不能让贸易持久地顺畅运转，真金白银来得容易去得也快，并不会自动转化为酝酿产业的能量，最终的衰败在所难免。相比之下，国土面积更小的荷兰显然更早通晓了一种财富密码：它首创了股份公司制经济组织，为了融资而发行股票，在贸易往来中先创造出抵押业，后又派生出保险业、商品期货等业态。为了应对猖獗的海盗行为，荷兰政府在海岸设立"关口"，将海盗掳掠的战利品抽成纳入国库，从而使得海盗的剩余收益合法化，事实上创设了世界上最早的海关。等到成立银行之后，荷兰人拥有了当时世界上最先进的金融体系和发展动力，贸易触角的伸展能力大大强过西班牙和葡萄牙，从而掌控了全球商业霸权，实现了财富的爆炸式增长，把重商主义政策的威力发挥到了极致。

重商主义经济思想在 15 世纪至 17 世纪中叶的英国占据支配地位，不过英国流行的重商主义有其自身特色，比通常意义上单纯迷恋财富与金钱的表现更加深入。英国在完成由"农本"到"重商"这一历史转变后，进一步从"重金"演变为"重工"，形成了一种对当时的政治经济形势做出回应的经济体系。英国的重商主义被称为"资本主义工业世界涌现的历史前奏"，推动了海外贸易和殖民地的发展，促进了资本的原始积累和商品销售市场的拓展，从资本和市场两个方面为资本主义的发展提供了强大的支撑。这种支撑不仅体现在商业资本主义领域，更体现在工业资本主义领域。

"已经了解到现代国家的真正本质"（马克思语）的拿破仑，却没有参透这个与法国一衣带水的近邻正在积蓄能量的超凡级别，他以奚落的口吻把重商主义的英国称为"小店主国家"（Nation of Shopkeepers）。英国历史学家埃里克·霍布斯鲍姆在《工业与帝国：英国的现代化历程》一书中写道，英国上上下下都是"店小二"——商人而非实业家是它最典型的公民。然而，正是 16～18 世纪的商业流通和全球贸易为英国成为独霸全球的工业强国打下了良好的基础。随着商业在全球"网络"的扩散，英国的工业利益已经能够左右其政府的决策。在这一阶段，商业利益通常表现为争取进出口自由，而工业利益则通常表现为保护国内市场免遭外国商品的侵占。英国商人仅能调动伦敦及若干港口站在自己一边，而英国实业家却能符合广大农村和政府的利益。遵从这一大局是英国的习惯。从 17 世纪末开始，纺织品制造商就争取到了对外来"软棉布"的禁令，等到本土纺织业足够强大后再要求自由进入别国市场。

相继击败西班牙无敌舰队和获得数次英荷大战胜利后，英国成为当时最具实力的重商主义国家，但在第一次工业革命爆发前，其财富的生产方式和相应的生活方式与西班牙、荷兰等国并没有很大差别。但是，随着发达的商业传统对工业技术革命的内在需要日益迫切，工业越来越广泛地分布在英国的农村地区，政府决策向工业利益倾斜，工业新技术顺理成章地进入英国的社会生活，社会生产方式和生活方式发生了根本性变化，英国就此把其他欧洲国家远远抛到身后。

图为 18 世纪蒸汽机工厂仿制品（克里斯·艾伦 摄）。技术含量不高的制造业革新引领了当时的工业发展

按照霍布斯鲍姆的观点，汇成英国工业革命洪流的，并不是高技术与大工业，尽管今天它们已经成了传奇般的解读说法。18世纪晚期开始的第一次工业革命中，引领工业发展的远非科学知识与技术能力，而是技术含量不高的制造业的革新。当然，也有观点认为，蒸汽机的发明、使用和革新是第一次工业革命的标志，而蒸汽机就是当年的高科技产品，它的出现也是基于当时的科技进步。人们公认的是，正因为实业家和熟练工人对生产效率的提升感同身受，第一次工业革命才热火朝天地开展起来。

在这一特定时期，英国发达的私营经济成为工业革命的强劲推动力。交通运输业迅速发展，食品、纺织工业激烈竞争，采煤业急速扩张，工业产品大量增加，需要市场容纳、消化。英国经济学家、"现代经济学之父"亚当·斯密适时提出：尽管可以继续通过保护主义、征服以及保持独有的垄断地位来赚取金钱，但是如果选择了自由贸易，则可以挣到更多的钱。亚当·斯密为工业革命后的英国（以及后来的其他经济强国）通过全球贸易缔造全新秩序指明了收益最大化的崭新方向。

制造业的内生力量改变了英国的面貌，也改变了英国的世界地位以及世界政治经济版图。在第一次工业革命的鼎盛时期，英国生产了约占世界总量三分之二的煤、约一半的铁、七分之五的钢（全球总量不大）、约一半的棉布（限商业化产量）、四成的金属器件（按价值论）。于是，世界史上第一次也是唯一一次出现了这样一个国家：世界上唯一的工厂、唯一的大规模进出口国、唯一的货运国、唯一的帝国主义者、几乎唯一的外国投资方，也是世界上唯一拥有海军强权的国家。

然而，在第二次工业革命期间，随着美国、德国、日本制造业的崛起，英国并没有守住早先制造业所创造的财富，而是因循守旧，在制造业领域作为寥寥，躲在业已建立的金融体系内向欠发达国家继续输出旧有工业产品体系，最终输给了后来居上的工业新贵们。

1870年，英国仍然占据着全球制造业的领导地位，占有全球约三分之一的份额；此时，刚刚经历过南北战争、终于统一疆土的美国，占全球制造业的比例已经接近四分之一。到了 1913 年左右，美国的全球制造业市场份额已升至 36%，而英国的这一份额却下降到不足 15%。可以说，世界第一强国地位的易手不是一朝一夕完成的，制造业市场份额的此消彼长就是变化的起点。此后，这一排位再也不曾逆转。跟不上新工业革命步伐的大不列颠帝国，狠狠地摔下了神坛。

从 1750 年到第二次世界大战后，英国用近 200 年的历史，验证了制造业兴衰与国运荣枯之间的正相关关系，走过了一个完整的"倒 U 形"曲线，可谓"成也制造业，败也制造业"。

德国强盛离不开强大的"德国制造"

相比英国，德国的强盛更是得益于制造业。不过，"德国制造"的起步时间则晚得多，当时更没有现在的美誉度。

早在 18 世纪 60 年代，英国的工业化就已崭露头角。此后半个多世纪，工业化的影响扩展到欧洲大陆，并相继在法国北部和比利时展开。然而，晚至 19 世纪三四十年代，工业化才开始在德国逐步推进。由于当时德国尚未统一，缺乏统一的国内市场，在相当长的时间里，德国的工业化进程缓慢，工业化水平偏低。

19 世纪下半叶，英国制造代表着世界的尖端水平，而"德国制造"其实是英国强加给德国的一个轻蔑的带有侮辱性的标签，一度是廉价与劣质的代名词。这是因为德国在工业化早期发展阶段采取模仿英国强大制造业的策略开启工业立国征程，仿制英国产品在当时是普遍现象。英国人亨茨曼发明了坩埚钢工艺，锻造出了比以往更高质量的钢铁，同时发明了一种将熔化的银镀在铜锭上生产银质餐具的技术，因其居住在谢菲尔德附近，故使得谢菲尔德刀具、餐具名扬天下。后来，英国人发现出自德国索林根的刀具、餐具居然与英国在谢菲尔德生产的产品一模一样，这种肆无忌惮的抄袭仿制行为惹恼了英国人。1887 年，英国议会修改了《商品商标法》，要求所有从德国进口的商品必须明确标注 "Made in Germany"（德国制造），以此将德国制造的劣质产品与英国生产的优质产品区分开来。

为了去除"德国制造"的污名，德国人奋发图强，在积极向英国人学习借鉴的同时，把日耳曼人理性、执着、严谨的民族精神倾注到自己制造的产品中去。若干年后，那个带有仿制污名的索林根摇身一变，成了名扬天下的"刀城"，孕育了诸如双立人、博克、三叉等国际顶级刀具品牌。

19 世纪 70 年代，在德国统一所形成的强有力的国内市场的支撑下，德国的工业化得以迅猛发展。与意识保守的英国相比，德国展现出了更强的创新意识和能力，成功研制出了比英、法的产品更先进的产品，在与其他工业国家的竞争中占得优势。

1906 年，德国工业总产值占世界工业总产值的比例达到了 16%，这一份额甚至超过了英国。在经济总量上，德国于 1913 年发展成为世界第二大经济体。在制造业方面，德国也成为仅次于美国的世界制造中心。尤其是在钢铁、化学和电力工业等领域，德国更是居于世界领先地位。当然，德国制造业的兴盛并没有改变这个古典帝国的行动逻辑，而是为其所谓遵循丛林法则的征服战争做好了物质准备。德国堕入传统帝国赤裸裸的军事征服的窠臼，悍然发动了两次世界大战，结果不仅未能成为世界霸主，反而在国家竞争中遭遇修昔底德陷阱，断送了百年积累的制造业财富，制造强国的追求转眼成空。当然，也有专家看到事情的另一面："二战"炮火摧毁了德国（以及日本）的工业体系，反而有利于它们建立更加先进的工业体系（霍布斯鲍姆语）。"二战"结束后，西德（联邦德国）战时服务于军事目的的制造业迅速转向民用。与此同时，西德百废待兴，重建需求极大，客观上为其建筑业和非军事制造业的发展提供了机会。借助美国马歇尔计划的援助，西德的经济和制造业迅速得到恢复。20 世纪 50 年代的十年间，西德国民生产总值的年均增速为 7.5% 左右，尤其是制造业进入了快速发展期。其后十年，西德的第二产业在三大产业中的占比从 1960 年的 49.7% 稳步提升到了 1970 年的 51.7%。

图为德国画家阿道夫·门采尔于 1875 年创作的油画《轧铁工厂》，画中生动再现了德国工业飞速发展时期产业工人的劳动场景

　　德国柏林经济研究院的报告显示，2011 年德国在制造领域居世界领先地位的企业超过 2300 家，不但有诸如大众、梅赛德斯－奔驰、宝马、西门子、博世、拜耳、巴斯夫等享誉世界的著名品牌，还有多尔曼、沃斯、伍尔特等众多在细分市场中的小巨人。德国制造业产值占 GDP 比重多年维持在 20% 左右，在发达国家中属于较高水平。德国继续保持了其在机械制造、化工等重要产业的领先地位，并提出了影响深远的"工业 4.0"战略，是名副其实的因制造而强盛的国家。

美国制造业：创新型消费社会的基石

　　第一次工业革命伴随着大英帝国的崛起扩张，各式各样的殖民地以及其他落后国家和地区，通过一个庞大贸易体系的复杂"血管"网络，与"英国制造"发生着源源不断的输送与交换的关系。而这一庞大贸易体系的外部表现形式，则是强大的海上帝国和日益完善的金融体系。

枪炮与钢铁同样也是美国强大的物质后盾，但美国没有寻求建立像大不列颠帝国那样的有形帝国，没有将大张旗鼓地在海外以武力建立殖民地体系作为其主导政策，而是以"门户开放"政策对外，高举捍卫自身利益的"门罗主义"旗帜，大力推进工业革命，持续不断地振兴国力，终于取大英帝国世界霸主地位而代之。

全世界第一个大众消费社会的横空出世，与美国迅速蹿升为全球霸主在同一时期。大众消费社会的诞生，是社会发生深刻转变的重要标志，在这方面，美国远远走在了其他西方工业国家的前面。它不是"有闲"消费阶层的简单扩大，而是公众中间阶层都具备标准化品牌商品购买力的新型社会。这一阶层在社会上占有多数且规模不断扩大，收入相对平稳且持续提升。它既是美国制造业技术进步的社会成就，又成为刺激美国制造业不断扩大发展的主要动力。工业大生产之下的劳动力增长、产业工人工资收入增长，培育出了典型的中产阶级和与产能相匹配的消费型社会，一个富强国家的精神面貌随之呈现出来。

美国新一代制造业霸主地位甫一确立，就迅速将工业生产力效率推向了极致。美国依靠电气、化工技术的突破以及科技专家与实业家的"联姻"机制，在整个社会推行工业机制和标准化的福特制等。在体系化措施的推动下，美国一举成为全球实力最强劲的工业国家。1914 年，美国的工业产量已经相当于欧洲各国总和。

19 世纪末以来，对人类物质文明发展产生重大影响的技术发明大多出自美国，诸如以电力为核心的各项技术发明，促成了社会的深刻转变。电话、留声机、电冰箱、洗衣机、吸尘器等进入美国的千家万户，成为多数家庭的生活必需品，尤其是原先富裕阶层炫耀其社会地位的奢侈品——汽车，变成了大众都能消费得起的普通商品。1919 年，美国登记注册的小汽车数量为660 万辆，仅十年时间，这一数量就变成了 2300 万辆。大众享受到了前所未有的丰富的物质财富，创造出了名副其实的大众消费社会。呈现大众消费社会面貌的标准化、泰勒制、福特制、大众文化、现代性等概念，其实都与美国制造业息息相关。

图为福特 T 型车大规模装配线。1913 年，福特实现了生产普通大众可以消费得起的汽车的目标

两次世界大战，一方面摧毁了人间的大量财富，另一方面又催生出疯狂的工业化生产能力。"二战"后的四分之一个世纪，称得上工业发展的黄金年代，在这些年里，世界工业每年都以 5.6% 的复合增长率高速发展。

在美国这一工业发展的黄金时期，工业生产效率的提高促进了劳动者工资的增长，而变得更加富有的劳动者兼消费者则会信心满满地去消费更多的工业品。

也是在这一时期，跨国公司成为全球经济扩张的先锋。输出制成品，尤其是输出工厂，成为重要的全球化生产模式。其间，美国跨国公司的对外直接投资额年平均增长率达到 10%，而非跨国公司的这一数值仅为 4%。跨国公司找到了更加广阔的消费者渠道，使得大生产模式与世界范围内海量消费者的消费习惯更加匹配，创造了巨大的工业财富。

可以说，没有工业化和雄厚的制造业，美国就没有今天在世界上的地位。

5.2 后工业社会的大国制造业

时过境迁，曾经辉煌一时的世界级制造业地区，典型如美国东北部五大湖附近的传统工业地区，现今却被打上了"陈旧过时"的标签——"铁锈地带"。废弃的钢铁厂、造船厂、汽车厂等，有的被重新改造成了旅游观光景点，似乎镌刻着工业文明印记的制造业就要走进历史博物馆了。

服务业超越制造业

这还是得从英国说起。

英国是世界工业化的摇篮，制造业曾经给英国带来了300多年的经济繁荣和100多年的全球霸权，但在19世纪末第二次工业革命后，英国被美国、德国等超越。

20世纪上半叶，世界的政治经济格局发生深刻变化，两次世界大战使得英国的煤炭、纺织、机器制造、造船等传统产业受到极大影响，个别产业的发展甚至出现了停滞。英国开始被迫向具有高技术含量的新兴工业转型，而美国、德国早在19世纪末、20世纪初就已经完成了经济结构的调整。到了20世纪70年代，即第一次石油危机爆发前后，英国制造业占世界总量的比重仅为4%左右。从此，英国产业结构的调整重点开始由制造业转向服务业，加快服务业发展成为当时的战略举措，撒切尔夫人执政时期更加强化了这一战略。

撒切尔夫人开启了"去工业化"战略：缩减钢铁、化工等传统制造业的发展规模，将汽车等传统产业转移到海外，集中发展以金融、数字创新等为核心的服务业；同时，制造业本身逐步从规模型制造向高端的设计、集成、概念化产品等具有更高附加值的产业延伸。这些举措旨在优化英国的经济结构。到撒切尔夫人执政末期，服务业占英国 GDP 的比重已接近 70%，成为国民经济的支柱产业。不过，英国的"去工业化"战略也产生了重大的负面影响，从第一次石油危机到 21 世纪第一个十年末，近 40 年间英国从事制造业的人数减少了约 70%，250 多万名制造业从业者与迅猛增长的 2700 多万名服务业从业者相比，前者还不到后者的十分之一。2008 年的国际金融危机沉重打击了英国经济，英国政府认识到仅靠以金融为核心的服务业无法持续保持国际竞争力，因而启动了再工业化的进程，希望重现 18 世纪工业革命时代的辉煌。

重振制造业的同时，英国企业也进一步强化了制造业与服务业的融合。以英国汽车品牌劳斯莱斯为例，这家成立于 1906 年的世界顶级豪华汽车厂商，除了制造汽车，还是世界上最领先的发动机制造商（罗尔斯·罗伊斯公司，1971 年与汽车品牌分离），波音、空客都是它的重要客户。罗尔斯·罗伊斯公司的员工除了从事传统的车间生产和机械操作外，更多的是从事研发、设计、销售、售后服务等配套工作。

截至 2014 年，罗尔斯·罗伊斯公司已成为典型的主营服务的制造企业，总规模约 70 亿英镑，48% 的营收来自制造业服务或售后服务，具体包括设备维护、修复和检查等服务收入。作为全球三大航空发动机制造商之一，该公司并不直接出售发动机，而是出售发动机服务时间，并在租用时间范围内提供一切保养、维修等服务。罗尔斯·罗伊斯公司通过改变运营模式，扩展发动机维护、发动机租赁和发动机数据分析管理等业务，以服务合同绑定用户，增加服务型收入。

根据剑桥联合会的研究，2013 年约 35% 的英国制造业能够从各项服务中创造营收。尽管包括劳斯莱斯在内的英国多个汽车品牌已经易主他国，但这些汽车的设计和生产仍在英国进行，并已从传统制造形态向高附加值领域转变。40 多家知名汽车企业（如福特、宝马、丰田、日产和本田等）均在英国设有公司，覆盖了整体设计、发动机设计制造、关键零部件生产等汽车制造的核心环节。

图为罗尔斯·罗伊斯公司的 RB211-22C 型涡轮风扇发动机。罗尔斯·罗伊斯公司已成为典型的主营服务的制造企业

再来看看美国的情况。

发端于美国的国际金融危机，自然对美国自身的经济产生了较为严重的影响，美国政府开始像英国一样重新强调制造业在经济中的重要作用。事实上，自工业化开始，美国的服务业比重一直都高于制造业。当然，在发展过程中，制造业和服务业占比也曾此消彼长，只是进入后工业化阶段后，美国的制造业比重就开始大幅下降。但是，制造业比重不及服务业，并没有改变美国始终依靠创新支撑其在世界制造业中领先地位的总体战略。

国际金融危机后，美国政府开始推行"再工业化"战略，从深层次来看，这是美国重塑其全球制造业领导地位的战略调整。21 世纪初，美国通过"微笑曲线"的两端控制全球制造业。例如，计算机产业的研发设计和销售都牢牢掌握在微软、英特尔、惠普、戴尔等美国企业手中，而计算机整机制造则抛给了中国及其周边地区。中国形成了巨大的代工制造能力，但代工厂仅能获得微薄的制造利润，美国企业则赚取了大部分高附加值的研发设计和销售利润。新一轮产业升级后，美国正从控制"微笑曲线"两端的模式向创造新平台模式转变，走制造业与服务业相结合的发展道路，仍然牢牢掌控着全球制造业的制高点。比如，谷歌通过安卓系统、苹果通过 iOS 系统打造了新的生态体系，几乎掌控了全球手机产业；通用电气与英特尔合作开发智能机器控制芯片，与思科合作开发工业网络设备，与埃森哲合作提供工业大数据分析能力，并通过工业互联网平台发力智能制造，如此种种，在制造领域内创造了大量的服务业产值。

IBM 前总裁路易斯·郭士纳曾言，"如果大象能够跳舞，那么蚂蚁就必须离开舞台"。从 1993 年到 2002 年，他把"蓝色巨人"IBM 从硬件制造商改造成了信息技术服务商，使 IBM 的股价上涨了 1200%。2005 年，IBM 将个人计算机业务出售给联想，此后 IBM 的服务利润曾多年连续增长 10% 以上。

德国的情形也大体如此。根据德国联邦经济事务和能源部发布的报告，2013 年，德国工业增加值约占国民经济总附加值的 21.8%，雇佣的人数约占总就业人数的 20%，不断扩张的服务业增加值则占国民经济总附加值的近 54%。但是，工业向服务业转移并不意味着削弱工业，只是表明价值创造过程发生了根本性变化，即与工业相关的服务在价值创造中的比重越来越大。

从世界发达国家和地区经济发展的历史经验来看，随着工业化的推进，服务业增加值在 GDP 中的占比都会稳步提升，美国、德国、日本、英国等国服务业的占比更是高达 60% ~ 80%。然而，尽管制造业在国民经济中的比重在逐步降低，但它却从来没有离开过世界舞台，依然扮演着十分重要的角色。美国商务部经济分析局的研究显示，每 1 美元的制造业增加值都会给其他部门带来 1.4 美元的增加值。曾任美国白宫国家经济委员会主任的吉恩·斯伯林则指出，每一个制造业岗位将带动其他 1.6 个岗位的就业机会，而每一个先进制造业岗位将带动其他 5 个岗位的就业机会。

2012 年，中国服务业增加值占 GDP 的比重达到 45.5%，服务业首次超过第二产业，成为国民经济的第一大产业；2016 年，这一数据进一步上升到52.4%，服务业对国民经济增长的贡献率高达 60%。根据中国企业联合会发布的信息，2016 年中国企业 500 强中，服务业企业的营收首次超过了制造业企业。

不少人认为，服务业超越制造业，意味着中国已经进入了服务业主导经济的新时代，甚至有人提出中国可以不走发达国家的工业化老路，逾越工业化发展阶段，直接进入以服务业为主导的经济发展模式。其实，不管是从历史经验还是现实情况来看，上述观点都是脱离实际的。一般来说，一个国家或地区工业化的深入发展，会伴随着制造业占比的降低和服务业占比的上升，但制造业和服务业之间终会达到一个平衡点，二者一旦失衡，单纯依靠制造业或者单纯依靠服务业，都会对国民经济产生极其严重的不良影响；且这个平衡点并不能一概而论，而是与各国国情和所处的工业化阶段密切相关。

应该清醒地看到，西方发达国家的制造业并没有因为被服务业超越而自然衰落，它们以科技为主的先进制造领域的优势仍很明显。中国制造虽然取得了巨大成就，但还有很大的提升空间，更不应该在完成工业化之前在"向服务业转型"的口号声中自乱阵脚。

尽管服务业已经占据了中国国民经济的半壁江山，但由制造业衍生出的生产性服务业模式仍有很大的发展空间。中国服务业固然发展较快，但技术含量不高、附加值较低、结构不合理，对制造业的渗透力和支撑力不够，中国离真正的服务经济时代还有很长的一段路要走。著名投资人索罗斯对中国提出的警示刺耳却恳切："中国意识到无法承受大规模的失业，所以努力促使制造业的员工转向服务业，这会延迟金融问题的爆发，但是也会让危机的规模变得更大。虽然中国的服务业在不断进步，但仍然无法弥补制造业上的损失。"

后工业社会到来后的制造业地位

"我们将夺回我们的工作、国界、财富和梦想""买美国商品，雇美国工人""让美国再次伟大"——凭借打出"重振美国制造业"王牌当选的美国第45 任总统唐纳德·特朗普，在就职演说中如此高调宣示制造业回归的国家意志。可惜天不遂人愿，4 年后当这位焦头烂额的总统黯然离开白宫时，美国制造业增加值占 GDP 比重还是从 11.2% 微降至 11%，目标落空。

得制造业者得天下，曾是大国共识。然而，时过境迁，随着制造业对国民经济贡献率的持续降低，服务业逐渐成为所有发达国家的支柱产业，"知识经济"以席卷之势掩盖了制造业的光芒。1973 年，美国社会学家丹尼尔·贝尔在《后工业社会的来临》一书中首次正式提出了"后工业社会"的概念，它后来几乎成了描绘与预测社会现实和理想的准确标签，暗示了制造业不可避免的没落。

伴随着美国、日本、欧盟诸国先后进入后工业社会，它们的职业结构分布、统治力量、社会决策机制等发生了一系列转换，发达国家经济完成了从制造业经济向服务业经济的迁移。工资、生产率、能源成本、货币价值、环境意识和其他因素在潜移默化中影响了全球的制造业版图。自 20 世纪七八十年代后期起，英、美等国跨国公司的全球化布局和政府优化调整经济结构的努力，造成了其国内产业事实上的"空心化"，钢铁、工程机械等传统产业走向衰退，加工装配等制造业环节向海外转移，知识创造和创新科技成为经济发展的核心关键，比制造业增值能力强大得多的以金融和房地产为代表的服务业成为诸大国的产业宠儿。

以美国为例，其制造业产值占国内生产总值的比重在 20 世纪 80 年代末已经回落到 20% 以下，到 2009 年，制造业产值仅占美国 GDP 的约 11%。原本"二战"后的三大支柱产业——汽车、钢铁和建筑业早成明日黄花，流水落花春去也，昔日辉煌不再。其中，钢产量从 1956 年占全球总产量的 47% 下降到 2007 年的 7.2%，而金融、房地产等服务业的利润总额却占到了美国企业利润总额的 40% 以上［注：数据出自 IMF DOTS、经济合作与发展组织（2013）、渣打银行研究报告］。此后，美国制造业的占比低迷景象再无改观。再以日本为例，1985 年 9 月，美国、日本、联邦德国、法国以及英国的财政部长和中央银行行长在纽约广场饭店举行会议，达成协议，五国政府联合干预外汇市场，诱导美元对主要货币的汇率有秩序地贬值，以解决美国巨额贸易赤字问题，是为"广场协议"。三年时间内，日元对美元汇率升高一倍，日本出口竞争力备受打击，只好把目光转向海外进行产业投资以应对这一巨大变化，而其国内则形成了股市和房地产繁荣的"泡沫"经济。1991年经济泡沫被刺穿后，日本经济陷入了长期不景气状态。

几乎与此同时，承接欧美国家制造业转移的"亚洲四小龙"、中国内地抓住了机遇，竭尽所能地发展制造业，北美、西欧以外的第三大工业中心悄然崛起。尤其自2001年中国正式加入WTO后，全球服装、汽车、消费电子等领域的制造业均把目光投向中国，投资蜂拥而至，制造业强大

图为美国纽约广场饭店。1985年在这里签订的"广场协议"对世界经济格局产生了重大影响

的造血能力推动中国形成了既能做代工也能生产自有品牌产品的庞大供应链。中国因此继英、美、德、日之后成为新的"世界工厂"，成为全球最大的供应链源头。

由此，发达国家的制造业衍变出了新的形态，服务环节在制造业价值链中的作用越来越大，服务业与制造业之间的界限越来越模糊，服务型制造成为新常态，其经济活动由传统的产品制造中心转向服务体验中心。

然而，低生产率的服务业取代高生产率的制造业，后果之一是掏空了制造业的基础，创造了一种难以持续的脆弱的消费驱动型经济，这成为引发2008年始于美国的国际金融危机的深层次原因。危机的广度和深度让欧美发达国家开始反思实体经济的意义，于是在全世界范围内掀起了新型工业化革命浪潮，期望让制造业回归本土，重振制造业、进行工业化升级成为诸大国全球战略竞争的焦点。

这一次，制造业再次成为大国国策的重心，各大国几乎无一缺席，没有谁敢掉以轻心。

发达国家中，美国从2009年就开始推行"再工业化"战略，次年，时任美国总统奥巴马签署了《制造业促进法案》，并连续三年先后提出了《先进制造业伙伴关系计划》《先进制造业国家战略计划》《国家制造业创新网络计划》，力图重振本土工业，寻找能够支撑未来经济增长的高端产业。2012年10月，欧盟委员会发布了《强大的欧盟工业有利于经济增长和复苏》的工业政策通报，提出了实现"再工业化"的政策目标，即到2020年将欧盟国家工业增加值在国内生产总值中所占比重由当时的16%提升至20%。法国发布了"新工业法国"战略，确定了新一代高速列车、节能建筑、智能纺织等34个优先发展的工业项目；德国提出了"启动新一轮工业化进程"的计划，大力推进"工业4.0"；英国开始实施"英国工业2050计划"，启动高价值制造战略；日本公布了制造业白皮书，旨在利用信息技术挽救制造业。

新兴国家也纷纷把发展制造业上升为国家战略。中国提出了制造强国建设目标，力图改变中国制造业"大而不强"的局面；印度制定了"印度制造"战略，希望利用印度的人口数量和成本优势，吸引外资在印度投资建厂，成为新一代的"世界工厂"。

这一次，大国在制造业发展上不约而同地达成共识，不是简单的"实业回归"，而是加快应用数字化、计算机网络、人工智能、先进材料等新技术，从制造向"智造"转变。新兴的"智造"是在二次工业化基础上的第三次工业化，是制造业的重构升级，是以发展新兴产业和信息技术为核心的结构转型，是以定制化、网络化、数字化、可持续、小型化、专业化、融合服务等为特征的新型制造，是高效自治、人机一体化、网络集成的智能制造。

大国制造业也开始向高端化的先进制造方向发展。即使大规模制造业向低成本地区转移，以美国、英国为首的一些制造大国仍保留了技术难度大、科技含量高的制造业顶层产业，尤其是制造业的设计和研发环节，将制造业创新作为驱动经济转型发展的核心力量。以美国为例，技术密集型产业附加值占美国制造业附加值的 50%，相关从业人数占就业总人数的 40%。美国将传统制造业转变为以科技为主的先进制造，并占据先进制造科技的制高点，这直接关系其在全球经济、战略和社会主导权方面的利益。

因而，诸大国对制造业的研发投入也多集中在附加值更高的先进制造领域，如芯片、汽车、航天、航空等。在英国，ARM 公司虽然没有开设一家工厂，但通过芯片技术授权的方式牢牢把控着核心技术，成为世界顶级的半导体公司。在德国，2008 年中高端制造业技术部门的研发经费投入已占全行业研发经费总投入的 60% 以上。在美国，制造业研发活动已占全社会研发活动的71%，研发经费占总经费的 66%，该领域的专利数占总专利数的 90%。

世界强国的兴衰史本质上就是各大国工业的发展史。即便是在发达国家业已进入后工业社会的今天，世界经济总体上仍处于工业化进程中，新工业革命还在如火如荼地展开，制造业依然是全球经济增长的动力产业，而工业化或再工业化仍是各国经济战略的焦点主题。

5.3　新工业烈火燎原

殃及全球的国际金融危机，却成了再次点燃后工业社会里日显黯淡的工业火种的一大契机，国际工业发展历史由此新旧两分。痛定思痛，各国把注目的焦点再度转回制造业，工业化与强国之间的正相关关系再度获得认可和强调，发达工业国家争先恐后地表达了"再工业化"的强烈意愿。曾经看上去代表未来趋势的"去工业化"理论和实践一夜之间遭到唾弃，民众闻之生厌，政府唯恐避之不及。而"不鸣则已，一鸣惊人"的中国制造，在 2010 年重回世界制造业最大规模的巅峰之后，面对全球制造业未来更加激烈的竞争，其发展方向与路径选择，毫无疑问牵动着全球产业界的每一根神经。

发令枪响于新赛道

在 2008 年国际金融危机及之后的欧债危机中，德国经济表现良好，在欧盟内"一枝独秀"。其实，危机刚开始的时候，德国实体经济受到的冲击相当大。

有研究表明，这场金融危机对德国经济的影响路径是先金融后实体。相比其他国家，德国经济的受创程度为中等。其中，实体经济受金融危机冲击的程度更甚于金融业。德国金融业受到的冲击比英美略小；不过，随着时间的推移，实体经济受到的冲击却远大于英美两国。

德国是一个典型的出口导向型经济体（多年为世界出口冠军），2008 年出口商品和服务总额共计 11 771.4 亿欧元，进口总额 10 200.7 亿欧元，外贸依存度高达 88.17%。经济上，外贸依存度较高的国家，在遇到世界经济陷入衰退、各国贸易保护主义抬头的时候，受到的冲击总是比其他国家更大。

但长期以来制造业一直在德国经济中占据着重要地位，2008 年德国制造业产值占其 GDP 的比重为 23.5%。正是由于制造业，尤其是精密机械、高端装备制造业在德国经济中占有重要地位，随着世界经济的缓慢复苏，德国才得以快速恢复增长。制造业产值在德国 GDP 中的占比近 20 年来几乎保持恒定，1994 年为 23%，20 年后的 2014 年为 22.3%。与欧盟平均水平以及欧盟其他国家相比，德国制造业的优势更为突出：2014 年，欧盟国家制造业产值在 GDP 中的平均占比为 15.3%，法国为 11.4%，英国则更低，仅为 9.4%。

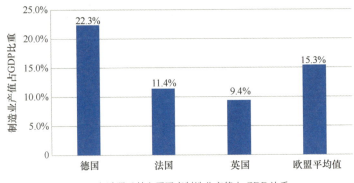

2014 年欧盟及其主要国家制造业产值占 GDP 比重

西方其他国家纷纷探寻"德国模式"的成功秘诀，并且想要效仿发展促其成功的实体经济元素。曾担任美国财政部长顾问及奥巴马政府汽车产业首席顾问的史蒂文·拉特纳就曾在美国《外交》杂志上撰文，标题是"德国成功的奥秘——欧洲的制造业强国能给美国什么经验"。

国际金融危机爆发之后，全球各国都在重新评估制造业、创新和繁荣之间的密切联系。制造业在评价国家创新能力中起着重要作用，例如，每1美元制造业投入将产出1.35美元的经济效益（根据美国政府测算数据），而包括金融服务在内的服务业，每1美元投入仅能产生0.55～0.66美元的额外经济效益。显然，与其他行业相比，制造业拥有最大的倍增效应。

当时，美国国家科学技术委员会发现，2000年美国的高端科技产品尚有50亿美元的贸易盈余，但到了2011年却逆转为高达990亿美元的赤字，占总体贸易赤字的17%。在半导体存储装置、锂电池、机器人、太阳能电池等领域，美国都是技术的发明者，后来却落后于其他国家。

有鉴于德、美这样一正一反的事实，2011年6月，对金融危机仍然心有余悸的美国总统科技顾问委员会，在《确保美国在先进制造业的领导地位》报告中特别强调了美国制造业空心化带来的风险。随后，2012年7月，该委员会提交了一份《关于抓住国内竞争力优势以提高美国制造业领先地位》的报告，明确提出建立公私合营共享高科技基础设施的措施，旨在确保美国在新兴技术中的领导地位。

2008年是金融危机年，也是制造业反思年。随后各国发生的一系列事件，似乎都是对这一金融危机做出的反应。2013年德国提出"工业4.0"之后，有美国的"再工业化"战略、中国的制造强国战略、日本的"工业机器人战略"和法国的"新工业浪潮"等，以及2016年帮助特朗普竞选成功的"让制造业回到美国"、2021年拜登政府推出的约2万亿美元投资的《美国就业计划》（其中包含很多制造业发展政策）。各国对于制造业的反思及重振依然余波荡漾，涟漪不去。

美国后工业时代的"再工业化"

20世纪70年代，社会学家丹尼尔·贝尔前瞻性地提出了"后工业社会"

的概念，立即赢得了西方世界的追捧，因为这个概念似乎抓住了他们现实所处和未来走向的社会本质特征。自那之后，制造业似乎成了可有可无的东西，不再是影响经济政策的重大因素，也不再是一个国家确定长期目标的重要元素。这种观点其实也是亚当·斯密"劳动分工理论"的典型逻辑的延伸，也就是说，低成本的国外供应商完全有能力满足全球经济的所有需求。按照这一说法，一个国家不必执着于制造业所带来的财富；让制造业地位下降，是国家财富增长必然要做出的舍弃；服务业既然已经蒸蒸日上，那么就尽可能让它继续高歌猛进，让制造业的辉煌留在历史教科书中。

以突飞猛进的软件为例，新兴产业的发展一直洋溢着对数字经济和服务经济乐观的氛围。即使在 2014 年，《第二次机器革命：数字化技术将如何改变我们的经济与社会》的作者之一——埃里克·布莱恩约弗森仍然认为当时的 GDP 遗漏了数字经济的价值。他争辩道，"免费，满足了我们的生活，却对 GDP 毫无贡献"，例如 Skype 这类免费的语音呼叫系统能导致数十亿美元从很多公司的盈利账面上以及 GDP 的统计数据中消失。美国经济分析局把信息行业定义为软件销售、出版、通信及信息和数据加工行业，根据官方统计评估，这些行业对当年 GDP 的贡献仅占 4%，几乎和 20 世纪 80 年代末万维网发明之前的份额相差无几。作者批判道，这种统计和评估是错误的，并没有把给经济带来真正价值且不断增长的份额计算在内。

与这种乐观论调相对立，批判的声音也从来没有停止过。著名思想家瓦科拉夫·斯米尔在《美国制造：国家繁荣为什么离不开制造业》一书中，将1974 年至其写作此书时的近 40 年都称作美国制造的下滑期和衰落期。对他来说，"后工业时代"显然是一个可怕的、不可饶恕的、毁灭美国制造业的理论——它甚至是所谓美国"衰落"的导火索。

这种严肃的争论，随着奥巴马"再工业化"法案的推出以及"让美国再次伟大"的特朗普主义的实施，基本上宣告终结，美国政府不再对是否推行再工业化抱持观望态度。制造业大获全胜，"回岸制造"和"再工业化"路线成为美国政府关注的焦点。然而，特朗普政府走的并不是奥巴马政府的旧路线。根据美国智库 ITIF（信息技术与创新基金会）2017 年 1 月发布的报告《指导特朗普政府制造战略的十大原则》，制造业政策需要通过精准的方式发挥更大的作用，政策的制定"需要拿起手术刀，而非大锤"。而最近的新制造复兴战略，则更加突出绿色低碳和新能源技术的作用。

新工业革命：全新工业秩序的呐喊

国际金融危机的阴霾不散，发达国家徘徊于后危机时代的新平庸期。美国经济复苏充满不确定性，日本和欧洲大部分国家基本依赖单一的货币政策挽救经济，而以中国为首的新兴市场则面临着经济新常态的结构性调整难题。

难题太多，有效的解决方案太少，以致先前好不容易形成的共识再生分歧。当中国等国家终于消除疑虑，张开双臂迎接经济全球化的挑战之时，全球化的开山鼻祖和引领旗手却改弦更张——英国脱欧，逆全球化主导民意；美国民粹主义抬头，退出针对气候问题签署的《巴黎协定》，贸易保护主义甚嚣尘上……倒是有一个方面的解决方案，难得地形成了国际社会的高度共识，那就是通过产业转型和制造业升级，呼唤新一轮工业革命。于是，从美国到中国，从欧洲到新兴市场，都在尝试进行经济基础的"重设体系"，通过创新重获增长动力。

（1）美国国家制造业创新网络战略

2014 年，美国通过了《振兴美国制造业和创新法案》，且此前已制定了野心勃勃的《先进制造业伙伴关系计划》。美国国家创新战略是 2009 年首次提出的，旨在响应当年经济危机背景下的复苏法案，先后经过 2011 年、2015 年两次修订之后，形成终稿。该战略完善了整个美国国家创新战略计划，计划中的一项重要战略措施就是打造"国家制造业创新网络"，2016 年 9 月更名为"美国制造"。

美国再工业化与"美国制造"，以一种霰弹开花的方式惊艳世界。而特朗普"让美国再次伟大"的口号对世界制造业格局产生的影响，即便在特朗普离开白宫之后，依然余音不绝，值得关注。

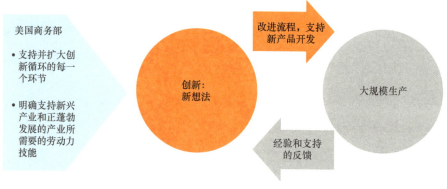

美国先进制造业的创新循环

丹·迪米科曾任美国第二大钢铁制造商纽柯公司首席执行官，这位钢铁实业家在对中国问题上一直隐含敌意。颇具讽刺意味的是，他给美国再度强大所开出的"药方"，和他敌视中国的原因如出一辙。在他看来，美国的强大，必须通过制造业来获得，而在中国崛起的过程中，制造业起了巨大的推动作用，即他认为本该属于美国制造业的机会被中国抢走了。

他引用美国钢铁大王卡内基在1889年所著的《财富的福音》一书中的内容，表明"制造是一个自身加强的过程"。可惜，迪米科叹息道，美国正在放弃卡内基的"工业财富福音"，而追求服务等"虚拟经济"的财富福音，鼓励服务而非制造业，是美国政府令人遗憾的倒退。

美国制造业和服务业全球占比变化

年份	美国制造业全球占比	美国金融和房地产等服务业全球占比
1970年	23%（排名第一）	15%
2012年	13%	20%（排名第一）

显然，这些观点深深地刺激了当时尚未入主白宫的特朗普，并且沉淀为后者关于贸易保护、重振美国制造业日益根深蒂固的刻板印象。

（2）德国"工业4.0"

毫无疑问，德国制造是全球骄子。德国在装备制造、嵌入式系统、自动化工程等领域都拥有全球市场为之景仰的产业。然而，德国并非高枕无忧，德国制造业一直被新的烦恼所困扰，主要体现在三个方面：一是德国在计算机网络信息技术方面不占优势，远远落后于美国甚至中国，而近20多年来计算机网络信息技术的飞速进步是全球科技发展的主要趋势；二是德国人口结构发生了重大变化，人口老龄化越来越严重，需要开发新的工业生产模式以提高生产效率，延长工人的生产创造力周期，将工人从例行工作任务中解放出来，使他们将更多的精力用于创新、增值活动；三是诸多新兴国家的制造业对德国制造业逐步形成了新的局部挑战。

在这样的背景下，德国提出了"工业4.0"发展战略，目的是确保德国在未来继续保持全球制造业领域的领先地位，由制造强国向超级强国发展。

在此之前，鉴于德国的自动化水平已经非常之高，德国学术界很容易将它设立为一个里程碑，并称之为是继机械化、电气化之后的"工业3.0"。尽管PLC（可编程逻辑控制器）这个里程碑式的标志物的发明并非源自德国，但这并不影响德国随后引领了整个自动化产业的发展。

德国用心良苦且野心勃勃地提出"工业4.0"，既是对自己工业革命史的深刻总结和向卓越过去的致敬，也是主导和引领一次全新的工业革命，继续成为全球工业规则、标准的制定者和主要的引导者，并且补上ICT（信息通信技术）这块短板，成为新一代制造业的执牛耳者的意图表现。

"工业4.0"战略的提出、采纳和推广过程，在德国呈现出一条钟形曲线，先自下而上，再自上而下。也就是说，先由民间组织提出想法，后被国家吸纳，之后又重新将顶层意志贯彻下去。

然而，"工业4.0"只是德国工业经济振兴的一个环节。在全新的科技与产业革命浪潮中，数字经济浪潮正成为全球的共振频率。德国发布"高科技战略2025"，其中就制定了多种不同内容的战略。

（3）欧盟未来工厂

欧盟早在2003年就提出了"制造未来"的概念，随后建立了一个承载这一理念的实体机构——欧洲制造未来平台（EMP）。这是一个非正式组织，致力于推动 FoF（未来工厂）的建设。法国工业的规划和发展，就与欧盟的这面旗帜密切相关。

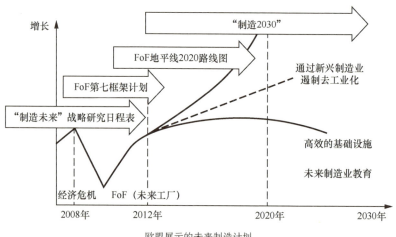

欧盟展示的未来制造计划

对于 FoF，欧盟明确了其四大要素。

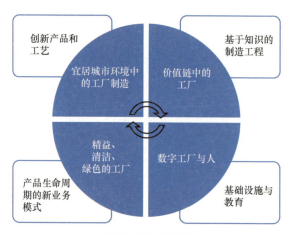

欧盟 FoF 的四大要素

（4）日本的机器人革命

日本经济面临的最大问题之一就是劳动者人数趋于减少。能否通过科技进步提升劳动生产率、弥补劳动力不足，已成为日本经济能否振兴的关键所在。

机器人产业的持续发展对日本经济增长做出了贡献，提高了日本各产业的劳动生产率，促进了产业技术水平的全面提升和产业转型升级，缓解了日本低出生率和老龄化导致的经济和社会问题。因此，日本政府首先将着眼点放在了机器人产业上，以此开始实施新一轮工业革命浪潮的国家行动计划。

2015 年 1 月，日本政府举办机器人革命促进会议，发布未来五年的战略草案，希望加强占企业总数 90% 以上的中小企业以及占整体就业人数 70% 以上的服务业的发展，以政府支援的方式向 500 多家中小企业提供机器人引进方面的咨询，同时推进廉价机器人的开发。

机器人革命在不同国家产生的效果可能大不相同，一个国家从机器人革命中获益多大取决于它以多快的速度来适应这场革命。但"从机器人革命中获益"与"以机器人革命振兴经济"两者之间不能画等号，因为一国的经济增长在很大程度上与劳动者人数、劳动生产率这两大要素正相关，而日本对机器人革命寄予厚望。

此后，日本陆续发布了物联网、人工智能计划，并提出了"超智能社会——社会 5.0"概念，以全方位地应对新一轮工业革命浪潮的挑战。

（5）中国制造转型升级

也许 2008 年的国际金融危机就是划破天际的新工业竞赛信号弹，各国陆续做出了各种反应。如果说 2008 年之前的 30 年，中国制造似乎是在略显空荡的跑道上孤独地奔跑，那么 2008 年之后，这条工业化跑道上又再次挤满了重量级参赛选手。

现在回头看，我们蓦然发现，1978 年竟是值得铭记的全球工业又一个"换轨"时刻。这次换轨转向了中国这个"车站"，转向了继英、美后一个全新的"世界工厂"。经过几十年的发展，中国形成了门类齐全、独立完整的制造业体系，一跃成为全球最大的制造业区域市场。

然而，在飞速发展的同时，中国制造业碰到了诸多"成长的烦恼"，主要包括：与世界先进工业水平相比，中国制造业大而不强；缺乏关键核心技术和自主创新能力；同时，在资源利用效率、产业结构水平、信息化程度、质量效益等方面与世界先进工业水平差距明显。

全球产业形态和商业模式正在发生变化，国际产业分工格局正在重塑，对于中国来说，这既是实现制造强国目标和追赶发达国家的难得机遇，同时也是面临发达国家和其他发展中国家"双向挤压"的严峻挑战；中国产业的国际化程度不高，企业全球化经营能力不足；中国的人口结构正在发生重大变化，人口红利逐渐消失，需要大幅提高生产效率和生产智能化水平来加以弥补。技术、商业模式、人口结构等方面诸多因素的制约，严重阻碍了中国制造业的高质量发展。毋庸讳言，中国制造的转型升级，既面临着技术上的巨大障碍，也受到了创新文化、机制的强力约束，这意味着中国制造必须进行一次深刻的调整。这个凤凰涅槃的过程既要满足"补课"的需要，又需要继续强化甚至突出局部优势的部署，目标是实现制造业从数量扩张向质量提高的战略性转变。

图为在福耀玻璃美国生产基地，一名员工正在清洗从生产线上下来的汽车玻璃。获得第92届奥斯卡最佳纪录长片奖的《美国工厂》（American Factory），将镜头对准了福耀玻璃在美国投资建立的首家旗舰级海外工厂，展现了全球化潮流中的文化冲突

为了实现突破，中国的制造强国战略把关注重点放在制造业本身的发展上，要求加快工业技术体系化，加强工业基础的积累，通过新一代信息通信

技术和制造业的结合，推行智能制造，实现中国制造业由大变强的历史性跨越。

5.4 中华民族复兴的重中之重

在国与国的激烈竞争中，胜出者总是挟高附加值制造业以傲视天下。从某种意义上说，制造业实力的强弱决定了一国的兴衰。制造业兴则国兴，制造业强则国强——这也是一个半世纪以来中国近现代史屡验不爽的一个定律。

钢铁风云录

19世纪下半叶，第二次鸦片战争战败之后，再度感受到西方列强船坚炮利切肤之痛的清政府决意发展军事工业，兴办洋务企业，大量进口钢铁用于制造枪炮、舰船：1867年进口钢铁约8250吨，1885年进口约9万吨，1891年增加到约13万吨，白花花的银子大量外流。随着铁路修建需要越来越多的钢铁，兴办民族钢铁工业遂从意愿变成了当务之急。

1890年，有"香帅"之称的湖广总督张之洞主持筹办汉阳铁厂，铁厂于3年后建成投产。这是中国近代最早的官办钢铁企业，比日本第一家近代钢铁联合企业——八幡制铁所早了7年，规模在当时的亚洲首屈一指。然而，建成伊始，因计划不周，进口设备不适于炼制大冶铁矿提供的含磷量较高的矿砂，炼出的钢料不符合铁路钢轨的要求，加之创办经费远超预算，生产陷入困境。高举"中学为体、西学为用"大旗的"香帅"终难炼成"铁帅"，只得将汉阳铁厂转为官督商办，由被后世誉为"中国实业之父"的盛宣怀接手，盛氏接盘后又力邀朋友郑观应出任铁厂总办。盛宣怀苦心经营，对汉阳铁厂进行了全面改造和扩充，于1908年将它与大冶铁矿、萍乡煤矿合并为汉冶萍煤铁厂矿公司（后简称汉冶萍公司），该公司整合成当时亚洲最大的钢铁联合企业，完全商办，鼎盛一时。辛亥革命前夕，该公司达到年产钢近7万吨、铁矿50万吨的规模，拥有工人7000余人，钢产量占清政府全年钢总产量的90%，孙中山先生赞其为"东亚第一雄厂"。

图为中国近代最早的官办钢铁企业——汉阳铁厂的铭牌，该厂诞生于内忧外患频仍的大清末年

1915 年，日本向北洋政府提出妄图独占中国的"二十一条"，其中就包含了由中日合办汉冶萍公司的要求。因为先前盛宣怀依靠举借外债来维持和扩建公司，其中向日商借款最多，并以厂矿财产和铁砂作为担保，所以日本人渐将借款变成投资。汉冶萍公司等于引狼入室，事实上受制于日商。由于国家积贫积弱日甚一日，社会动荡不断加剧，这家经历了千辛万苦、曾显露良好发展前景的煤铁联合企业，竟逐步沦落至单纯为日本人开采铁矿，日益衰败，最终炉倒火熄，令国人扼腕叹息。

抗日战争爆发后，汉阳铁厂由国民政府军政部兵工署接管。1938 年，汉阳铁厂冶炼设备整体西迁重庆，并入兵工署第 29 工厂。后者成为当时最大的后方钢铁基地，为占全国三分之二军火产量的重庆军工提供了弥足珍贵的钢铁原料。1948 年，国民政府资源委员会接收了汉冶萍公司上海总事务所，清理撤销了汉冶萍公司，这家历经几十年沧桑的传奇企业至此黯然退出历史舞台。

汉阳铁厂从 1893 年建成到 1894 年投产，再到 1948 年汉冶萍公司清理撤销，在超过半个世纪的时间跨度里，钢产量仅为 760 万吨，即便是产量最高的 1943 年，全国年产量也才不到 100 万吨，居世界第 16 位。而经受战争摧残后，1949 年中国的钢产量只有可怜的 15.8 万吨，在世界的名次降至第 26 位。人均拥有约 0.35 千克钢，连打一把菜刀都不够。

15.8 万吨钢是个什么概念呢？我们直观地对比一下就可一目了然：北京奥运会"鸟巢"体育场的外部钢结构钢材用量为 4.2 万吨，整个工程包括混凝土中的钢材、螺纹钢等的总用钢量达到了 11 万吨——这是修改设计之后的结果，原设计需用钢 15.7 万吨，几乎恰好就是 1949 年全中国的钢产总量！

作为工业体系中最基础也最重要的一环，中国钢铁业如此薄弱、如此落后，1956 年，毛主席把发展钢铁业提到了中华民族有尊严地自立于世界之林的高度。

新中国成立后兴建的第一家特大型钢铁联合企业——武汉钢铁公司（武钢），就地缘和产业而言，可以说是传承了汉阳铁厂、汉冶萍公司的血脉和抱负，要争的就是这口气。1958 年 9 月 13 日，武钢一号高炉炼出了第一炉铁水。当天 15 时 25 分，毛泽东主席健步登上炉台，目睹了第一炉铁水从炉内顺利流出的过程。这一年，全国合格钢产量为 800 万吨，其中武钢贡献了 150 万吨，占比超过 18%。

在社会主义计划经济体制下，武钢如鱼得水，一路高歌猛进，鼎盛时期生产规模曾高居世界钢铁企业第 4 位。短短数十年时间里，武汉东郊"沿江上下，此山独青"的远僻青山华丽大变身，俨然成了一座功能齐全的现代城市。这座钢城见证了中国钢铁产业突飞猛进的发展：1978 年中国粗钢产量突破 3000 万吨（3178 万吨），1989 年升至 6159 万吨，1996 年突破 1 亿吨（10 124 万吨），中国超过日本、美国，成为世界第一产钢大国，实现了几代国人的梦想。此后，中国的粗钢产量继续一路攀升，2014 年达到 8.2 亿吨的巨量，是 1949 年的 5000 多倍！

然而，产量攀升并不意味着利润自然增长。自 20 世纪 90 年代开始，中国国企改革将投资主体由国家转向企业，钢铁产品实行市场定价。2008年，钢铁业的行业利润率呈现断崖式下跌，这一年武钢总产量累计达到2.21亿吨，利润率却从上一年的7.26%跌至零。2015年，产能过剩的中国钢铁行业由寒冬转入冰冻期，武钢在累计产量突破3亿吨的同时，第三季度全面亏损，每月亏损额高达5亿元。集团旗下上市公司武钢股份净利润亏损超过75亿元，总负债将近700亿元，而武钢集团负债更多。这一现状迫使武钢减量钢铁主业，向以质量型、差异化为主的市场竞争发展模式转型，员工从8万人减至3万人。2016年6月，武钢集团与宝钢集团筹划战略重组，9月其下属上市公司——武钢股份和宝钢股份，敲定了换股吸收合并的方案框架，随后武钢和宝钢合并整合而成的宝武集团成为国内最大、世界第二大的钢铁"巨无霸"企业。宝武集团成立后，2019年对马钢集团实施战略重组，总资产超8000亿元、产能世界第一的超级钢企横空出世，同时也踏上了再创辉煌的艰难新征途。

也就是在2014年，中国粗钢消费量出现了30年来的首次下降。调结构、去产能成为钢铁业的关键课题。经过两年调整，2016年中国粗钢产量降至8.08亿吨。不过，自2017年起，粗钢产量再拾升势，2019年接近10亿吨大关。但目前中国钢铁业面临控制碳排放量更严格、去落后产能和优化兼并重组等多重严峻挑战。

资料来源：工业和信息化部原材料工业司。

中国粗钢年产量及世界占比情况（1949—2018年）

70 余年钢铁风云，见证了中国工业从小到大的巨大飞跃。

从"东亚第一雄厂"的鼎盛一时到社会动荡时期的炉倒火熄，从武钢第一炉铁水出炉到钢产量坐火箭般攀升，从利润率直降为零以致巨亏到整合为世界数一数二的钢企巨无霸，从汉阳铁厂、汉冶萍公司到武钢、宝武集团……一路走来，我国钢企的兴衰变迁历程呈现出跌宕起伏的轨迹，令人慨叹。它见证了中国制造业在中国社会大变革历史背景下由小变大、由大争强的过程中所经历的波折起伏、艰苦卓绝和殚精竭虑，是近现代中国工业发展历史的缩影。类似的演变历程，如一幕幕活报剧，也在机械、纺织、化工、轻工等诸多行业的典型企业中上演。

中国梦的经济内涵

当闭关锁国已久的"天朝上国"，第一次与拥有钢筋铁骨、充满野心的西方工业帝国因鸦片贸易陡起争端、发生碰撞的时候，也就是由中国千千万万小而美的手工业工匠作坊构成的"泥足巨人"，第一次与由西方大规模机器生产运转起来的"钢铁巨人"发生正面对抗的时候。

对抗的结果惨不忍睹，给大清帝国和中华民族留下了不忍回想的血和泪的教训。

自春秋时期齐国国相管仲提出"士、农、工、商"这样的阶层划分后，两千多年时间里，代表制造业的"工"都被默认排在上九流的倒数第二位，直到"四书""五经"抵挡不住西方的铁甲重炮，直到中国最早一批"睁眼看世界"的仁人志士探索救国之道，近现代制造业才被引入，由此它被附加上了兴国之器的重要内涵。

在洋务运动中，中国人开始尝试"中体西用"，一个产业一个产业地建立起纺织、水利、发电、机器缫丝、轧花、造纸、印刷、制药、玻璃制造等近代工业。遗憾的是，战乱中风雨飘摇的中国不可能提供实现工业化大国愿景的现实基础。

中国真正走上大规模建设的工业化道路，始于 1949 年中华人民共和国的成立，计划经济体制下的中国努力初步建立起一整套相对完整的工业化体系。改革开放后，中国通过务实的试验性渐进改革摸索出了适合国情的工业化诀窍：引进和发展市场经济，发展低端制造业满足内需，用工业制成品在国际贸易中换取外汇和先进的工业装备，实行从传统重工业到轻工业，再从轻工业到重化工业、从劳动密集型到资本密集型逐步推进的产业升级政策。

依靠投资扩张和出口贸易，中国的制造业和中国经济实现了持续的快速增长。2001年中国正式加入WTO后，中国制造业迎来了更为广阔的国际市场，中国的对外贸易、对外投资和外国直接投资规模急剧扩大。

强大的代工能力让中国逐渐从美、德、日等发达国家手中接过了"世界工厂"的称号。全球船舶、高速列车、机器人、化学纤维、机械设备、计算机和手机等的制造生产，大部分都在中国进行。2006年，中国制造业172类产品的产量居全球首位。2007年，中国制造业增速已经连续20年占据全球首位。2010年，中国制造业产值在全球制造业总产值中所占的比重达到19.8%，中国以0.4%的优势超过美国，成为世界第一制造大国。

中国在一穷二白的工业基础上，用70多年时间，快速走过了西方发达国家近300年工业化历程的绝大部分路程。与此同时，中国大幅加快与世界经济的融合。制造业的强大让中国有足够的底气立足于世界平视工业发达国家，中国对世界经济的影响力不断增强，在国际上的话语权也在不断扩大。

截至2006年2月，中国的外汇储备达到8536亿美元，首次超过日本成为全球外汇储备第一大国。2010年，中国的GDP达到5.8786万亿美元，首次超过GDP为5.4742万亿美元的日本，成为世界第二大经济体。

但这只是中国崛起的第一步。中国制造仍大而不强，自主创新能力不足，产业结构不尽合理，科技成果转化渠道不够畅通，品牌质量提升任重道远。

新科技革命和产业变革风起云涌，在数字化、智能化制造，以及大数据、云计算、人工智能、新材料等新兴及前沿技术领域，中国第一次有机会与发达国家站在同一起跑线上。

成为一个工业化国家是中华民族实现伟大复兴的重要标志之一，完成工业化使命则是中国梦的一个重要经济内涵。制造业的健康发展和先进制造业的突破，是中华民族复兴的重要支撑。

5.5 中国制造，世界贡献

1955 年，毛泽东主席在全国工商联执委座谈会上说："六亿人口的国家，在地球上只有一个，就是我们。过去人家看我们不起是有理由的，因为你没有什么贡献。"

1977 年 10 月 27 日，邓小平同志在会见瑞典客人时说，中国只有"改变落后状况，才能对人类作出比较多的贡献"。

2017 年 1 月 17 日，习近平主席在达沃斯世界经济论坛 2017 年年会开幕式上发表的主旨演讲中指出："观察中国发展，要看中国人民得到了什么收获，更要看中国人民付出了什么辛劳；要看中国取得了什么成就，更要看中国为世界作出了什么贡献。这才是全面的看法。"

"对人类作出比较多的贡献"，这是几代领导人思考中国发展问题时一以贯之的重大课题。

中国贡献

中国贡献的具体内涵是什么？邓小平同志在 1985 年 3 月一次会见外宾的谈话中曾明确描述过："对人类作出贡献，我是从两方面来讲的：一是我们摆脱了贫困，表明占人类四分之一人口的国家做到了这件事，就可以给人类作更多贡献。这种贡献，包含对不发达的国家提供如何发展自己国家的经验，也可以对他们的发展提供比较多的帮助。二是中国每发展一步，就使国际的和平力量增加一分。中国是一个和平稳定的力量。"

近代中国多灾多难，内忧外患接连不断，中华民族承受了空前的屈辱，面临生死存亡的严峻考验，连自保无虞都难以做到，根本不可能奢谈为人类做出贡献。1949年中华人民共和国成立，基本实现了民众渴望的国家统一和民族独立，使得以国家体制动员全社会力量开展超大规模的社会工业化实验成为可能。

1949—1978年这30年间，中国工业化的复兴曙光普照中华大地，初步工业化的探索实践为1978年后的加速工业化奠定了基础。而改革开放40多年来，在全球化的大背景下，中国抓住全球制造业历史性的产业迁移机会，加速工业化进程，取得丰硕成果。

从改革开放到2017年，中国累计吸引外资超过1.7万亿美元，累计对外直接投资超过1.2万亿美元，为世界经济发展做出了巨大贡献。2008年国际金融危机爆发以来，中国经济增长对世界经济增长的贡献率保持在年均30%以上。

中国的工业化是一个超大型国家的工业化，不像工业化起步时期的英、美、德、日、俄、法等国，中国没有也不可能以各种非人道方式转嫁以城市化和工业化为主体的现代化过程带来的巨大成本，只有进行全民动员，让国人为了美好明天抓紧生产，促进内生型工业的发展；抓住国际制造产业分工迁移的巨大机遇，参与到全球分工体系中，勠力同心，一点点向产业价值链的更高部分靠近；同时发挥超大型内需市场的战略纵深优势，为全球制造业文明体系贡献出了迄今为止独一无二的大国和平崛起的成功范例。这是中国对世界做出的巨大贡献。

强势崛起的中国制造，在中国经济实力不断提高、综合国力不断增强、国际社会地位和影响力显著提升的过程中厥功至伟。中国制造正在发挥世界实体经济稳定器的作用，而中国贡献繁荣世界的愿景，必将在中国制造业快车的飞驰中、在中国制造向中国创造的华丽转身中，在现实世界里渐次实现。

图为 2017 年 4 月，天舟一号货运飞船与天宫二号空间实验室顺利完成首次自动交会对接，正式宣告中国航天迈入"空间站时代"

"一带一路"惠及世界

2013 年秋，习近平主席正式提出"一带一路"倡议，得到了诸多国家的积极响应。建设"一带一路"，推进国际互联互通合作，既是人类携手应对各种风险挑战，实现互利共赢、共同发展的伟大构想和实践，又为世界经济增长开辟了新空间，为国际贸易和投资搭建了新平台，为完善全球经济治理拓展了新实践，为增进各国民生福祉做出了新贡献，也为中国开放发展开辟了新天地，是做强中国制造业的一个重要方向。

"一带一路"从广义上理解，它始自上古时期，遍及草原、沙漠、海洋、城市和乡村，贯穿欧亚大陆，甚至包括北非和东非在内，是泛在的长途商业贸易和文化交流线路。在"向内看"的贸易保护主义盛行的全球背景下，我们尤为佩服先祖们直面难以想象的天然艰险的挑战、打通欧亚大陆东西间阻隔的勇气和智慧，尤其景仰汉代张骞、班超历尽艰辛出使西域的"凿空"壮举，正是以他们为代表的民族英雄和无数无名商人一道，将"一带一路"的历史符号永远留存在了东西经济、文化交流的血脉之中。

中国建设"一带一路"，是国际合作发展的新理念、新倡议，是依靠中国与友好国家和地区既有的多边和双边机制，借助行之有效的区域合作平台，高举和平发展的旗帜，主动发展与沿线国家和地区的经济合作伙伴关系，共同打造政治互信、经济融合、文化包容的利益共同体、命运共同体和责任共同体。"一带一路"旨在对接各国的发展规划，实现优势互补，促进共同发展。"一带一路"建设方案的实施，将对全球产业布局产生重大影响，可能打破现有的以发达国家为主导的全球价值链布局。通过全产业链输出，紧密对接供需，逐步形成以中国为核心的全球制造业价值网络，将是继古丝绸之路驼铃声后的新时代国际合作的合奏最强音。

中国的快速工业化进程令世人瞩目，"中国制造"成为中国立足于世界之林的新标签。中国和其他国家一样面临新一轮工业革命的冲击，存在着诸多机遇和挑战。加快技术升级、产业升级和全球价值链升级，重塑国家创新系统及创新能力，重构国家竞争优势，成为"一带一路"沿线国家的共同发展方向。中国企业迫切需要走出国门，通过技术合作、资源共享，为自己同时也为"一带一路"沿线国家开辟一条通向共同繁荣的新"丝绸之路"。这也是"一带一路"沿线国家的共同心愿。"一带一路"建设将成为新一轮中国制造业企业"走出去"的指南针和大舞台，为市场各类主体提供前所未有的发展机遇。

"一带一路"沿线国家的工业化水平差距较大，涵盖了工业化进程的各个阶段，处于不同工业化阶段的国家在彼此的产能合作进程中可以寻找到不同的角色定位，共同培育出以"互补合作"为主导的产能合作"新雁阵"模式。在这一过程中，中国制造需要抓住"一带一路"建设的历史性契机，提升自身在全球产业链中占据更高位置的先进制造业和服务业的比重，而中国企业则需要提升战略意识、竞争能力和效率水平。

俄罗斯《导报》曾刊文指出："'一带一路'与其说是路，更像是中国最重要的哲学范畴——'道'。""一带一路"就是沿线国家人民实现文明互鉴、有无互通、红利共享的经济文化之"道",是中国"西出阳关有故人"的友谊之"道",是中国制造惠及全球、发展自身的共赢之"道"。

2015年9月28日,习近平主席出席第七十届联合国大会一般性辩论,他在讲话中指出,"13亿多中国人民正在为实现中华民族伟大复兴的中国梦而奋斗""无论国际形势如何变化,无论自身如何发展,中国永不称霸、永不扩张、永不谋求势力范围。中国将始终做全球发展的贡献者,坚持走共同发展道路""欢迎各国搭乘中国发展'顺风车',一起来实现共同发展"。

第六章 ★ 苦练内功：创新优化中国制造

第七章 ★ 实践创新：民族制造的创造时空

第八章 ★ 人尽其才：中国制造的人力金字塔

第九章 ★ 根植柔韧：中国制造的反脆弱性

第十章 ★ 造就未来：中国制造强国梦

下篇 ★ 中国制造能力修炼

第六章

苦练内功：创新优化中国制造

改革开放 40 多年来，中国制造业走出了一条开放的大国制造业创新之路。中国制造业未来想要由大变强实现超越，必须持续进行具有中国特色的工业化创新，优化制造业结构，充分发挥本土制造创新的特殊优势，向『微笑曲线』两端延伸，实现产业升级。这是中国制造必须苦练的『内功』。

世界上历次工业革命都是将科技突破成果应用到工业中，大大提升了工业的生产效率和能力，因而我们称其为科技产业革命也是恰切的。

6.1　工业革命其实是科技产业革命

历次工业革命在几个世纪中的迭代，伴随着无数发明带来的激情和雀跃，也伴随着产业变革引发的冲突与抗争，既涌现了善用新工具而崛起的工业大国，也不乏因为傲慢而错失工业变革良机的没落帝国。

工业革命的核心

恩格斯在 1844 年发表的《英国状况·十八世纪》一文中曾如此评述英国工业革命："英国自上一世纪（注：指 18 世纪）中叶以来经历了一次比其他任何国家经历的变革意义更重大的变革；这种变革越是不声不响地进行，它的影响也就越大；因此，这种变革很可能会比法国的政治革命或德国的哲学革命在实践上更快地达到目的。英国的革命是社会革命，因此比任何其他一种革命都更广泛，更有深远影响。"

确实，发端于 18 世纪 60 年代的英国工业革命，是技术发展史上的一次巨大飞跃。这场革命以发明、改进和使用机器开始，以蒸汽机作为动力机被广泛使用为标志，开创了以机器代替手工工具、以工厂代替手工工场的时代。这一时代以"机械化"为核心，其深远历史影响甚至超越了同时代的"三元革命"中的另外两场革命——法国政治革命和德国哲学革命。

19 世纪 70 年代电力的发现和广泛使用带来了第二次工业革命，世界由"蒸汽时代"进入"电气时代"，"电气化"成为时代焦点，工业重心由轻纺工业转为重工业，出现了电气、化学、汽车、石油等新兴工业部门。内燃机的发明及其在 19 世纪 90 年代之后的广泛应用，为汽车工业和飞机工业的发展提供了可能，也推动了石油工业的发展。人们从煤炭中提炼氨、苯、人造燃料等化学产品，塑料、绝缘材料、人造纤维、无烟火药相继被发明出来并出现在日常生活中。

自 20 世纪四五十年代以来，人类在原子能、电子计算机、微电子技术、航天技术、分子生物学和遗传工程等领域实现的重大突破，将人类带入了第三次工业革命，一大批新型工业应运而生。第三次工业革命中最具深远影响的是电子计算机科技的迅猛发展和广泛应用，其开辟了信息时代，也带来了新型知识经济。第三次工业革命以"自动化和信息化"为核心，以原子能、电子计算机、空间技术及生物工程的发明、发现和应用为主要标志，涉及信息技术、新能源技术、新材料技术、生物技术、空间技术和海洋技术等诸多领域，是一场信息控制技术革命。

进入 21 世纪后，以互联网产业化、工业智能化为标志的第四次工业革命拉开序幕，这一次工业革命以"智能化"为核心，人机交互、物联网、大数据、人工智能、网络通信、数字化制造、增材制造等新技术快速进步，数据成为驱动企业转型和经济发展的新动力和核心要素，带来影响更为深远的智能化革命浪潮。

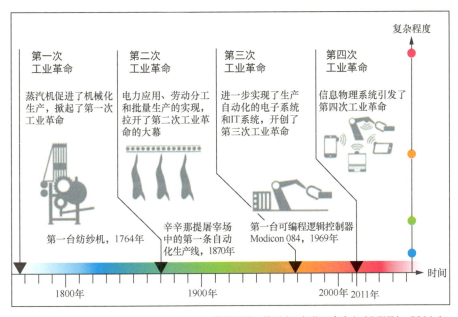

资料来源：德国人工智能研究中心（DFKI），2011 年。

四次工业革命

有研究表明，现代文明其实就是工业文明，而真正意义上的工业文明，只在依靠工业体系一下子爆发出令世界瞩目的发展速度的那些"能量国家"身上体现出来。几百年的工业文明史，能让工业体系爆发出巨大威力的，其实也只有少数国家：英国、德国、美国、法国、意大利、加拿大、日本、俄罗斯、韩国和中国等。那些只靠一个产业链吃饱喝足的国家和地区，体现不了工业化的体系威力，谈不上实现真正意义上的工业文明。

工业化浪潮由低到高、由简到繁，经过优胜劣汰，通过新技术的不断更新，实现了新产业上下游持续不断的市场扩张，由需求推动市场，由供给维持需求，构成一个动态的反馈过程。

按常规思维，工业蒸汽机的发源地、最早开启第一次工业革命的英国，最有条件在第二次、第三次工业革命中延续优势、长盛不衰，扮演"领头羊"的角色。但历史事实证明，根本不存在这样的线性规律。雷电掠过美国人富兰克林的风筝到达他的指尖，让最早做电学实验的富兰克林发现了电；电流流入美国人爱迪生尝试使用的竹丝和钨丝，让经历过马拉松式失败试验的大发明家最终发明了电灯。凭借这些看似偶然的发现和发明，美国近水楼台地发展起了电气工业，在第二次工业革命中一举崛起并超越英国。就在美国人还陶醉于电气时代的强大之时，苏联悄悄地造出了宇宙飞船，1961 年把宇航员加加林送上了太空，抢占了人类第一次在外太空回望蓝色地球的机会（当然，与美国在电气时代的领先不同，苏联在航天时代的一度领先，尽管也体现了国家工业能力，但只是"星球大战"军备竞赛的结果，不代表工业化的成就）。8 年后美国登上月球，驱散"斯普特尼克时刻"带给这个超级大国的心理阴影，夺取全球空间技术和空间产业争霸战的主导地位。事实上，每一次新科技工具的发明和使用，都会给全球的工业发展带来新的变局机会。

当代物联网、大数据、人工智能、网络通信、数字化制造等技术的快速发展，现代信息技术与制造业、制造业与服务业的融合，复杂产品的制造能力以及制造业快速满足消费者个性化需求的能力的不断提升，正在成为新一轮工业革命的主要特征。与前三次工业革命不同，第四次工业革命涉及的技术领域更多，是全方位的创新，将实现生产、生活系统的全面智能化，使经济社会的发展方式发生重大变革，比如智能机器人将广泛出现在人类生产、生活的各个领域。第四次工业革命所采纳的多种新技术对人类的影响是系统性、整体性的，对人类生产、生活方式的改造影响具有全面渗透、跨界应用的特点。原有的制造业正在向"智造业"目标前行，互联网正逐步走向物联网，企业也正向数字企业演变。特别值得关注的是，这次工业革命不再是在单一领域或某一国家率先发生，之后再外溢、传播、延伸到其他领域及其他国家，而是在不同领域或不同国家之间同步进行的一场全方位科技变革。尽管各国科技创新能力差异明显，但是主流大国对新技术发生和发展的敏感度以及对创新机遇的关注度空前提升。一方面，一些技术创新完全有可能在各国间同时出现，表现出创新源头的多元化、去中心化；另一方面，某些颠覆性技术在一国出现后，其他国家能够立即跟进、模仿、消化、吸收，引领者和追随者之间的时间差大大缩小，表现为技术创新的外溢效应大大增强。从某种意义上可以说，各国制造业现在站在了同一起跑线上，不管先前拥有多少优势，都需要在这场新融合的变革中与对手同场竞赛。中国有机会打破全球产业发展的既有格局，加速中国工业的现代化进程。

制造业结构优化导向

一个国家或地区的经济增长，不仅表现为经济总量的增长，也伴随着产业结构的逐步演变。工业化时代最重要的产业结构往往就是制造业结构。

纵观当今世界经济发达国家，都曾走过制造业立国的发展道路，其制造业发展经历了由劳动密集型产业向资本密集型产业，再向技术密集型产业转移的过程。换个角度看，自第一次工业革命至今，人类历史上发生过分别以机械化、重化工业、自动化和信息化、智能化为标志的多次工业结构升级，而发达国家在其工业化进程中也大都经历过这几次工业结构嬗变。

制造业结构的变动遵循一定的规律，其优化是一个不断合理化和高级化的过程。在这一过程中，一切决定和影响经济增长的因素都会在不同程度上对制造业结构的变动产生直接或间接的影响。知识与技术创新、人口规模与结构、经济体制、自然资源禀赋、资本规模、需求结构、国际贸易等，构成了一个国家或一个地区制造业结构演变的基本制约因素。归结起来，推动制造业结构变动的关键因素还是劳动、资本和技术这些生产要素。制造业结构变动与经济增长具有很强的内在联系。制造业结构的高转换率会促进国民经济的高增长率，而经济的高速增长又会导致需求结构和收入结构的变化，从而推动制造业结构的优化升级。由于制造业是世界各国经济增长和综合竞争力提高所依赖的重要产业，制造业结构的变动会促进制造业各产业间的关系更加协调，因此优化制造业各行业的价值增值环节布局，能够提升经济的发展水平与竞争能力。

制造业结构优化不是终极目标，而是一个不断演变的过程。大多数情况下，先有一定的制造业发展成果，制造业中各行业出现不同的发展态势；然后发展中的问题暴露出来，这时候再利用已实现的制造业发展成果进行产业结构调整，进而实现更高效的资源使用、更友好的环境和更开放的市场等中间目标；最后通过制造业结构的优化，更有效率地配置劳动力和资本，创造和应用新技术，实现整体经济发展这个最终目标。

产业结构的调整和优化都是针对当下面临的问题和挑战进行的，在不同的历史时期具有不同的内容和侧重点。例如，对于日本，20 世纪 40 年代，其产业结构优化是从以轻工业、农业为主导的产业结构向以重化工业为主导的产业结构方向变化；50 ～ 70 年代则是对重化工业内部结构进行调整；70 年代后，向知识密集型产业结构转变。

在我国，从"一五"计划开始直到改革开放之前，工业化战略是优先发展重工业，这是当时的产业结构导向。改革开放之后，中国的制造业发展战略针对轻、重工业失衡的突出问题，重点关注轻工业发展。自 20 世纪 90 年代中期以来，中国的制造业规模快速扩张，由此步入工业化中期，在规模扩张中逐步形成了典型的依赖资源、劳动力等要素的低成本优势的发展模式，而制造业结构的变动方向必然受到这种发展模式的制约。然而，随着中国制造业发展的国际环境和客观条件的巨大变化，原有的发展模式受到冲击，对制造业的结构调整提出了新的要求。与此同时，发达国家主导的由产品内部各种零部件生产环节分工和要素分工等综合分工方式所引发的国际产业结构调整，对中国制造业发展施加的限制与日俱增，迫使中国加快结构调整，增加制造业结构层次，加快培育创新、创造能力。

事实上，制造业结构优化包含了许多含义，比如通过调整产业结构来避免市场失灵，保证市场的正常运行；改变供给比例，可以在一定程度上减少市场风险。中国制造业结构优化的基本路径有三条，一是探索培育发展新兴产业，二是改造提升传统产业，三是化解过剩产能，目标是推动产业迈向中高端水平。所以说，制造业结构优化是直接的产业改变、资源配比调整，对需求和供给都会产生重大影响。当然，解决供需错配问题是优化制造业结构的目的，是优化的导向，而不是优化的力量。优化产业结构的真正力量来自产业本身，来自技术创新体系的主体——企业，来自创新科技的进步。

如果说终身学习的职业教育是个人素质结构优化的手段，积攒实力以求突破是企业结构优化的必经途径，那么建立开放式的自主创新体系则是中国制造业结构优化的关键。

6.2 现代制造业创新之道

制造业本身就是一个发展的概念，把制造业边界人为地设定为"加工业"，已经不能概括将信息技术应用于其全过程的当今制造业的内涵。从设计到原型机生产，再到实际加工、组装、性能测试以及最终产品的包装、营销和售后服务，都属于现代制造业的范围。

数字化、网络化和智能化的发展趋势，渗透到制造业的各个领域，推动制造业技术持续突破、融合、加速应用，引发制造业发展理念和技术体系的重大变革。当前，新技术替代旧技术、智能型技术替代劳动密集型技术趋势明显，大量投入资源和过度消耗环境的经济发展方式已经难以为继，只有全面增强自主创新能力，才能掌握新一轮全球科技竞争的战略主动权。

跨越"死亡谷"

《从0到1：开启商业与未来的秘密》一书的作者彼得·蒂尔曾感叹：大家期望这个世界发生很多的"从0到1"，比如能源便宜得根本不用计量、能到月球上度假等。然而，从20世纪到现在，除了计算机和通信大幅度发展外，其他期望大都落空了。"我们想要一辆会飞的汽车，但得到的却是140个字符。"〔注：即推特（Twitter）等新媒体以140个字符为限，不过会飞的车已经进入产业界视野了。〕

科技的发展和进步有目共睹，蒂尔这段话想说明的是，对高科技项目的期待是那么多、那么理想，它们的落地应用却是那么难、那么稀缺。资本往往也对高科技项目抱持谨慎态度，大投资、高风险、长周期，"死亡谷"是创业者和投资人都必须跨越的鸿沟。那么，怎样的技术生态和创投生态才有助于创新企业跨越"死亡谷"呢？

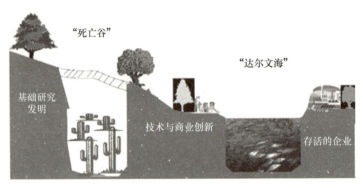

"死亡谷"是创新企业必须跨越的鸿沟

第一步当然是看科研投入水平。一个不争的事实是，中国的科技研发投入在逐年增加。一项统计表明，2000—2010年中国的科技研发投入增加了6倍；另外，国家自然科学基金委员会对科技基础研究的投入也以每年百分之十几的速度持续增长了30多年。2019年，中国研发经费投入总量首次超过2万亿元，规模居全球第二，仅次于美国，双方总量差距逐渐缩小。投入的增加带来了产出的增加，2020 年中国国际顶尖期刊发表论文的数量达到世界第二。日本科技政策研究所 2022 年 8 月发布的一份报告显示，根据引用次数来计算排名前 1% 的论文数量，美国和中国占据头两席，2018—2020 年的顶尖论文数量已经难分伯仲（由于很多论文都是多个国家的作者联合撰写，若按平均分配，美国仍略微占优，若按一种被称作"分数计数"的方法衡量，中国胜过美国）。尽管中国在重大的科学发现以及突破性的技术方面还与发达国家存在相当大的差距，但科研项目数量上已经颇为可观。专利申请数量方面，中国已经是全世界第一，不过专利的实用率还和发达国家有很大差距。上至政府、下至企业和百姓都意识到了科技创新的重要性，因而掀起了"大众创业万众创新"的浪潮。

高科技创新最关键的环节是原始创新，只有建立很高的科技壁垒，才能有别于一般创新。市场最需要具有原创性的、有高技术壁垒的研发项目；没有原创，高科技产业的发展就缺失了源头。

第二步是看科技成果的转化率。科技成果的转化率相当低，依旧是中国科技创新面临的主要问题。跨越"死亡谷"是创新创业领

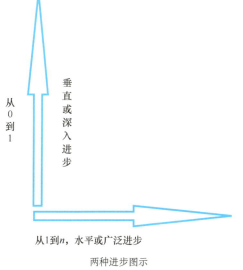

从 1 到 n，水平或广泛进步

两种进步图示

域至为关键的一个阶段。一项高科技的创新从研究到开发，再到技术转让和产品上市，需要经过很长的一段时间，还要通过商业化才能实现市场成功。在这个过程中，有很多创造发明其实在早期就已经"死掉了"，还有一些好不容易走到了产品阶段，却由于不能被市场或消费者接受而最终"死亡"。"死亡谷"在整个高科技创新领域都是非常常见的现象，在中国尤为严重，毕竟高科技产业是一个高投入、高回报、高风险的行业。中国未来的发展动力，依靠的绝不仅仅是消费和服务，更主要的是需要原创性的高科技产出。

一般来说，一项科研成果最后能够进入市场，要经过以下五个阶段。第一阶段是形成科学的假说，并对这个假说进行验证，包括形成新的概念。新概念形成后，要有一系列技术的研发和突破，这就是第二阶段，即技术开发。第三阶段是要产生所谓的样品，形成一个有用的实物。但样品不等于产品，只有在解决了大规模生产及一系列技术问题后，样品才能够变成可以在市场上出售的产品，这是第四阶段。第五阶段是从产品变为商品，即该产品必须具有一定的市场接受度。在这一整个链条上，资本和人才是需要特别注意的两个要素。

科学概念　技术开发　创制样品　生产产品　销售商品

科研成果从构思到市场化的五个阶段

科研成果转化的第一大难题是缺乏早期研发投资。国家对于科研的资金投入相当大，但政府资金往往投在第一和第二阶段，即概念和技术层面。当进入样品阶段后，风险资本、社会资本才会进入。再之后，当样本顺利变成产品进入市场后，就是企业和金融市场为这个研发项目买单了。请注意，整个过程缺少一个很重要的环节，就是完成技术开发后到做出样品，形成一个可用的实物，即对从第二阶段到第三阶段这部分研发的投资相当少。政府关注的是科技基础和产业共性技术研究，不是天使投资也不是风险投资，不可能盲目投入；而风险投资又觉得这部分研发为时尚早，也不愿意投资。这一阶段需要从根本上突破项目的工艺、材料、专用设备配置等重大问题，有的还要通过小试甚至中试，进行良品率测试等，需要承担很大风险。这一环节的投资主体应该是企业，但其对企业的前瞻眼光和资金实力有很高的要求。

第二大难题是人才团队配置的缺陷。目前的状况是，中国的科研人才比较专一化，科学家和工程师不太具备市场观念或对企业生产认识不足，而在市场上做产品的企业界人士又缺乏对科研的了解。所以在这当中需要一座桥梁，不光是物质的桥梁，更是人才的桥梁。企业需要有行政执行、运营、金融财务、项目管理、法律等各方面的人才，只有通过这种人才的桥梁，才能够把一个科学发现、一项技术突破有效地连接到产品开发这个环节中去。

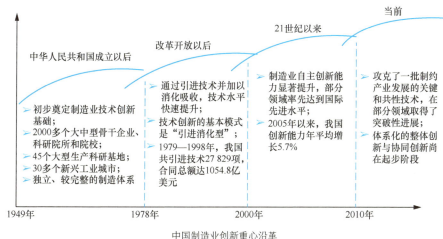

中国制造业创新重心沿革

第三大难题是创新创业人才的培养。只有具有市场观念和企业家精神的科研人才，才能研发出最终被市场接受的产品和商品。《创业的国度：以色列经济奇迹的启示》一书的作者之一索尔·辛格解读道，全球公认的高科技创新企业，比如脸书、苹果、领英等，都有其独特的创新文化，创新活动大大增强了创新教育意识。

技术创新舞台上的"关键先生"

通过科技创新进入世界科技前沿，需要大量高水平的创造力和人才，对人才和创新的质量要求也明显高于模仿创新时期。它需要以开放的思维，打破原有的发展路径依赖，从以引进为主升级到以自主研发为主，从追随战略逐步转向领先战略。这就要求创新主体必须具备确定战略方向的远见卓识，能够进行长期研发的巨大投资，拥有可以分担风险、分享收益的合作伙伴以及进行根本性自主创新的高超水平和复杂技能，因此以市场嗅觉敏锐、行动快速的企业为主体的国际合作创新，才是中国制造业技术结构优化、创新升级的根本途径。

企业在创造社会经济财富的过程中扮演着主要角色，是技术创新体系的主体。为了应对快速而激烈的竞争，满足不断变化和提升的消费者需求，企业必须探索创新方法。从商业模式的调整和优化，到收购技术和积累知识，再到自主研发创造新产品，大量的企业创新汇成社会创造的洪流，自下而上地喷涌出来，构成国家强大的基本动力，推动中国成为未来全球性的创新引领者。

在中国产业技术创新舞台上，企业扮演着"关键先生"的角色。这些企业多种多样，既有华为、阿里巴巴、腾讯这样的民营企业，也有涉及高铁、航天、特高压等领域的国有企业，还有类似大疆、百度这种以"海归"作为主要动力推动发展的民营创新企业，以及西门子、IBM等跨国公司。多种主体在各自不同的行业找到适合自己生存和发展的空间，合力提升国家整体竞争力。它们有明显的行业特征，同时也采用了多种方式，在动态调整的过程中、在不同阶段形成不同的研发组合。此前30多年是以技术转移为主导的消化、吸收的过程，当前和未来则转向以自主创新为主，同时也有联合创新和共同创造的过程，总体呈现出不断演变的组合特点。

确立企业的创新主体地位，推进创新驱动发展战略，有两个最关键的切入点：一是全社会以企业为"出题人"，加强多学科综合的技术科学研究，并以此为目标优化科技研发与创新过程；二是以生产性和创新性活动为落脚点，强化高质量投资。

政府角色：着力营造创新环境

政府在制定和促进创新政策上发挥着重要的引导作用，能够自上而下地推进产业结构优化进程。政府在营造科技创新环境、制定鼓励企业加大研发投入的政策方面发挥着重要作用。政府可以把创新体系中的各种参与者聚在一起，通过确定框架性条件和建设服务于研究的公共基础设施（如技术交易市场）来为企业服务，促进企业自主创新。政府可以制定相关标准，衔接各种需求，促进自主创新市场的发展，如通过制定严格的准入机制或环境标准来增强自主创新的竞争力。此外，政府支持自主创新的政策，有助于许多后发企业在技术创新上的追赶。

企业创造价值的过程也是资源配置的优化过程，在这一过程中，政府有形之手合理而科学的力量不可或缺。例如，韩国政府持续不断推动资金、技术和人才向三星等企业集聚。正是依靠政府的扶持，韩国企业才能完成芯片等高技术产品的研发，在冲击存储芯片的产业竞争中大获全胜。美国加利福尼亚州政府对新能源汽车的系列激进支持政策，为特斯拉提供了萌芽生长的丰沃土壤；2009 年，初创时期的

图为 2006 年 2 月国务院发布的《国家中长期科学和技术发展规划纲要（2006—2020 年）》

特斯拉获得美国能源部 4.65 亿美元低息贷款，得以度过了资金最紧张的阶段。此外，美国消费者购买新的新能源汽车可享受 7500 美元的税收抵扣，美国政府为此每年减少了 2.84 亿美元的税收收入。中国新能源汽车产业近些年的异军突起，相关产业政策的出台和不断完善也是功不可没。

哈佛商学院企业管理教授加里·皮萨诺和该院技术运营管理教授威利·史在其合著的《制造繁荣：美国为什么需要制造业复兴》一书中，提出了"产业公地"的概念。他们认为，"产业公地"是由各种专有技术、产业运作能力和专业化技能的网络交织构成的，这些能力和要素嵌入劳动者、竞争者、供应商、消费者、合作型研发项目以及研发高校，可以向多个产业部门提供支持。他们回顾美国 19 世纪中后期（南北战争之后）、经历两次世界大战的经济崛起历程，发现美国的经济发展一直受惠于同期构建"产业公地"的努力，比如 19 世纪下半期纷纷创立的研发型高等院校，两次世界大战期间建立的国防工业及科研体系，"冷战"期间为了应对与苏联的竞争而在军工领域投入的巨额政府拨款（计算机和互联网正是美国"军转民"的杰作）。而当美国转变发展

思路，进入"去制造业"阶段后，中国等其他国家不仅承接了制造业产能，还通过对研发和教育的投资，效仿美国构建起了自己的"产业公地"。

随着市场环境的日益复杂和市场竞争的日益激烈，许多企业由于缺失共性技术，难以迈过核心技术这道坎。国家层面、区域层面共性关键技术研发的缺失，严重影响了企业技术创新主体作用的发挥以及科技成果的商业化。引导构建企业技术创新的外部性支撑，显然是政府保障企业技术创新主体作用的另一项重要职能。

图为国家动力电池创新中心中试线。2016 年 6 月 30 日，国家动力电池创新中心在北京成立，这是我国首个国家级制造业创新平台

中国作为一个实行社会主义制度的超大型经济体，中央政府在国家安全、发展共识、宏观经济稳定、全国统一市场、全国性基础设施建设等方面发挥着主导作用，地方政府的主要职责则是经营好地域范围内的各种资源，如基础设施和营商环境，服务企业。

从长远来看，经济增长潜能取决于科学发现和技术创新的进步程度。而特定政策体系的完善程度，产品和要素市场发育状态以及发展权利的开放和保护程度，都会直接制约或促进特定阶段经济增长潜能的释放。

6.3 制造创新：中国制造的"撒手锏"

推动制造业结构升级的终极力量是科技进步，而制造业是技术创新的第一源泉。

按照古典经济学理论，劳动力和资本的结合是实现经济增长的原动力。现代经济学理论否定了上述理论的基础，诺贝尔经济学奖得主索洛宣称，"单位劳动力投入带来的永久性产出增长，完全依赖最广意义上的技术进步速度"。经济增长最恒久的动力在于创新，而不是劳动力或者资本。

研发和制造能分家吗？

发达国家制造业产能的对外转移，事实上成为"亚洲四小龙"经济勃兴的关键，其后中国内地又进一步承接了新一轮的产能转移。经济学家对这一现象的解释是，美国及日本、西欧各国等发达国家只保留设计和研发之类的高附加值活动，将制造外包有利于发挥后工业化国家的优势。有关专家还乐观地评估道，发达国家在多数以科技为基础的制造业领域中占有不可挑战的竞争地位，因为后者拥有卓越的创新能力。

类似的观点也出现在了我国珠三角等一些相对发达的地区，此观点认为可以将制造业产能转移到中西部地区，在珠三角等地保留总部和设计部门。在这一思路的驱动下，许多企业被转移出原先的聚集区，而一些地方政府出台了鼓励引进或保留总部的经济政策，通过优惠的税费减免政策来吸引并聚集企业总部和创新设计单位。

加里·皮萨诺和威利·史提出，以为企业创新过程、产业运营过程可以实现研发和制造的分离，这是一种错误的认识。部分产业的确可能延长研发和制造的连接链条；但同样有相当多的产业，其产品的设计与相应制造工艺的设计和实现息息相关，如果制造能力被削弱，创新能力也就失去了前提和根基。他们对如何判断产业、产品的研发与制造之间的依存度，以及将两大环节相分离对创新能力的损害程度，提出了两个衡量标准：一是研发和制造相对独立运作的能力，也就是模块化程度；二是制造工艺技术的成熟度。随着模块化水平的提高，产品主要特性的变化将不由生产工艺决定，因而两大环节可以实现分离；相反，如果模块化水平较低，设计产品的方式将对产品的制造方式产生较大的影响，一旦二者分离，影响就很大，尤其是对于工艺品、高级酒类、高档服饰、先进材料等领域的产品。制造工艺技术越成熟，工艺改进机会就越少，也就越适宜进行外包，比如台式计算机、消费性电子产品等；工艺技术快速发展，但与产品创新的关联并不紧密，这种情况下，研发和制造地之间的邻近性有助于形成产业发展和创新的聚集效应，其作用就很关键；主要工艺创新快速发展且对产品有重大影响的，比如生物制造、纳米材料、超精密部件等领域，实现研发和制造的分离，可能产生恶果。他们举例说，20世纪80年代，美国的半导体制造业迁往亚洲，随之就流失了一系列能力，比如电子材料加工能力、沉积和镀膜技术能力、复杂测试和组装能力，此后需要借助这些能力的美国产业，也就很难推出真正意义上的创新成果。相应地，1990年，美国的芯片产能占全球比例高达约37%；30年后的2020年，这一占比就下降到12%左右了。

经济的发展最终是依靠科技进步的，而制造业则是科技进步的最大载体，制造业"空心化"后的科技发展模式何以为继呢？

"微笑曲线"魔咒

2004年，当联想并购IBM的个人计算机业务时，引来的不只是"蛇吞象"的惊叹，也不乏像"为何要接盘美国的'垃圾'企业"这样的质疑。质疑的逻辑很简单，随着后工业社会的来临，服务经济代表未来，制造只是一个不可缺少的低价值、低端环节，其只有依靠转移到生产要素成本低得多的不发达地区才能维持微薄的利润。这样的理念，在阿尔文·托夫勒、约翰·奈斯比特、丹尼尔·贝尔等社会学家预测未来的舆论氛围中，早就成了产业界的主流看法。

宏碁集团创办人施振荣在他的《再造宏碁》（1996 年出版）一书中提出了"微笑曲线"的概念，并在实践中以生产外包模式再造宏碁集团。不过，恐怕他当时没有意识到，这条并不复杂的曲线，日后竟会成为全球制造业长久不衰的企业竞争战略指南。

微笑符号的曲线，左、右两端上翘，分别是处于获利高位的技术、专利以及品牌、服务，中间下陷部分是组装、制造，表明附加值较低。"微笑曲线"形象地展示了企业经营中研发、制造和营销这三大环节的相互关系。"微笑曲线"的拥护者们坚信：要增加企业的附加值，绝不能持续停留在组装、制造的阶段，必须往左端或右端位置提升。

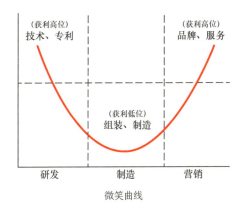

微笑曲线

全球制造已供过于求，制造产生的利润低，因此在产业链中，附加值更多地体现在左、右两端。未来产业应朝"微笑曲线"的两端发展，即在左端加强研发，创造知识产权，在右端加强客户导向的营销与服务。

然而，在相当长的时期里，中国制造一直被定位在低利润的底部环节，中国制造的优势被认为是劳动力、土地、能源和环境的低成本。"10 亿双袜子换一架飞机"曾是中国参与全球劳动分工的典型配角功能写照，其潜台词是中国制造不过是同质化的简单"加工"和"组装"，与创新无关，自然也与高利润无关。于是，人们将更多的目光聚焦于实验室里的源头创新、天才企业家们的灵光闪动和市场营销中的商业模式创新，忽略了万业之基的制造业在

"微笑曲线"底部的不懈努力和创新，以及这样的制造所创造出来的巨大社会推动力。

"研发－制造"相互哺育

越来越多的产业界人士认识到，制造创新带来的价值是国家繁荣的基础。在几大制造强国中，制造装配从来不是低价值、少创新的代名词。日本在全球独具特色的"母工厂体制"，就是坚持"研发在本土、最先进的工厂也留在本土"，形成"研发－制造"相互哺育的策略。"母工厂"是日本在应对全球化分工时代，强化"制造优势"的重要载体。尽管日本制造企业在中国和东南亚地区不断投资建厂，但"母工厂"仍然是日本企业全球布局的核心节点，其在技术和产品研发方面（如基础研究、产品核心技术）仍具有主导权。设计变更频繁的产品放在"母工厂"实现多品种、小批量生产，而设计变更较少的产品则放在海外进行少品种、大批量生产。日本的"母工厂"，包含了丰富的制造创新。

2004年，日本索尼中村研究所所长中村末广反"微笑曲线"之道，提出了"武藏曲线"：以利润高低为纵轴，以业务流程为横轴，构成一条"左右位低、中间位高"的曲线。它是根据索尼中村研究所对日本制造业的调查结果绘成的，在制造业的业务流程中，组装、制造阶段的流程有较高的利润，而零件、材料等研发及营销服务的利润反而较低。显然，这是日本制造精益生产的差异化成果。

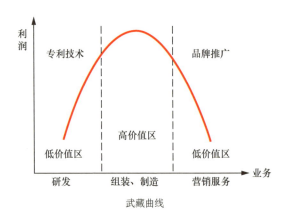

武藏曲线

制造过程中的中国式创新

中国制造的崛起，是"国外设计、中国制造"全球化分工的一种全新实践。很多人在强调中国制造发展的时候，都会谈到"人口红利"，似乎低成本的劳动力是中国制造崛起的最重要因素。20 世纪 80 年代，劳动力也许曾是中国承接产业转移的重要优势，但它绝对不是现代中国制造崛起的内在原因。对比一下中国东部沿海地区和西部地区，很容易发现：即使西部地区的劳动力成本比东部沿海地区低得多，但重要的制造业仍然很难离开东部沿海地区。制造业的创新能力与高素质人才，才是决定制造业迁移的根本要素。

全球板块化分工的现象并不少见，但没有一个地区呈现出像中国制造这般丰富多彩的生态。中国制造之所以能够崛起，是因为在制造的过程中形成了大量的中国式创新。然而，这一点并没有得到普遍的认同，广为流传的微笑曲线更加剧了全世界对中国制造的偏见。中国制造的超大生产规模，其占据全球供应链节点的规模如此之大，没有自己的创新能力怎么可能实现？

中国制造的最大特点之一便是创意多，现场工程师拥有丰富的实战经验，拥有变通解决问题的"曲线"技术突破能力，而相对完整的产业链及原材料配套体系，可以解决各种技术落地的疑难杂症。一双双在车间摸着机油的黑手，使设计师的天才想法得以在现实空间绽放，研发的价值得以在产品落地转化的那一刻实现。没有生产制造企业的成全，任何一项伟大的发明创造都只能停留在图纸上或实验室中。

好的制造企业就如同设计的催化剂，催生具有现实生存土壤的技术创新。它从生产制造的角度为上游设计研发团队提供建议，让所有的创意最终都在实践环节得以转化，让设计从源头就杜绝生产成本过高、不符合现实逻辑、在销售端难以收获用户等先天问题。同时，生产制造环节也是一个反馈器，连接终端消费者的真实需求，而源于市场的鲜活声音里往往暗藏着巨大商机，可以激发企业的无限创意。

企业自身的认识、学习和提升，是在从产品雏形阶段，到展示阶段，再到商业化阶段的全过程中实现的。当车间里的工程师和技术工人带着生产过程中遇到的问题寻求负责设计的工程师的帮助，共同研究解决方法时，企业对产品的认识得以加深；当工厂把员工的工业经验知识转化为标准化流程落实到操作手册上时，企业对制造的认识加深了；当厂家处理用户投诉时，企业对服务的认识大大深化……可见，很多时候创新是从现有的流程和产品技术中成长起来的，颠覆行业传统的许多巨大创新同样源自发明者和制造商之间的互动过程，而不是某些科学狂人的突发奇想。尽管追根溯源，大学和科研机构的实验室通常是创新的发源地，但从构思概念到制造样品、产品生产再到商品销售的全过程，都离不开发明者和制造商之间的互动，制造业企业人才的流失会相应带来实验室的流失。

以著名的代工制造企业富士康为例，大家都知道它是苹果等企业的深度合作伙伴，但人们往往忽略了它其实也是一家成熟的跨国企业。富士康自身并不具备创立自有品牌的技术及营销实力，因而选择了一种在更广范围内与众多伙伴合作，通过制造创新积蓄自身独特竞争优势的发展战略。2012 年，尽管富士康的利润率已经从 6% 下降到了 2%，但仍远高于宏碁集团 0.4% 的利润率；即使是从宏碁集团分拆出去、专门从事代工的纬创，其利润率亦高于宏碁集团。

由此可见，即使从代工发展的角度来看，用现有的制造技术去反推源头创新，吸收用户反馈的信息，也能沿着传统制造代工向价值曲线上游发展。这意味着，外包或代工制造商的价值定位也需要被重新挖掘，优秀的外包或代工制造商在市场中并非没有话语权，也并非无法提供高附加值，甚至反而成了上游企业产品质量保证的根基。制造现场所创造的价值正在逐渐重塑产业价值链，重构社会价值分配体系（更详细的分析可参看林雪萍的《灰度创新：无边界制造》一书）。

制造企业可以与设计研发企业完美结合，在设计与制造之间的灰色地带，拓展出行业发展新的疆域。这样的"灰度创新"如同创新银河系中一颗不被人注意的恒星，它不像源头创新那么光彩夺目，而是呈现出一定的隐蔽性和低感知度，这令制造业在产业链中的价值被严重低估。制造不是产业研发可有可无的垫脚石，而是研发不可缺少的基石，没有工程化的制造，研发就是实验室里的孤芳自赏。

灰度创新当然并不只发生在中国，每个国家的制造业中都存在着大量这样的案例。只是，在全球化专业分工越发明显的当下，中国制造业贡献了全球近三分之一的产能，这使得中国制造与其他国家和地区之间所形成的灰度创新尤其显眼。比如，在新冠肺炎疫情肆虐时期，中国由于具有相对完整的产业体系和强大的生产制造能力，为应对疫情，各种医疗及防护器具生产产能"一夜间"喷薄而出，这再次向世界证明了中国企业的协同创新能力以及在应用实践现场快速解决问题的能力。

制造从来不是孤立的，它本来就是创新的一部分。制造处于孤立一环的时候是它最脆弱、最弱小的时候；当它与上下游产业有机结合时，则将释放强大的动能，拉动上下游产业链发展，共同缔造产业链价值。中国人口众多，市场需求极其复杂，因此中国需要的是总和最大、工业生态最大，而不是简单追求"微笑曲线"中的单一利润最高。

规模、速度和成本，是制约制造的关键因素，而中国制造在许多场合同时克服了这三个方面的困难。研发与制造之间的灰度创新，其实是一种"工程化"的能力。中国工程师靠着直觉、大胆和迭代，靠着"以速度换深度"的冲击力，为中国制造赢得了上游的尊重。而在制造与市场的结合部分，中国得益于自身的广大用户市场，创新了丰富多彩的商业模式。

所以，"微笑曲线"太过简化，以至于人们忽略了很多基本的事实。"兔耳朵曲线"更能准确描绘真实的、生气勃勃的工业生态，而各区域交界处的创新，正是中国制造所形成的独有的优势。制造与创新的连接，是中国制造给全球工业化分工上的最为特别的一课。几乎没有人能够在 2001 年中国正式加入 WTO 的时候预见到这一点。时过境迁，当各种各样意欲打破全球化格局、推行逆全球化"回岸制造"的现象出现时，中国极其紧凑的供应链网络，为国外产业回流筑起了一条"护城河"。

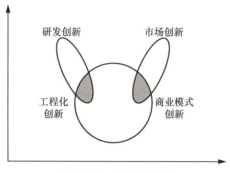

灰度创新的"兔耳朵曲线"

灰度创新在现实中还面临着诸多挑战，信任失灵、"非我所创"综合征、行业缺失共性技术研究院、生产加工深度过大等问题，也阻碍了制造企业灰度创新触角的延伸。一家企业的力量终究是有限的，一所公共研究院也会在现实中遇到诸多知识产权纠纷问题，而过于坚固的企业与企业之间的技术高墙、企业内部部门间的条块分割，都可能让灰度创新"出师未捷身先死"。

要想让灰度创新的种子在企业与企业之间萌芽，就需要更多来自社会的支持，比如关于联盟知识产权的界定、递进式的互利伙伴合作关系，以及健康完备的市场环境等。灰度创新生存于制造企业与科研机构、合作伙伴以及消费者之间的连接地带，需有规矩制度的限制，但更多的是需要一种宽容信任的合作氛围，过多的条条框框终会扼杀创新的活力、市场的活力。

全球经济风云多变，中国企业在培养自己独立创新、灰度创新能力的同时，也需提升自身应对动荡环境的免疫能力；在与国际伙伴合作的过程中，中国企业需要合理掌控独立知识产权与联合创新的边界，立足自身优势，培育独特的核心竞争力，掌握产业链上的更多话语权和自主权。

6.4 升级方向：向"微笑曲线"两端延伸

如果把产业链放到竞争白热化的全球化分工大趋势中，同质化的产品制造企业往往被迫与同业硬碰硬地进行"流血式"甚至"自杀式"的价格竞争；由于现代产品技术迭代迅速，消费者偏好随时会发生变化，产品生命周期越来越短，成品制造市场的利润被大大压缩，这些对企业经营产生了极大的压力，甚至影响到企业的生存；技术成熟、普遍化、进入门槛低的产业中挤满了所谓"微利"企业，也就是所谓低附加价值企业，它们只能依靠不断扩充产能来维持获利，一旦市场萎缩、产品价格下降，这类企业马上会面临经营危机。正是基于这样的基本判断，尽管出现了上述"兔耳朵曲线"甚至"武藏曲线"那样的变形，"微笑曲线"仍是宏观视野下产业发展策略方向的直观表达。

为了应对低附加价值的压力，企业必须思考向产业发展趋势中高附加价值部分移动的途径和方法。同质化的加工制造位于产业链附加值曲线的最底端，利润相对薄弱，企业如果要获得更高的附加值，就必须向两端延伸——要么向上游端的零件、材料、设备及科研延伸，要么向下游营销端的销售、传播、网络及品牌延伸。总体而言，越往两端走，企业获得的附加值就越高。

"微笑曲线"左端的研发优势，是各大制造强国在长期工业化进程中积累下来的源头创新能力的体现，将是追赶中的中国制造转型升级面临的最大压力，中国制造企业只有在目标明确、路线清晰、举措得当、矢志不移的长期努力中逐渐化解这些压力；"微笑曲线"右端的品牌建设，是中国制造的当务之急。自"十二五"以来，中国制造业的质量水平显著提升，一批知名品牌脱颖而出，质量和品牌竞争力持续增强，在满足国内需求和参与国际竞争中发挥了越来越重要的作用。然而，长期受传统粗放型发展方式的影响，中国的工业品牌建设还存在一些突出问题：品牌建设滞后，尽管中国制造业自主品牌已达到数百万级别，但存在品牌数量多、市场认可度较低的问题；与国际知名品牌相比，中国制造业品牌附加值低、竞争力弱，顾客美誉度和忠诚度等方面有待提高；企业主体作用发挥不充分，部分企业品牌管理的系统性不强，效率不高；品牌公共服务能力与企业的需求存在明显的差距。

中国制造进入全球产业链后，在规模、速度和成本方面创造了史无前例的纪录，达到了"世界设计、中国制造"的全球化分工新高度。毋庸讳言，这种专业化分工也造成了中国企业生产技术导向与市场营销导向的冲突，在实现工程创新价值的同时却弱化了品牌竞争力。作为产品或服务的象征，品牌代表着企业的总体竞争力，品牌落败意味着企业处于下风。营销管理大师菲利普·科特勒说过，品牌的意义在于企业的骄傲与优势。企业因为产品品质和服务，形成无形的商业定位，在推广中得到消费者认知、认同，这才具有品牌价值。要讲好中国故事，先要讲好中国制造的故事，其前提乃是中国制造的品牌深入人心。

产品与服务要有持续性的附加价值（盈余），企业才能够生存下去，另外，只有具有高附加值的产品方向与服务，企业才能拥有高获利潜力，才能确保永续经营。进行关键技术及关键零部件的研发，突破技术瓶颈，提供高科技产品的卓越整合性服务，在价值链的研发和市场两端发力，企业才有希望收获最丰厚的价值。

站在制造工厂的视角，重新审视制造业的创新来源和市场价值实现，可以看出制造业与上下游产业连接地带所能产生的丰富的创新：在上游与科研院所、科学家的实验室研发发生化学反应，在下游延伸至销售链及最终端的用户信息反馈。这意味着一家制造企业可以通过知识交换，不断地与它的外部组织相互结合，构成创新共同体，打造无边界制造体系。于是，制造创新不再是一家企业在单打独斗，而成为以制造为核心、上下延展的系统工程。这里的创新未必拥有明晰的产权、专利，可能只是一个事关实践的具体操作、一个为提升终端用户体验而改进的外观、一个为当地用户特色需求而调整的产品功能，但它们却能启动广阔的市场，让创新在实践中迸发新的价值，而这样的制造创新价值被大大低估了。

中国制造业崛起的原因，不可能仅仅是生产要素的低成本，反向设计、模仿与优化在其中发挥的作用更大。中国制造嵌入全球产业链条，既是模仿、学习和消化的过程，也是优化、吸收和不断创新的过程，这正是中国企业内外拓展、相互协同的工程创新苦练内功的修炼过程。

第七章

实践创新：民族制造的创造时空

从中国企业组织创新到知识创新，从跟随战略到并跑竞争再到科技『无人区』创新，从区域制造业创新到绿色生态制造，中国制造的实践创新涉及面广泛，成果丰硕，影响深远。凭借不懈的探索实践，中国制造的创造力正在迸发。而锻造中国制造的现代工业文化，既是强国之路的伴生品，也是中国制造飞速进步的灵魂。

一个制造大国在其快速发展的历程中，绝不只是靠产品和服务创新来征服用户，组织管理创新、产品和技术创新、区域制造业创新以及一系列管理思想和创新文化必然与其相伴而行。中国制造的实践创新涉及面广泛，成果丰硕，影响深远，这里蕴藏着可以进行概念提炼、思想沉淀和理念弘扬的一座座富矿。

7.1 产业组织创新的中国方案

一个国家的自主创新能力，来自人民的活力，来自具有高度顺时应变柔性的企业，来自提升组织力的组织变革的力量。物联网时代的降临，让企业的组织管理模式迎来了新标准，让引领世界大潮的中国方案破土而出。中国企业的组织管理创新实践，不断丰富着世界组织管理案例库，它们所创造的产业组织全新形态，走在了世界企业管理变革的最前沿。

物联网时代呼唤以用户为核心的产业组织

蓬勃发展的物联网科技，以前所未有的方式和速度改变着人们的生活方式和生产方式，世界经济因此迎来了比过去更大的不确定性。似乎"随时随地"都可能有一股不明力量颠覆现存的产业"游戏规则"，现有企业"怎样做才能不被取代"的焦虑比先前任何时代都严重。提升组织力成为传统制造业和互联网"大厂"的共同选择，"组织转型"成为各类企业的标准动作。从地产大公司"向管理要红利"，到证券公司、银行的"部落制"架构调整，再到互联网"大厂"争相进行敏捷转型，各类企业都期望能够通过提升组织力，增强企业核心竞争力，成为最早适应变化、能够生存下来的企业。

回顾历史，第一次工业革命，也是人类第一次尝试驾驭机器的力量。直到推行泰勒制，产业管理理论才真正进入了科学领地。后来的福特生产方式、丰田管理模式、德国的软件工具化流程再造系统，虽然代表了不同年代管理革命的成果，但还都是基于科层制产业组织的科学管理理论。科学管理把西方的商业组织从混沌和无序带向了秩序化、理性化，带向了高度科学化的管理轨道，对产业发展的影响力至今依然相当强大。

但管理毕竟管的是人，人是复杂的，产业组织作为人的集合体尤其复杂，显然，靠简单的量化、数据化、科学化进行管理存在巨大的局限性。活力是组织之魂，而所谓科学管理、理性管理，走向极端的结果往往是条条框框过多，大量规则尤其是大量规则的烦琐化，很容易扼杀组织活力，包括群体的活力和组织中个体的活力。

在互联网时代，市场份额只是表象，人的变化速度才是真相。决定产品性能的不再是技术或者产品本身，而是用户。仅仅停留在市场竞争、产品竞争上已经远远不够了，还要紧紧握住的是用户资源的竞争。要从过去企业主导市场变成用户主导市场，企业和用户之间是零距离的。物联网时代要求组织结构是去中心化的，中心化的正三角组织系统要转变成扁平化平台，让员工直接面对市场，实现分布式资源整合，从而形成一个完备的生态系统。

在物联网时代，用户不再仅仅是购买者，而是变成了参与者，即交互客户，企业要为用户创造全流程的最佳体验。因而要求产业组织向网状组织转型，同时要求组织中大量的节点足够活跃，能力足够强，从而可以连接新的节点，把源源不断的人力资源接入进来。组织间不再泾渭分明，内外也不再那么清晰。在这样的时代，以用户为核心的产业组织应运而生。

"人单合一"：物联网时代的管理变革实践

2005 年，海尔提出了"人单合一"模式，简而言之，"人"就是员工，"单"就是订单，也就是用户，"人单合一"就是把员工和用户连到一起，让人和市场直接联系在一起，每个人直接从市场获取订单。它要使每个人都有一个市场，有一个市场就有一个订单。这意味着，用户（消费者）与生产者之间的距离被大幅度拉近。然而，若想大幅拉近企业与市场之间的距离，传统企业的组织就会成为阻碍。因此，海尔的"人单合一"要求形成企业内部自负盈亏的自主经营体，对组织的体量进行切分，从而形成以"小功能、同目标"为特征的合力。

尽管随着移动互联网时代的到来，人际关系数字化的特征并未突显出来，但社区化连接机制的强化使企业迎来了真正的用户体验时代。

传统企业是以顾客为导向，拼的是顾客；而在用户体验时代，用户开始拥有强大的主导权。所谓具有魔力的"粉丝经济"，更把"用户至上"的理念推到了空前的高度。

这个时候，企业的导向不是顾客，而是用户。顾客和用户并不一致，他们之间有着本质的区别。顾客涉及钱和物的交易，这种交易仅仅是一个结果；而用户需要不断与企业交互、不断参与，企业和用户共同创造出最佳用户体验。

这就是所谓的指数型组织谈到外部属性时所提到的"Engagement"（参与）。更极致的做法是让用户成为产消者（Prosumer）——既是生产者，又是消费者。

单一硬件产品→智慧生活场景解决方案　　大规模制造→大规模定制

海尔互联工厂"一头连用户，一头连生产"

显然，人类已经进入知识网络时代。海尔意识到，一个企业不再是一个独立的、包打天下的组织（知识实体），不是"业务"中心，而是互联网上的一个节点。这也就意味着，企业的边界是开放的，而非封闭的。那么，对于企业来说，最为痛苦的，也是不得不为之事，就是要拆除内部的"围墙"。只有内部实现自由切割，才能有效连接外部。只有这样，才能成为开放的指数型组织。

这就是为什么海尔会提到"世界就是你的人力资源部"，因为海尔已经演变成了一个没有边界的网络组织。

更为重要的是，只有完成这样的蜕变，人类世界的各种知识才可能涌入企业之中，并进行融合。海尔的开放创新平台"HOPE"，就致力于为创新企业提供专业的技术对接和知识转移服务。

剩下的就水到渠成了。当人们处于自组织管理的时候，自我实现价值就成为本能的冲动。因此，海尔形成了全新的鼓励创业体系，员工被称为创客，而海尔自身则由传统企业变成了"创客公地"，成为一个为创客源源不断地提供养分的大海绵。

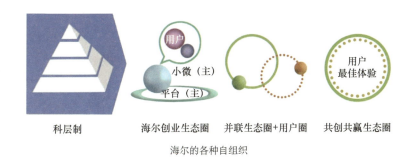

| 科层制 | 海尔创业生态圈 | 并联生态圈+用户圈 | 共创共赢生态圈 |

海尔的各种自组织

创客与用户、创客与海尔都形成了一环一环的自组织体系。勤于思考的海尔集团创始人张瑞敏以"冰山之角"隐喻新时代的海尔：一喻资源无限，二喻自我组织，三喻按单聚散。浮起的"冰山之角"的冰体不仅大，而且可以随意增大，因其周边的水源源不断，世界的无限资源皆可为我所用；冰山的鬼斧神工乃自然组合，非人力能为，小微企业的创业团队皆为无边界的自组织，而对于采取非科层制的他组织，创客破题是"破茧成蝶"的前提，创业课题来自用户的难题，而用户难题是无法靠他组织预知的；温度关乎冰山的成与毁，"单"决定了创业团队的聚与散，这样一来，"人单合一"中的"单"就变成了用户体验，源自社群生态圈的共创共享。

在海尔的设计和实践中，"人单合一"是升华自然人为自主人的新模式，链群合约是将科层制颠覆为自组织的新生态，生态品牌是创造生态价值为自循环的新范式。三者互为因果，相得益彰。"升华自然人为自主人"的必要条件是归还三权（决策权、用人权和分配权），充分条件是创造终身用户，目标是成为时代的模式，目的是让每个人的价值最大化。这正如加里·哈默和米歇尔·贾尼尼合著的《人本共治：创建共赢组织》所倡导的宗旨，实现了人类精神的极致释放。海尔首创的动态平衡的链群合约，则解决了自主性与一致性的统一问题，开启了物联网时代以人为中心的全新模式。海尔首创推行生态品牌实践，因为物联网时代剧变的驱动力来自用户体验迭代，但任何单个企业都无法动态提供用户的终身体验价值，只有生态合作各方无穷交互、共同进化，才能实现价值循环生态。

什么样的组织和管理模式才是更为适应物联网时代的管理范式？至少海尔的管理体系有极强的竞争力。用诺贝尔经济学奖获得者埃德蒙·费尔普斯的话来说，这一管理变革沿着创新供给曲线向右向上移动，进一步拉高了企业内生创新的水平。而今，历经近20年的持续进化，海尔也用成绩证明了"人单合一"模式的实用性和普适性。

在物联网时代，企业竞争亟待根本性管理模式的变革，需要依赖像海尔"人单合一"模式所构成的生态系统，实现自驱动、自组织、自演进，才能促进创新的发生与落地。从2005年首创"人单合一"模式，到如今"人单合一"模式和生态品牌在世界各地开花结果，海尔走在了物联网时代企业变革的前沿。如张瑞敏所言："过去我们要通过像ISO（国际标准化组织）等的认证，现在全世界的企业要来通过人单合一认证。"从跟跑者变成领跑者的中国企业正在不断涌现，不过管理模式上的领跑突破还不多，因此不断演变的海尔产业组织变革方案及其实践，显得弥足珍贵。

7.2 技术创新的转型样本：从跟随战略到科技"无人区"创新

在改革开放后相当长的一段时间里，中国制造业的国际竞争力主要体现在成本优势上，中国制造借助完善的基础设施、大规模投资和人口红利实现规模化生产，从而形成规模经济。但是随着人口红利的消失、国际贸易保护主义的流行，原先的成本优势难以为继，中国制造业只有在技术创新上发力，才能保持或持续提升国际竞争力。

在科技领域，民族制造到底能实现多大程度的突破？我们是不是只能迈出跟随的步伐？这样的问题，回答起来并不容易。不过在通信领域一路高歌猛进的华为，却踏出了一条不同寻常的发展之路，通过不断升级和累积独特的技术与能力，成长为全球领先的制造业巨头，为我们找寻答案提供了某种提示。

2016 年 11 月，国际移动通信标准化组织 3GPP 确定了以华为为主导的极化码作为 5G 增强型移动宽带场景中的控制信道编码方案，这意味着华为深入参与了全球通信行业中 5G 通信最基础的编码过程。这一成果来之不易，仅仅在十多年前，华为在讨论 3G 标准时，还几乎没有话语权。

此后，华为在全球 5G 建设中的活跃身影，以及在美国政府打压的环境下坚强不屈、负重前行的形象，逐渐深入人心。

而在更早的 1987 年，43 岁的任正非集资 2.1 万元人民币创立了华为公司。那时，谁都不会想到，这家诞生在一间租用的简易居民楼小房间里的小小公司，任正非口中的"阳台创业"，有朝一日改写了中国乃至世界通信制造业的历史。

三件事决定了华为的成功——专注、管理和基础研发。

在成长、壮大的 30 多年历程中，华为经受住了种种诱惑，没有涉足任何多元化业务，更没有投入高利润的房地产，而是长期坚守在通信领域，坚持技术创新和产品创新的基本战术，一如既往地对准通信科技"城墙口"冲锋，终于在移动通信领域挤进世界前列，并在大数据传送方面领先世界。多样化，从来不是华为的战略选择。

华为为此付出的代价当然也不小。华为是一个管理学方面的"好学生"，而且多年如此。根据几年前的报道，华为每年要花费数亿美元的顾问费：丰田的董事退休后，带着一个高级团队，在华为待了十年；德国的工程研究院团队，也在华为待了十多年。华为早已是一家充满活力的国际化企业，员工来自五大洲。但是，华为仍然全心全意学习西方企业的管理。到今天，从"土狼"长成了"狮子"，华为还在不断梳理和树立标杆。

这就是专注的力量，这就是管理的进步。通过标杆对比，这家企业挺立在创新之巅并持续变强。但华为也是清醒的，这也是为什么早在 2016 年任正非会这样说："华为现在的水平尚停留在工程教学、物理算法等工程科学的创新层面，尚未真正进入基础理论研究。随着逐步逼近香农定理、摩尔定律的极限，而对大流量、低时延的理论还未创造出来，华为已感到前途茫茫、找不到方向。华为已前进在迷航中……处在无人领航、无既定规则、无人跟随的困境。华为跟着人跑的'机会主义'高速度，会逐步慢下来，创立引导理论的责任已经到来。"

重大创新是"无人区"的生存法则，如果没有理论突破，没有技术突破，没有大量的技术积累，学术研究将会泡沫化，未来的高科技将很难有前途。因此，华为在全球资源聚集地建立了几十个能力中心，从以色列、日本到英国、法国、意大利、俄罗斯，继续挺进基础研究，确保建立面向未来的竞争力。华为从创立之日起就长期坚持将销售额的 10% 以上投入研发，目前已拥有同行业全球规模最大的研发团队。华为轮值董事长孟晚舟坦言，华为的最大财富是人才存储、思想存储、理论存储、工程存储和方法存储，以及内部流程管理的高效有序存储，这些才是华为的真正价值所在。

在科幻电影《星际迷航》（Star Trek）中，一代又一代星舰"企业号"的船长把目光投向遥远的宇宙，寻找新的世界，发现新的文明，英勇无畏地前往前人未至之地。为什么要把充满乐观主义的未来太空旅行称为弥漫着不确定性意味的"迷航"苦旅呢？其实，人类进行太空探索的起点，正是心中难解的"迷茫"。而中国企业领袖们掌舵中的企业"迷航"之旅，正是科技大变革和中国经济转型升级时代充满新机遇和新风险的探索和创新航程。由于我们无法猜度人类社会智能化发展的广度和深度，科技变革方向的不确定性越来越大，企业发展前途的不确定性也越来越大，跟不上时代"舞步"的大象将像史前猛犸象一样衰落乃至消失，而"迷航"中的企业有可能爆发出惊人的能量。

华为通过不断自我颠覆、自我更新拓展新市场，成长为世界级企业，任正非更自豪地宣布，华为已炸开了人才金字塔结构的塔尖，开放地吸收宇宙能量。如此这般豪气干云的意志、超出常规的人才引进与知识积累、超前的布局意识与超大规模的研发投入，既赋予了这家国际化的中国企业在极端恶劣的外部环境中顽强生存、韧性十足的底气，也将为随后同样进入科技"无人区"的其他优秀中国企业提供一个改变跟随战略、占领特定领域科技制高点的精彩范例。

7.3　区域制造业创新：以苏甬两城为例

有一种颇有市场的说法："一般发达的城市体系，都是第三产业占生产总值的比重高；第三产业占比越低，表明经济结构越不健康。"

如此绝对的说法，很容易在苏州、宁波这些制造业发达的工业城市的实际运行面前证伪。

2015 年，苏州和宁波第一、第二、第三产业增加值的地区生产总值占比分别为 1.50%、48.60%、49.90% 和 3.60%、49.00%、47.40%，第二产业与第三产业处于伯仲之间，相差无几。它们的共同特点是第二产业增加值的地区生产总值占比均高于当年中国第二产业增加值的 GDP 占比（40.80%）。6 年过后，2021 年，中国第二产业增加值的 GDP 占比微降至 39.40%（其中制造业占比27.40%），苏州和宁波第二产业增加值的地区生产总值占比分别为 47.90% 和48.00%，虽有微降，但原有格局却基本延续了下来。

这究竟算不算合理的产业结构比例？什么才是理想的产业结构比例？

2013 年，中国第三产业的 GDP 占比首度超过第二产业，总体上，三大产业所占比重的演变有一定的规律：随着经济的发展，到了 2021 年，第一产业和第二产业的比重逐步下降，第三产业的比重由缓慢上升变为迅速上升。然而，一流强国和新兴国家可能拥有大体相似的第一、第二、第三产业比例，尽管它们的经济发展水平天差地别。因此，根本不存在绝对理想的产业结构比例。一个国家或地区的经济结构是否合理，主要看它是否适合本国、本地区的实际情况，能否有力促进科技进步和劳动生产率提高，以及是否既有利于推动近期的经济增长，又有利于长远的经济发展。

2013 年世界主要经济体三大产业占 GDP 比重

国家	第一产业	第二产业	第三产业
美国	2%	20%	78%
法国	2%	18%	80%
英国	1%	20%	79%
意大利	2%	21%	77%
日本	1%	27%	72%
德国	1%	27%	72%
澳大利亚	3%	25%	72%
巴西	5%	21%	74%
韩国	2%	35%	63%
俄罗斯	4%	28%	68%
印度	19%	28%	53%
中国	9%	44%	47%

资料来源：世界银行公开数据库。

2021 年中、美、德三国三大产业占 GDP 比重对比

国家	第一产业	第二产业	第三产业
中国	7.30%	39.40%	53.30%
美国	1.07%	18.21%	80.72%
德国	0.87%	29.39%	69.74%

"白发苏州"焕发工业青春

"上有天堂，下有苏杭。"苏州是中国文化宁谧的后院，它以悠久的历史、典雅的园林和不计其数的古迹题咏吸引着中国历代文人。

苏州气候温润、不冷不热，田广粮足、无旱无涝。苏州人的温和个性，伴着淅淅沥沥的梅雨天，打造出苏州温润平和、精致安宁的城市气质。

京杭大运河的贯通为苏州带来了无穷的财富和人才。20 世纪初期以前，苏州一直都是整个江南的经济中心。只是随着铁路和海运的兴起，大运河的枢纽作用减弱，兼得海运和铁路之利的上海才取代了苏州的"领头羊"地位。

在中华人民共和国的规划图上，苏州一直没有被列为中心城市，国家几乎没有在苏州布局过钢铁、化工、车船、军工等重要工业。但是，苏州不等不靠，从乡镇企业做起，从上海招来"周末院士""周末工程师"，与苏南诸地共同创造出来的"苏南模式"名满天下。"白发苏州"放下 2500 年的历史身段，做起了上海的"加工厂"，引进世界 500 强企业，发展成为世界级制造基地。苏州企业从给外企做配套件开始，一步步学习，一点点探索，在大浪淘沙的激烈竞争中诞生了沙钢、波司登、亨通、金螳螂、阿特斯、恒力等知名企业。

作为改革开放的一名排头兵，历经 40 余年的发展转型，苏州工业增加值多年来与上海、深圳并驾齐驱。

"宁波帮"帮宁波

宁波是中国大运河的出海口，是古代海上丝绸之路的重要始发港。近代，宁波曾创造过一段辉煌，经济上崛起了名闻海内外的"宁波帮"，他们用"无宁不成市"的传奇取代了徽帮"无徽不成镇"的"天下第一商帮"的地位。善于审时度势的"宁波帮"，借力上海的平台，将生意经唱遍大江南北。严信厚、叶澄衷、虞洽卿等人发展成为中国商界呼风唤雨的人物，生于宁波的周宗良成为中国油漆和金融界的"双料大王"。那时的宁波领风气之先，确实有着放眼天下的风发意气。

新中国成立后的很长一段时间里，宁波处于沉寂状态，在主要依靠国家投资的计划经济时期，宁波获得的投资项目非常有限。

改革开放之初，邓小平在 1984 年 8 月发起号召——"把全世界的'宁波帮'都动员起来建设宁波"，由此掀起了海内外"宁波帮"服务家乡、报效桑梓的热潮，他们有钱出钱、有力出力，积极参与宁波的建设。包玉刚、卢绪章、陈先等宁波籍人士发起成立了宁波经济建设促进协会。抓住改革开放的先机，在"宁波帮"和"帮宁波"人士的共同努力下，宁波积累起了较为丰厚的家底。

市场经济大潮涌动，宁波乡镇企业遍地开花。上海国企工程师周末往返于沪甬之间，私下承接数量众多的乡镇企业的技术指导职责，利己利人。雅戈尔、杉杉、罗蒙等一批知名民营企业崭露头角。轻工业民营企业的兴起，使宁波经济中小民营企业的比例特别高。条件极为优良的宁波港与蓬勃发展的本土制造业结合在一起，宁波发展起了临港大工业——石化、汽车制造、船舶制造等几大支柱产业。同时，受"宁波帮"从商基因影响，宁波人利用港口和全世界做起了外贸生意，外贸业异军突起。与高调的温州人不同，浙东学派"经世致用"思想浸润下的宁波人低调而务实。当社会不同思潮还在激烈交锋争辩"姓资姓社"时，宁波已悄然完成了对国企较为彻底的变革，将优势行业组合成若干国资集团，其余大批国企则转为民营，走向市场参与自由竞争。宁波各个区域形成了多种多样的块状经济区域，通过各个区县的组团式发展来拉动整个城市的经济发展水平，这成为"县域经济"竞争发展模式的典型体现。

制造业唱主角，宁波经济跑步前行，其工业产值在20世纪90年代中后期迅速提高，甚至超越了省城杭州。2021年，宁波舟山港年货物吞吐量完成12.24亿吨，连续13年位居全球第一；完成集装箱吞吐量3108万标准箱，继续位居全球第三。作为当今亚太地区的重要门户区，宁波的先进制造业和现代服务业在国内形成了相当强的竞争力。

苏甬两城扛起区域制造业创新大旗

追根溯源，中国现代经济发展的最根本动力，是民族性的求生、求变、求福的意愿，而促成这一结果的，乃是体制下为数众多的中下层管理者。在改革开放的大背景下，他们迅速完成了角色转变，把基层组织管理经验代入所在区域的经济活动中，和企业家、企业管理人员、工程师、工人以及所谓的"农民工"共同构成了勤劳的制造业实践者队伍，在市场竞争中摸爬滚打、不断进步。

在世界经济云谲波诡，国内劳动力、原材料成本持续攀升的大变局中，素以制造业立市的苏州发生了部分制造业外移现象，出口和外资利用也遭遇挑战。然而，苏州经济并没有如外界担忧的那样"掉下来"，反而在推动发展动能转换方面取得了喜人的成效。

纺织、钢铁、机械及各色代工企业，以往一直都是苏州的经济支柱。2010年，传统产业和新兴产业占苏州规模以上工业的比重分别为 67.7% 和 28.8%；2016 年，传统产业占比降至 50.2%，新兴产业占比上升到 49.8%。2019 年，在规模以上工业总产值中，苏州新兴产业产值占比达到 53.6%，新一代信息通信技术、生物医药、纳米技术应用、人工智能四大先导产业产值占比达到 21.8%，生物医药产业集群入选国家战略性新兴产业集群发展工程。以新能源、生物技术和新医药、高端装备制造为代表的高技术、高附加值产业，成为引领苏州经济发展和产业升级的主力。2021 年，苏州新兴产业产值占规模以上工业总产值的比重继续提升至 54%。

坚守实体经济这一主心骨，是苏州面对大风大浪保有底气的根本。举例来说，沙钢在十多年前就已经停止了粗钢产能的扩张，集中力量向科技和管理要效率。在所有产品种类中，该公司达到国际竞争力水平的种类从十多年前的15% 增加到如今的超过一半。坚守实业，坚定迈向产业中高端，是苏州制造业的战略选择。

预见性布局新兴产业，为苏州转型赢得了新空间。以苏州第一大支柱产业——电子信息产业为例，当笔记本计算机代工还如日中天之时，昆山就意识到了"缺芯少屏"的潜在危险，出资 120 亿元投资龙腾光电，从而在本地形成了世界级的完整光电显示产业链，掌握了国际市场话语权。在液晶面板日子好过的时候，苏州就预先布局了新一代显示技术。苏州超前谋划转型升级，梯度布局，注重掌握自主知识产权技术的孵化和培育，保持耐心，持续推进苏州制造业的转型升级。

如今，早已融入全球产业链的苏州，未来发展只能以全球视野谋划，在全球市场的风浪中搏击。2021 年，苏州科创板新上市企业数量居全国第一，"灯塔工厂"（强生、宝洁、博世、纬创、联合利华等）数量全国第一。一批高成长性的产业集群相继形成，正在破解苏州转型发展"有高原无高峰"的困境。"不鸣则已，一鸣惊人"，生物医药、人工智能、纳米、集成电路……苏州精心培育的这些新兴产业，每一个都是关系未来的重量级选手。未来苏州发展正在形成新的优势，人才和科技资源正在加速汇聚，"创新高地"正在形成。

　　苏州制造业的转型升级，还体现在一些容易让人忽略的细微之处。以苏州代管的昆山为例，"生态＋科技"的组合规划为新制造预留了发展空间。即便像多年位居全国百强县之首的昆山，大规模工业开发和建设已经达到相当程度，也还有锦溪、淀山湖、周庄三镇这样的地区，因其湖荡星罗棋布、河流纵横交错的地理条件，并不是工业时代大规模建设的上选之地。不过正因如此，这三镇的生态资源得以保存良好，古镇静谧，古韵悠悠，自然地理风光与历史文化底蕴交相辉映，尽显传统江南水乡的独有特质。

图为江南水乡苏州锦溪航拍

昆山人注意到，现代科技产业发展最快、创新最活跃的地区，往往都是气候宜人、充满阳光的地带。譬如，2020 年美国经济排名前四的加利福尼亚州、得克萨斯州、纽约州和佛罗里达州，除纽约州以外，全部都在阳光带上。在中国也出现了类似的趋势，越来越多的科技人才，不是先找工作再确定居所，而是先确定宜居地再到当地创业或就业。

激活"生态文明+科技创新"，就是如今昆山承接经济社会发展方式转型重任的抓手。昆山决意让锦溪、淀山湖、周庄三镇实现一体化，融入长三角生态绿色一体化发展示范区，构建绿色创新产业区，把不可多得的区位优势、生态优势转化为跨越式发展、高质量发展的胜势。

制造业发达的另一座城市——宁波，以民营经济见长，凭借富有创新精神、内敛而能干的地域特征，勇于改革创新，承担了国家赋予的制造业探路先行者的重大使命。宁波是长三角南翼经济中心、全国重要的先进制造业基地，经济发展充满活力，前景十分广阔。宁波制造业产业基础扎实、战略定位清晰，在工业化与信息化深度融合、名企培育方面取得了良好的成绩，涌现出了很多闪光点，尤其是在新材料、核心零部件等方面形成了独特优势，在全国乃至全球范围内都拥有较强的竞争力。

宁波抢抓重大机遇，主动培育新结构，强化新动能，把发展高端装备制造作为"加码"智能制造、提升制造业核心竞争力的关键招数，推动产业转型升级，从制造业大市走向制造业强市。

多年来，一提城市发展，似乎第一要务就是发展服务业，就是建设中央商务区、打造新城，往往把"经营城市""城市升级"简单理解为增加服务业比重、降低制造业比重，动辄宣称打造金融、物流、会展、旅游、文化、设计等五花八门的服务业中心，恨不得一夜之间变成东方纽约、东方夏威夷或者东方米兰，跻身第三产业发达的现代化国际都市行列；而制造业则由于"傻大笨粗"、环保麻烦等刻板印象被列入限制发展清单。宁波以其文化传统和经济实力，其实具备发展服务业的基础，但是基于宁波发展的根基在港口这一实情，宁波将服务业重点放在港口服务业以及中小民营企业的服务业上。宁波顺应世界产业潮流，不断扩展制造业发展空间，在新材料、新技术、新工艺、新产品的引领下，高端装备制造业加速崛起。宁波高端装备制造业集群、成套、趋智的发展趋势愈加明显，与全球装备制造产业智能制造、绿色升级的变革趋势完全一致。

作为我国重要的先进制造业基地，宁波形成了以民营企业为主体、产业门类齐全的现代制造业体系，2021年规模以上工业增加值居全国城市第7位，拥有高端装备、绿色石化、电子信息、新材料、汽车制造、纺织服装、智能家电和文体用品8个千亿元级产业集群。凭借扎实的产业基础，宁波成为我国制造业单项冠军最多的城市，制造业人才净流入率一直领先全国。

宁波是首个国家制造强国建设试点示范城市，围绕新材料、关键核心基础件打造科创高地，积极谋划打造标志性产业链，谋划培育伺服电机、减速器、集成电路、光学薄膜、模具、动力电池等10条基础性产业链，组建了产业链上下游企业共同体，推动关键基础零部件、材料向上下游延伸。宁波充分发挥前湾区平台优势，积极链接全球高端资源，引进产业链关键环节、"卡脖子"技术等项目。宁波充分发挥比较优势，积极挖掘有望成为细分领域单项冠军的优质中小企业，精准服务，为"专精特新"企业群体多维度赋能。

当下，培育壮大宁波汽车零部件产业的成果已经显现出来。以宁波市重点产业之一的汽车产业为例，宁波汽车制造业突飞猛进，吉利汽车和上海大众宁波分公司形成了整车制造的耀眼"双子星"。整车生产的虹吸效应，让法国佛吉亚、美国江森等100多家汽车零部件名企纷至沓来，其中不乏世界500强企业。通过产业链、供应链、服务链、价值链、资金链等上下延伸，宁波目前已构筑起了庞大的汽车产业集群。除此之外，宁波的装备制造在新能源汽车领域的发挥同样出色。东睦股份是宁波最早"牵手"特斯拉的上市企业之一，其拳头产品是逆变器齿轮箱壳体等。均胜电子不仅获得了特斯拉新能源汽车电池管理系统传感器及其相关零件的采购订单，还成为特斯拉汽车安全系统和无人交互业务的供应商。

图为浙江吉利控股集团有限公司电动汽车子公司齐克公司。整车制造是宁波市汽车产业迈向万亿元级的重要砝码

　　汽车产业是宁波高端制造业集群崛起的一个缩影。近年来，宁波政策利器频出，相继明确装备制造的重点发展方向和领域，开展工业自动化、智能化成套装备改造试点，启动实施"机器换人"，通过"走出去，引进来"提升高端装备制造能力，一批高端制造企业在政策的引导下实现了凤凰涅槃。站在"互联网+""机器人+""人工智能+"的风口，高端装备制造业重镇宁波沉稳发力，未来发展可期。

　　一般来说，没有制造业的支撑，没有骨干龙头牵引，没有充满活力的民企创业氛围，一座城市的税源必然匮乏，地方财政往往因过度依赖土地拍卖而变得极其脆弱。只有依托与时俱进的发达制造业，生产性服务业乃至整个服务业才有健康发展的空间；踏踏实实地发展制造业，精心打造细分领域的一流企业，并围绕这些龙头企业形成产业链、生态圈，形成集群效应，从而聚焦服务业功能，才是城市产业升级的阳光大道。

　　苏甬两城的先进制造业实践，正为中国制造的数字化、网络化、智能化华丽转身镌刻下工业城市脚踏实地的美妙注脚，书写中国制造业差异化发展新格局的城市创新新篇章。

7.4 民族制造的文化自信

以色列历史学家尤瓦尔·赫拉利在《人类简史：从动物到上帝》一书中生动描述了人类的祖先——智人是如何在生存竞赛中获胜的。从约 200 万年前起，地球上活动着的人除了智人之外，还有尼安德特人、梭罗人、弗洛里斯人、丹尼索瓦人等各种早期智人。直到大约 7 万年前，一直在东非活动的智人突然迅速扩张到阿拉伯半岛，并很快席卷整个欧亚大陆。智人在世界版图上的扩张伴随着血腥的屠戮，到约 1 万年前，地球上就只剩下了智人这一种人了。赫拉利认为，智人之所以在 7 万年前突然脱胎换骨，是因为他们的认知能力有了革命性的进展。比如，某一次偶然的基因突变，改变了智人大脑内部的连接方式，让他们拥有了全新的思考方式和沟通方式，类似"虚构故事"的能力赋予了他们进行大规模合作的能力，这才是智人最终战胜包括脑容量更大、身强体壮的尼安德特人在内的其他古人类的关键。智人凭借偶然获得的"虚构故事"的能力，争取到了生存和繁衍的机会。

制造强国充分利用其资源、技术和文化优势，在特定产品、特定服务、特定企业之外，讲述了一个又一个经过提炼升华、易于传播、入脑入心的传奇甚至神话，传达出民族制造的工业文化自信。当消费者下单购买日本随身听、德国菜刀、美国智能手机的时候，在企业采购美国的芯片设计自动化软件、德国智能机床、日本碳纤维材料的时候，他们早已熟知这些产品背后诸多精益求精的神奇故事。大量类似神奇故事的制造、集萃和传播，缔造出国家制造的传奇，最终培养出让消费者熟悉、欣赏甚至偏爱的一种特别的民族制造文化气息。

工业文化自信是民族制造的底气

开启第一次工业革命的英国，无可争辩地是当时的世界科学中心、世界贸易和金融中心。以瓦特为代表的探索和改造自然的实用精神和工匠精神、大航海时代的冒险精神和"英国制造"的高品质追求，让 17 世纪中叶至 19 世纪末英国工业在世界范围内攻城略地有了强大的底气。而这种积极进取的英国工业精神一旦"绅士化"，工商业就丧失了进取心和竞争力，19 世纪中叶之后英国的反工业化浪潮，更是加速了英国工业不可逆转的衰落。

德国制造从模仿"英国制造"起步，却留下了"价廉质低"的不佳形象。为了一雪前耻，德国人走上了质量至上、精益求精的路子，以质量和创新教育为中心，推行全民义务教育和职业教育，将质量和创新意识融入公民的血脉之中。理性、严谨的民族性格内化于制造中，构成了"专注主义""标准主义""精确主义""完美主义""秩序主义"的工业精神和文化自信，在全世界留下了品质优良、做工细腻的良好口碑。像"隐形冠军""工业 4.0"这样的绝妙理念，就是从这个民族制造的大量传奇故事中提炼出来的，它们反过来又给其从事民族制造的各类企业罩上一层光环，增添了市场竞争的底气。

至于美国，其工业化历程蕴含着自由竞争、白手起家的价值理念，体现了探索创新精神和自由主义文化特征。作为移民国家，美国一度成为冒险家、创业者的天堂，它秉持实用主义精神，重视通过个人奋斗实现人生价值，鼓励探索创新，既赞美成功也宽容失败。爱迪生、盖茨、乔布斯、马斯克这样的发明家、创业领袖真正触及了"美国梦"的核心。他们背后的高科技，以及体现高科技成果的各种产品，都被赋予了一种开创性的传奇：硅谷文化、六西格玛、个人英雄主义、车库创业、风险投资……这些概念背后那些人们耳熟能详的故事，表现出尊重个人自由的开拓精神。美国制造通过不断探索的实用主义实践，向世人传达了与时俱进的强大影响力，树立了美国产品的优异口碑和品牌形象。

相对于后起的日本制造，把善于借鉴学习并融合本国国情的民族特点发挥得淋漓尽致，在技术上，从吸收、模仿阶段发展到追赶乃至领先阶段；在文化上，既吸纳西方文化注重技术、追求效率的方法，又保留日本传统文化中视企业为家庭的观念，保持传统民族底色，为日本制造注入了双重的强大精神力量。于是日本制造形成了独特的文化自信：一方面，不断学习新的工业技术、生产方式和企业经营理念，吸引西方工业文化来改造日本传统制造文化；另一方面，又秉持传统文化精神，将它融入现代工业生产体系中，形成敬业、忠诚、追求极致、团队合作的日本特色工业文化。从日本企业的成功实践中提纯升华的三大理念——精益思想、知识创造和匠人精神——把日本制造的文化自信推向高峰。

中国制造的实践惊艳世界，足以让国人骄傲。然而，中国制造的成功案例，很多只是千篇一律的企业宣传稿、行业科普帖，缺乏有深度的共性提炼过程，缺乏伟大企业传奇历程的工业精神锻造，更缺乏民族制造精神理念朗朗上口的广而告之。无论如何，这是一个重大缺憾。"只做不说"对于个人来说也许还算一个谦虚的美德（许多情形下恐怕也未必），对于处于激烈竞争环境下的企业和处于盛行丛林法则的国际环境中的国家来说，很可能是发展的大忌（至多只能是特殊条件下的权宜之计）。中国制造已经到了必须讲好自己的故事，讲好自己的伟大企业的传奇，确立自己独特的工业精神表达，从而建立自己的工业文化自信，并且向外输出的时候了——这是走上制造强国之路不可缺少的一环。当然，与产品、技术、管理模式等分别和一个个企业相关联不同，制造精神和工业文化的塑造显然超越了单一企业，是民族国家范围的大事。

借用尤瓦尔·赫拉利的观念，我们同样可以说，中国走向强国的前提条件之一是能够讲好中国故事；中国迈向制造强国的前提条件之一，是能够讲通讲好中国制造的故事。准确地说，还不是"讲故事"那么简单，而是进入受众的内心深处，书写令世人信服的中国制造"神话"。"Made in China"不能只是产品，还要成为"Story of Made in China"（中国制造故事）、"Legend of Made in China"（中国制造传奇），让倾听故事、感受神话的人去认同"Made in China"的价值，这需要更有才华的研究者，花费更大的精力，用更深入的研究来理解、解读、提炼甚至包装民族制造企业的成功经验，并传播到国际世界，形成带有国家属性的、富有魅力的中华民族制造口碑，让所有带有同样制造精神的中国企业全面受益。

中国制造业崛起 40 多年，提供了大量的实践案例和素材，现在需要的是通过加强国内企业和研究者之间的互动，共同打造中国企业的独特工业文化。

毕竟，一个制造大国的国际化道路，绝不只是靠产品来征服用户，与之相伴而生的是一系列的思想和文化。我们需要进行大量提炼概念、沉淀思想和弘扬理念的工作，刻不容缓。

历史学家许倬云有个说法：任何大的人类共同体，其谋生的部分是经济，其组织的部分是社会，其管理的部分是政治，而其理念之所寄、心灵之所依，则是文化。以个人生命作为比喻，文化乃是一个共同体的灵魂。面向国际市场，讲好"民族制造故事"是下一个必经的关口，唯有体悟、挖掘、传播好中华民族制造的神话，讲清说透其不断进展的文化脉络，让中国制造文化深入人心（第一步是国人心，第二步才是世人心），中国制造的强国梦才有可能实现圆满的逻辑闭环。曾记否，有多少国人有过在国外一不小心买回了"Made in China"商品时掠过心头的失落？同样一个产品，仅仅因为标签标明的产地国别不同，产生的截然相反的情绪反应早已与产品属性无关，而与制造文化的刻板印象和传播力有关，与工业文化自信密切相关。

中华文化传统与民族制造精神

毫无疑问，现在中国制造的产品能力已经处于世界领先的位置了，中国制造的技术突破点也越来越多。我们关心的是，不远的将来，在工业文化、思想、理念和价值观等方面，中国制造会不会令世人刮目相看、惊叹仰慕呢？

答案是肯定的。

得益于中国制造完备的供应链体系带来的极致性价比，同品质中国产品的价格常常大幅低于国外产品，中国产品在国际市场"大杀四方"。通过坚持不懈地加大研发创新的投入，中国制造还不断突破国外巨头专利壁垒，构建起自身的全球竞争力。小到马桶盖、儿童玩具，大到动力电池、工程机械、新能源汽车，中国制造受到全球消费者青睐的不只是性价比。充分竞争的市场环境、诚信的价值观、高素质的人口结构、有为而有节的政府，以及勇于进取的企业家群体，这些对国家竞争力至关重要的指标，在今天的中国，即便不能说已经成为触手可及的现实，至少也是并不遥远的目标了。

埋头苦干几十年后，我们发现，我们距离制造强国越来越近了，我们有资格、有能力平视曾经不得不仰视的高不可攀的追赶对象了。

几乎与此同时，发达国家的制造神话正在消解，故事的传奇色彩正在褪色。

2015年德国大众柴油排放造假丑闻曝光的时候，中国人震惊不已：工程技术向来是德国的骄傲、德国商业品牌的核心所在，大众可是德国最大的企业，是日耳曼民族制造精神的具象化，居然因为无法将其柴油发动机的排放控制在可接受的低水平，就安装软件来掩盖其失败的工程设计？传说中的工匠精神呢？

之后，日本大企业接二连三曝出各种丑闻：三菱公司修改产品数据；日本第三大钢铁企业神户制钢2017年被曝出篡改产品检验数据长达9年；2022年川崎重工承认旗下子公司存在多项质检造假行为，有的甚至已持续近40年时间；东芝集团曝出长期虚报财务利润；日本均胜汽车安全系统有限公司生产的汽车安全带数据造假……此时，中国人已经见怪不怪了。索尼前董事长兼CEO出井伸之对此痛心疾首，在其《人生的经营》一书中哀叹道："日本制造业输给了中国。"

必须承认，在工业化的道路上，中国一直走"师夷长技"的路子，发达国家的先进制造业至今仍是中国制造学习追赶的对象，这40多年，中国更是全球范围内工业化的模范生。企业家精神、工匠精神、创新精神，这些伴随制造强国左右的文化因素，同样在中国大地上扎下根来并茁壮成长。大批中国企业接受了精益思想、质量管理、"工业4.0"理念的洗礼，其中的先进分子甚至青出于蓝而胜于蓝，如华为、海尔不再是单向学习，而是能够向昔日的老师反向输送成功案例甚至经营理念、企业文化。

中国制造不会就此止步，因为它毕竟是在中华大地上生发的。虽然工业化是舶来品，但工业化不是西方化。中华文明绵延五千年不辍，自有其民族文化固有的历史传统，在长期共同社会实践中形成的特别的民族意识、民族心理、民族品格和民族气质，即是民族精神。中华民族精神"润物细无声"，潜移默化地给中国制造打下了深深的烙印。

工业化生产是现代文明的重要支柱，而现代工业的进步，又依赖科学技术的突飞猛进。尤其这半个世纪以来，IT、互联网和数字技术的突破，对于生产效率和信息传播效率的提升，影响巨大而深远。然而，不加节制的大规模生产方式，竭泽而渔，人为榨取破坏了大自然；为了追求生活舒适，人类往往违背自然规律强行改造生态，打破了人类社会与自然界的微妙平衡。发展了300多年的工业文明，如果只求物质进步，不考虑爱惜资源、保持生态平衡、保护地球环境，一路走下去，人类迎来的不会是未来光明的福祉，而将是黑暗的、沉重的教训。

与西方文化相对应，中华文明经历了极其独特的发展过程，接受了数千年各式各样的严峻考验，形成了相当可观的文明特质。中华民族文化传统的经验，在与西方科学和工业文化发生多年碰撞、交流、融会之后，吸收了新的精华，如果能在今天重新获得阐释发扬，足以作为纠偏和重建全球可持续发展文化的最有价值的文化框架。

中国传统文化中的宇宙秩序是多元互动的，既有五行相生相克，也有阴阳二元离合。宇宙间任何大的系统都处在不平衡状态中，又都在追求永恒的平衡。在时间观念方面，中国传统文化关注的重心不是即时、当下，而是过去、现在、未来无始无终的延续。因此，与其把希望寄托给万能的神祇，不如关注人本身。个体生命必须纳入群体生命之中，从而超越个人的局限。中国传统文化强调天人之间互相感应，对自然有一种亲密感，自然与人共同构成彼此融合的整体。因而，人对于自然的感受及其表现形式，都是充满感情的。人与人之间关系的基本准则则是推己及人、由近及远。中国传统文化中的天下大同理想，不靠神赐，唯有经过人群坚持不懈的长期奋斗，通过自我和社会的不断提升才有实现的希望。这样的精神心态，让神州大地上的芸芸众生结合，组成巨大的文化共同体，并在各个历史阶段都经历与不同内涵的外族文化接触、碰撞、调节、共存乃至融合的过程，

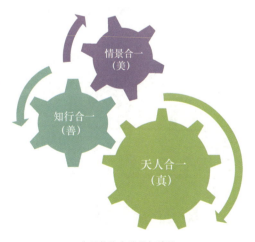

中国传统文化认知境界

由此种族得以繁衍，文化得以传承。

中华人民共和国成立以来，争取到主权独立的中国人民在一穷二白的基础上，建立起相对完整的工业体系，推动了工业化进程，把一个千疮百孔、百废待兴的农业大国建设成了全球制造中心和世界经济发展引擎。在这一史诗般的创造过程中，民族制造精神萌生并发扬光大，为中华民族精神传统增添了新的活跃元素。

中华民族制造精神的突出代表是大庆精神、"两弹一星"精神和载人航天精神。可以概括为"爱国、创业、求实、奉献"的大庆精神，表现为"热爱祖国、无私奉献，自力更生、艰苦奋斗，大力协同、勇于登攀"的"两弹一星"精神，以及以"特别能吃苦、特别能战斗、特别能攻关、特别能奉献"为内涵的载人航天精神，都是中华民族自强不息、艰苦奋斗的工业精神的具体体现。中华民族制造精神，与不断创新的企业家精神、"天下兴亡，匹夫有责"的个人使命感、人类命运共同体和生态文明理念，共同构筑起了中国工业文化自信的"万里长城"。

图为"两弹一星功勋奖章"获得者群体，他们用自己的智慧和生命，呈现了中华民族自强不息的工业精神

　　"自信竹林林上美，剪裁今已属贤明。"制造强国建设不仅需要技术发展的刚性推动，更需要文化力量的柔性支撑。一个国家综合实力最核心的部分还是文化软实力，这事关一个民族精气神的凝聚。"众里寻他千百度。蓦然回首，那人却在，灯火阑珊处。"中国工业文化自信的确立就在制造强国建设途中。

第八章

人尽其才：中国制造的人力金字塔

在中国制造的能力修炼过程中，由庞大的产业大军、勤勉的执行层、偶像企业家＼科学家和产业领袖共同构成的人力金字塔，是中国制造人力资本结构的直观呈现。在有为政府强国富民规划的引领下，这些群体朝向共同的目标，群策群力，各乐其事，为中国制造创造力的不断突破、不断进步提供了不竭源泉。

改革开放和现代化建设的总设计师邓小平讲过："人是生产力中最活跃的因素。这里讲的人，是指有一定的科学知识、生产经验和劳动技能来使用生产工具、实现物质资料生产的人。"在中国制造的能力修炼过程中，由庞大的产业大军（产业工人，以及现已改称为新型产业工人的农民工等）、勤勉的执行层（工程师、专业技术人员、职业经理人、公务员、科研人员等）、偶像企业家/科学家（工程科学家等）和产业领袖共同构成的人力金字塔，是中国制造人力资本结构的直观呈现。在有为政府强国富民规划的引领下，这些群体朝向共同的目标，群策群力，各乐其事，为中国制造创造力的不断突破、不断进步提供了不竭源泉。而中国人力资本在新阶段的升级换代，将给中国制造带来创新的崭新格局。

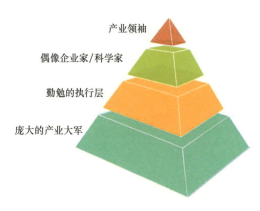

中国制造的人力金字塔

8.1 "一小时读懂中国"：规模优势主导社会变迁

中国历史悠久，疆域辽阔，新中国成立至今，几十年的工业化进程把一个地道的农业国变成了世界第一制造大国，外人有可能在一小时之内一窥究竟吗？麦肯锡资深董事华强森携手托森资本私募公司的董事总经理杰弗里·托森尝试了一回，合作出版了其研究成果，在名为 *The 1 Hour China Book* 的一本小册子里，他们用六大趋势概括了他们印象中的中国大发展状况（注：2015 年左右）。

中国发展的六大趋势

趋势一，飞速的城镇化。自改革开放以来，中国平均每年约有超过 1500 万农民迁至城市。

趋势二，强大的本土制造。据粗略估计，中国生产了全球 80% 的家用空调、90% 的个人计算机和 70% 的智能手机。制造业的生产力在过去 30 年里增加了 20 倍。除了量，中国制造的质也发生了重大变化。过去，中国主要生产成衣和玩具；今天我们看到华为，看到大疆无人机，看到富士康在深圳和郑州的生产基地……中国制造的不再全是便宜货，也有世界级高端产品。中国的制造企业（如华为）采用"低成本 + 定制化"的策略，以本地市场的巨大规模优势，逐步进入西方先进国家，以及日本、韩国等主导的高端市场。

趋势三，不断释放的中国消费者购买力。未来消费市场的重心将转移至中国，而中国人购买的东西也将从物有所值的必需品逐渐转向高价值和情感类消费品等。

趋势四，资金充裕。中国的金融体系庞大又复杂，资金非常充裕。

趋势五，大量的专业技术人才涌现。如前所述，中国已经不再通过廉价劳动力主打天下了。1998—2015 年，中国每年的普通高校毕业生人数从 83 万激增至 681 万。世界各国知名高科技企业纷纷到中国成立研发基地，如苹果公司现在更多地依赖中国工程师完成硬件制造流程来确保中国制造的产品能按时上市。在美国要耗费 9 个月才能找到足够工程师做的事，在中国 15 天就搞定了。

趋势六，互联网经济勃发。回想 1999 年，当马云在杭州一手创立阿里巴巴的时候，中国的网民总数才几百万人，信用卡渗透率低，再加上物流基础设施落后，大家都认为跟着马云创办阿里巴巴的"十八罗汉"太疯狂。2015 年，虽然中国的互联网渗透率只有 48%（美国则超过了 80%），但中国网民在不断刷新人们的认知。他们流连网络的时间全世界最长，从在线聊天到在线游戏，再到网上购物，中国网民无不欣然接受，把个人生活的各个场景移到了网络上。中国的互联网经济潜力不可限量。

他们认为，从基本面来看，上述六大趋势主导了中国的商业格局。

这六大趋势明显折射出中国经济发展的规模优势，包括城镇化规模、劳动力规模、制造业规模、消费规模及需求潜力、资本规模、专业技术人员规模和互联网红利规模。概括起来，这些优势其实都是人力规模优势在不同方面的具体体现。

另外，这六大趋势又隐隐折射出推动中国经济上升的劳动力驱动、资本驱动和技术驱动的合力。由人口规模、结构优势（人口红利），逐渐向资本优势、高技能劳动力数量优势（工程师红利），甚至科技创新规模优势、互联网应用规模优势（互联网红利、数据红利、源头创新红利）转变的大趋势，俨然勾画出了一条中国制造演进的新路径。

8.2　庞大的产业大军与消费群体

人是社会生产生活的主体，也是经济社会发展的基础。庞大而处于不断变化中的产业大军当仁不让地支撑起了中国制造大厦的底座。中国制造大国地位的获得，中国经济发展能够不断登上新台阶，离不开中国产业工人的辛勤劳动和付出。丰富的劳动力资源带来的低成本优势，是中国制造嵌入全球产业链的敲门砖。

美国媒体曾评论称，在世界主要经济体中，中国继续保持最快的发展速度，并带领世界走向经济复苏，功劳首先要归于中国千千万万勤劳坚韧的普通工人。

"刘易斯拐点"与人口红利拐点

2021 年 5 月，第七次全国人口普查数据公布，中国人口共 14.43 亿，中国仍是世界第一人口大国。与 2010 年第六次全国人口普查相比，劳动年龄（16 ~ 59 岁）人口减少了 4000 多万。从总量上看，劳动年龄人口总规模达到 8.8 亿，劳动力资源依然丰富，人口红利依然存在，为经济社会持续健康发展提供了重要支撑。最引人注目的还是劳动年龄人口素质的显著提高。劳动年龄人口平均受教育年限达到了 10.75 年，比 2010 年的 9.67 年增加了 1.08 年。同时，劳动年龄人口中，高中及以上受教育程度的人口达到了 3.85 亿，占比为 43.8%，比 2010 年提高了 12.8 个百分点；大专及以上受教育程度人口占比达到了 23.61%，比 2010 年提高了 11.27 个百分点。此外，随着经济社会的快速发展，医疗服务体系的覆盖面不断扩大，人口的身体素质日益改善，预期寿命不断延长，人口健康水平的提高为经济社会发展提供了重要的人力资源保障。然而，普查数据也显现了人口问题的严重性，低生育率叠加人口老龄化，中国劳动力人口资源减少的趋势已经形成，需要进行生育、教育等公共政策的调整和优化。

在传统经济学理论中，生产是技术、劳动力和资本的函数，其中劳动力处于最基础的位置。劳动力人口减少，不仅会直接影响劳动力供给与消费需求，还会深刻影响资本投资率及技术进步。从这个意义上说，中国人口红利拐点已经出现。中国经济由高速增长过渡到中高速增长的发展新常态，其实也是传统人口红利逐渐消失的明显表征。

改革开放后中国经济的快速增长，大大得益于人口红利期数量庞大且年轻的劳动力，以及高储蓄率、高投资率带来的高资本投入。2010 年，中国出现"民工荒"，劳动年龄人口占比见顶，标志着中国"刘易斯拐点"的出现，之后经济增速换挡，储蓄率、投资率逐渐下降，资本存量增速放缓，制造业和基建投资增速也开始放缓，贸易差额占比收窄。与此同时，人口年龄结构变化引发消费结构变迁，对不同产业影响各异，如汽车销量增速在波动中下滑，2018 年首次出现负增长（不少城市的限购限行政策抑制了汽车消费的增长）。日本在 20 世纪 80 年代中期与美国等国家签订"广场协议"后日元大幅升值，出口竞争力下降，90 年代初日本经济陷入"失去的二十年"困境，与之相伴的正是 1992 年劳动年龄人口占比见顶。如何避免陷入类似的发展困境，成为中国制造强国建设进程中的一个重要研究课题。

当然，千万不要忘了还应该通过另一个角度观察人口问题。人口规模不仅指劳动年龄人口规模，还应包括总体人口规模，并自然延伸为总体消费规模和市场规模；就后者而言，伴随着城镇化和乡村振兴的顺利推进，中国的人口红利尚无尽期。由于产品竞争通常首先在本土区域内进行，人口众多的国家自然容易形成更加细分、更多样化、规模更大的市场，生产企业之间的竞争也更加激烈，而庞大的市场规模足够容纳更多的参与者，使得经历大浪淘沙洗礼后的优胜者更加强大。对于成熟的产品来说，人口规模优势延伸而来的市场规模优势可以助力优秀的本土企业率先达到规模效应，实现赢利，占取先机，并将利润投入发展更先进技术的尝试，再逐步占领国外市场。对于初始的创意产品来说，即便是小众产品，在中国这样巨大的市场中，哪怕满足了万分之一消费者的需求，也可能形成很大的市场，足以催生出一个新行业。产品竞争优势的积累和突破可能塑造出产业竞争优势，而产业竞争优势又是科技竞争优势的基础。

作为人口最多的发达国家，美国依靠庞大的国内和国际市场，培育出大批美国企业，它们在本土成功的基础上，依赖积累起来的先进技术和雄厚资本实力，以跨国公司的"巨无霸"形态笑傲国际市场。例如，美国最典型的产业——生物制药产业，正是得益于庞大的人口规模、资金规模和技术先进性。美国的生物医药产业在全球遥遥领先，是因为一种药品的开发动辄需要十亿美元以上级别的资金量，而药物在得到美国食品药品监督管理局认证批准前，需要进行的临床试验通常涉及数以千计的特定疾病患者，上述两方面的开销都非一般企业所能承受。其他知名制药企业，如英国的葛兰素史克、瑞士的罗氏和诺华等，在美国雇用的员工都比在本土更多，其产品销售的最大市场也是美国。

中国取代美国成为世界上最大的消费市场已指日可待。在经济发展水平较低、交通和通信条件落后，尤其是城乡差距较大的历史时期，中国巨大的人口规模并未形成有效市场。时过境迁，中国在能源、钢铁、建材、电器、汽车、网络等大多数行业已逐渐成为全球最大市场。2013 年中国的电子商务规模超过美国雄踞世界第一，这意味着中国的人口红利潜力还在释放过程中，人口规模上的优势对扭转产业竞争态势的作用还在发挥。

2010 年出现的"刘易斯拐点"，并非中国人口红利的拐点。等到中国消费市场国际占比开始下降的那一天，那才是中国人口红利的真正拐点。

人力资本唱大戏

人口红利不仅来自劳动年龄人口的绝对数量，还来自劳动者的专业技能、知识积累。诺贝尔经济学奖得主西奥多·舒尔茨最早强调，资本的范畴不限于物质层面，"人力"亦是一种资本，和土地、金钱一样可投入经济生产。人们在从事生产的过程中，在将大量资源投入制造资本品的同时，还以各种方式对自身进行投资，用于提高智力、体力与文化素质等，以期形成更强大的生产能力。从这一角度重新看待经济增长理论与实践取向，深化了人们对于自身潜力与经济能量的认识。

人力资本有着丰富内涵，包含个人和社会两大方面。它既是人所具有的经济价值的总和，也是投注在人力上的教育、培训及健康维护等各方面资本的总和，表现出来的是人的知识、经验、制度、习惯、体能等，大体可归结为技能、生理和精神三个层面。

就我们关注的中国制造这一主题而言，社会方面的人力资本不仅是制造业转型升级的核心要素，而且是经济增长的长期动力。在技能层面，唯有拥有掌握引领时代知识技能的人员的规模优势，并进而占领先进科技制高点，才能在国际竞争中持续走在前列；这取决于国家和社会的教育、培训和人力资源的配置机制。在生理层面，国民普遍拥有健康体魄，预期健康寿命更长，创新周期可得到延长，这是人力资本和创新的基础；这取决于国家和社会的营养、卫生、体育条件及国民个体良好的生活习惯。在精神层面，开放进取的国民意识和文化传统对于大国间的产业竞争不可或缺。西班牙人的冒险意识、英国人"合理谋利"的民族工业精神、美国人的创新文化、德国人的工匠精神、日本人的"拿来主义",都分别在各国崛起成长为世界产业领袖或工业强国的过程中发挥了重要作用,这既是国民产业实践的精神抽象,也是各民族、国家文化传统的现象级传播。

随着制造业技术结构的升级,人力资本中,技能日益成为制约因素。从不同国家对技能的定义本身,就能看出其各自具有竞争优势的制造业领域。比如,英国自20世纪80年代开始推行国家主导的职业技能概念,使技能向通用职业化发展,主导意见认为职业技能包括认知能力、就业能力、行为能力、伦理能力等,因而侧重于可雇佣性。德国对技能的定义受双元制教育模式影响,包含通用技能和工业技巧两个方面。日本宝菱重工副总经理松本雄一认为,技能是练习和经验的产物,是一种可以实现预期成果的能力,不仅指运用体力的作业能力,还包括技能本身和使用技能的能力,以及在这一结构基础上对环境的应对能力。人力资本质重于量,逐渐成为制造业增长和升级的源泉。

在全球制造强国的工业化过程中,人力资本扮演着举足轻重的角色。在工业革命前数百年间,英国富人的出生率远高于穷人,人口质量和整体教育水平占有优势,带动了财富资源和价值理念向技术发明倾斜的趋势,社会政治结构、国民精神面貌和思想观念发展到了适合工业化的水平,其人力资本优势孕育并开启了工业革命。德国在欧洲曾属于后发国家,在其工业化起飞前百余年间,德国初等教育普及率远高于其他国家,职业教育体系完善,并率先开创现代大学模式,成长为世界科学中心,这些构成了德国迅速赶超英法的法宝。不甘落后的日本在19世纪中期大规模派团到西方学习,"走出去"与"请进来"并举,"脱亚入欧",并着力打造长期发展基础。

人力资本的差异主要是后天塑造的结果。产业竞争需要建立人力资本优势,所以必须未雨绸缪,有意识地提前布局以进行人力资本投资。教育立国几乎是所有崛起大国进行人力资本积累的经验。葡萄牙开设航海学院,为纵横四海、建立海上帝国储备了航海人才。德国是最早开展义务教育的国家,有人说，"普鲁士的崛起植根于小学的课桌"。美国高水平的高等教育和宽松的学术环境，曾经吸引了全世界诸多创新型人才赴美效力，支撑着它的大国地位。德国和日本的职业教育与在职培训收效明显，证明这些做法是持续提高人力资本技能的重要途径。德国从1969年起实施《职业教育法》，创立了双元制培训体系，建立了学徒制和终身职业培训的框架。1902年，日本的小学教育普及率就达到了90%，打下了工业化起飞的基础。此外，日本还普及企业内部培训，形成了终身学习与终身雇佣相结合的特色。

教育水平不仅体现在教育普及率和人均受教育年限方面，更体现在教育质量和人才需求的匹配度方面。教育作为人才的供给方，如何适应人才需求结构的变化，提高教育体系对人才需求变化的反应与调整能力，对于人力资本的投资实效至关重要。

根据联合国的数据，1990—2017年，25岁及以上人口的平均受教育年限，美国从12.3年提高至13.4年，英国从7.9年提高至12.9年，法国从7.1年提高至11.5年，日本从9.6年提高至12.8年，中国从4.8年提高至7.8年。中国第七次全国人口普查的相关数据显示：15岁以上人口的平均受教育年限由2010年的9.08年提高至2020年的9.91年，文盲率由4.08%下降至2.67%。1990—2017年，预期受教育年限（根据现有入学率计算5岁儿童一生将要接受教育的年限），美国从15.3年提高至16.5年，英国从13.7年提高至17.4年，法国从14.2年提高至16.4年，日本从13.3年提高至15.2年，中国从8.8年提高至13.8年。大体可以看出，中国人力资本水平虽然提升速度较快，但和发达国家相比仍有较大差距，提升潜力有待开发。另据中华人民共和国国家统计局统计，1949—2021年中国普通高等学校在校学生数从11.7万增加至3496.13万；在2002—2021年这20年里，中国累计培养了1.1亿名大学生、860万名研究生；从绝对规模上，截至2020年，中国具有大学文化程度的人口超过2.1亿，高学历人口规模居全球之首，具备了明显的人才规模优势。

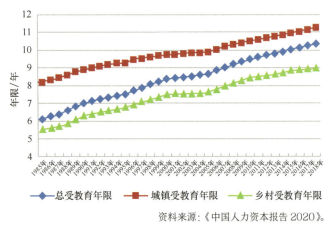

资料来源：《中国人力资本报告 2020》。

1985—2018 年中国劳动力人口平均受教育年限变化趋势

培育现代工匠精神

工匠精神是一种社会契约，它源自工匠个体的行动，却通过社会反应来获得评定并最终通过消费者来实现价值。对于庞大的产业大军来说，工匠精神是每个个体职业精神的理想化，是职业道德、职业能力和职业品质的极致表现；对于中国来说，在走向制造强国的道路上，工匠精神是无法绕开的、需要长期培育和构筑的工业文化。

工匠精神对于现代中国来说其实是一个完整的新命题。现代工匠精神是在农业社会向工业化社会转变时萌芽，继而在工业化发展中得以锤炼的一种集体型的精神状态。中国迅速进入工业化后期，呼啸而至的数字经济时代并不意味着"工业 2.0""工业 3.0"的补课可以不留后遗症地中止，这使得留给中国培育现代工匠精神的时间实在太少了。换个角度看，中国其实迎来了培育工匠精神最好的时代。基于消费市场的变化，不宽容、爱维权的消费者和慷慨的"粉丝"并存，这两种截然不同的力量，共同构成了对产品"惩恶"和"扬善"的直接倒逼机制。而中国中产阶层的不断扩大及其生活品质的提升，又为产品的高品质和独特匠心创造了巨大的市场需求。在这样的时机，匠人创造出来的产品更容易通过市场交换转化成价值。从社会反应来看，政府出面呼吁和倡导工匠精神，则是对工匠精神的最大期许。

图为江西景德镇古窑民俗博览区的陶瓷民俗展示区。如今的制瓷工作以现代工匠精神，再现"世界最古老的制瓷生产作业线"

当然，话说回来，工匠精神不是倡导出来的，它更需要被设计进而引导出来。政府如何通过尊重知识产权、建立完善的工业信用体系、奖励质量大师等来引导工匠精神，是最需考量的实际举措。而加强行业学会、协会的力量，依靠它们进行知识引导、标准建立、资格认证和教育培训等一系列活动，是发达国家保证其工匠精神长盛不衰的有效经验。

8.3　勤勉的执行层

无论东方还是西方，只要探讨社会变革的根源，几乎总是不可避免地要追溯到马克思的思想。马克思把社会变革归根于社会结构或体制。马克思在《资本论》中勾画了他关于社会发展的基本图式：新社会的结构，即生产的社会化组织，在旧社会的母胎中已得到充分发育；这种新结构反映了生产的社会化性质同"资本的垄断"所产生的"生产方式的桎梏"之间越来越大的矛盾；社会分化为两个阶级，一个是数量日益减少的资本大王，另一个是数量稳步增长的工人阶级；等到新社会的性质同旧社会的资本主义形式到了水火不容的地步时，旧社会就将解体，社会主义世界就将来临。

在提出我们已经耳熟能详的这幅社会变革图景预言很多年后，马克思晚年在写作《资本论》（第三卷）时，以敏锐的目光捕捉到，大规模投资银行体系的发展和股份公司的出现正在改变资本主义社会的社会结构。资本主义发展到新的阶段，正在出现并不断增加的经理、技术雇员、白领工人等"新"中产阶级取代了前一阶段由农场主、手工业者和独立自由职业者构成的"旧"中产阶级。社会发生了三个重大的结构变化：一是随着新的银行制度的出现，资本积累不再依靠企业家个人的节俭、储蓄等方式自我筹集资金，而是依靠全社会的储蓄；二是发生股份制革命，结果是造成所有权与经营权的分离，并产生了一个新的职业类型（被马克思称作"社会的指挥劳动"）；三是上述两个方面的发展必然意味着办公室人员等白领群体的扩大。马克思甚至惊人地预见经理的产生是把利润转变为"社会财产"的关键因素之一，因为有了经理，资本家就从生产过程中分离出来了，经理脱离了自身的劳动，而利润就有了社会性。这些经理有了企业家的身份，成为新时代的"新秀"。

数百年前的"新秀"，却是我们这个时代的领衔主角。

从工程师红利到科学家红利

技术是工业社会的基础，正是工业革命的爆发、技术的进步带来了由工程师和专业技术人员组成的一个新阶层，他们不在劳动现场，却是工作活动的"指挥部"。这一阶层的人数不断增加，成为经济增长中越来越重要的人力资本。工程师具有严谨周密的思维方式、脚踏实地的实干精神、突破常规的创新思想。这些优秀素质使得工程师成为人类文明的有力传承者，工程人才也成为国家发展的重要基础性支撑。

回顾人类社会的发展历程，科学探索世界，工程造福人类，小到计算机芯片，大到宇宙探索，都离不开工程技术和工程师。改革开放以来，中国的工程和工程能力发展举世瞩目，实践证明中国有能力成为世界工程发展的重要驱动力。产业技术升级是中国经济稳增长的动力源之一，中国工程师作为担此重任的主力军，在全球产业竞争中发挥着中流砥柱的作用。

当前，中国的工程师队伍快速扩张，中国正处于由人口红利期向工程师红利期过渡的时期，而工程师红利将带来经济的转型升级，促使富足社会的出现。

我们可以从以下几个视角来看待工程师红利的巨大潜能。

首先，中国已拥有 4200 多万人的工程科技人才队伍，这是中国参与国际竞争、开创未来最宝贵的资源。高等教育培养出来的工程师规模史无前例且源源不断。2020 年中国已接受大学教育的人数超过 2 亿。工程师红利已取代人口红利，成为推动中国经济高质量发展的重要力量。

其次，中国人才的性价比高，竞争优势明显。中国工程师的成本相比发达国家还低得多。即便是像华为这样的顶级公司，它所雇用的十几万名工程师，大多拥有名校硕士以上学位，其工资报酬也只相当于硅谷同等职位工程师的一小部分，但他们的聪明程度、专业程度、刻苦程度和取得的突破成果，丝毫不亚于他们的硅谷同行。工程师红利将推动一大批类似华为的中国公司不断成长，释放出巨大的竞争潜力。

最后，尽管中国的人均 GDP 在 2019 年才超过 1 万美元，但研发经费投入所占 GDP 的比重在该年达到了 2.19%，2020 年继续增长至 2.40%，超过法国、英国、意大利、加拿大、荷兰、西班牙、葡萄牙等发达国家，更是远远高于同等收入水平的国家，如巴西、泰国、墨西哥等，只低于以色列、韩国、日本、德国和美国。2019 年中国研发经费投入总量首次超过 2 万亿元人民币，支出规模自该年起稳居全球第二，仅次于美国，双方总量的差距逐步缩小。

中国工程师的数量、质量、竞争优势和研发经费投入规模不断迈上新的台阶，这正是中国人力资本快速升级的具体表现。如果说上一阶段劳动力红利的大幅释放，为中国经济融入国际大市场、成为世界工厂提供了充足的人力资源和竞争优势，那么这一阶段工程师红利势不可当的发酵、冲泻，则为中国产业在信息通信技术、新能源、先进制造、物联网等领域迅速缩短与世界先进水平的差距，为中国优秀企业冲击产业竞争力的世界巅峰，提供了充足而优质的人力资本和技术支撑。

依照传统观点，科学研究本是独立的知识追求活动，实用本不是科学家的主要任务。但自第二次世界大战以来，科学与实用之间发生了密切联系。例如，为了赢得第二次世界大战的胜利，对垒的德国、英国、美国都在发展高能物理研究；"冷战"时期，美苏为了争夺世界领导的霸权，将大量国家经费投入太空探索；在世界范围内，信息科学与信息产业的发展，更是以市场为导向，研究与市场开发完全同步进行。科学与工业的同步发展，开启了20世纪以来生产能力的跳跃式发展，也使得科学家成为产业升级的核心人力资本。

基础研究的突破对产业发展产生的巨大带动作用，在发达国家的新工业革命过程中体现得越来越明显，在中国如通信领域这一类具有国际领先水平的部分产业中也得到了验证。可以预见，未来我们的经济世界、生产设施，甚至生活的各个方面，都将建构在基础科学之上。但是，基础科学的突破是石破天惊的，是从0到1的，可能需要无数科学家日复一日、前赴后继地探索前沿、穿越"无人区"；我们也需要所谓的"科学工程师"，他们在实验室、工厂、田间地头从事科学创新工作，在突破理论的同时改造世界，其研究成果往往具有工程上的放大效应。

2016年，任正非在全国科技创新大会上曾理性而豪迈地宣称："我们不仅仅是以内生为主，外引也要更强。我们的俄罗斯数学家，他们更乐意做更长期、挑战很大的项目，与我们勤奋的中国科学家结合起来，加上日本科学家的精细、法国科学家的浪漫、意大利科学家的忘我工作，英国、比利时科学家领导世界的能力……"

在全球化时代，各国吸引高端人才的竞争十分激烈。除了通过教育培训提升人力资本质量，各国都日益重视吸引外部高端人才。聚天下英才为我所用，是大国应有的胆识与气度，更是大国科技竞争的底气所在。比如，美国今天的强大实力，与其整个20世纪对全球顶尖科技人才的吸引力息息相关。

改革开放40多年来，中国的产业推动力基本实现了从劳动力红利到工程师红利的过渡和升级，能否迎来科学家红利的更大跃迁，关系到中国优秀企业在进入科技"无人区"后持续发展的动力源，关系到中国产业在全球供应链受不利环境影响而受阻时的自主修复和突破，关系到中国制造能否凭借前沿性、革命性、颠覆性技术占据产业制高点。

基于基础研究的世界级突破，其价值远远超越中国企业已熟练应用的商业模式创新、模仿创新等产业形态，将实现由人力密集、资本密集向知识密集、智慧独创的颠覆性突变。与劳动力红利、工程师红利的数量型累积不同，科学家红利的形态更多的则是一种"奇点"突破，是对传统模式的"降维"打击，譬如袁隆平之于杂交水稻。

期待新阶段各行各业的"袁隆平"们引领中国产业发起向世界巅峰的新一轮冲击。

管理者的"经理"角色

1949 年，中国农村人口占全国人口近九成，1980 年这一比例微降至 80% 左右，2010 年终于降至约 50%，也就是说，2009 年之前，农民都是中国最大的社会群体，也是理所当然的历史最悠久的社会群体，他们是中华文明的创造者。

改革开放后乡镇企业"遍地开花"，接纳了大量"离土不离乡"的农村剩余劳动力，再后来"离乡又离土"的农民工进城，史无前例地壮大了产业工人队伍。

工业革命开始后，大量聚集在一起的产业工人形成群体，他们的工作地点从小作坊或家庭、邻里转移到大型工厂，工厂需要采取系统化措施提高工人的生产率，造成的结果是：产业工人成为历史上第一个能够组织起来并保持组织纪律性的大规模基层群体；工业社会逐渐向知识社会过渡，专业技术人员在劳动力大军中的地位日益凸显；另外，还有一个重要方面，就是形成了知识社会中独特的中枢机构，即管理部门，管理者组织生产的"经理"角色光环甚至超越了产业工人和专业技术人员。因为所有组织都需要管理者（作为最早进入人们视野的新型组织，企业的管理当然非常重要），管理者必须让掌握不同知识的人团结在一起，共同创造绩效。他们必须让富有个性的专业人员（科学家、工程师、设计师等）的优点在协同工作中体现出价值，并有效避免这些人的缺点影响任务的推进和完成。管理者必须确定组织目标，做出组织绩效和行动的假设并进行抉择，他们必须定义组织的价值观和奖惩机制，并依此确定组织的文化和精神。

对管理者来说，运用职位权力指挥下属，是其行使角色功能中最微不足道的部分。加拿大管理学家亨利·明茨伯格研究发现，管理者实际扮演着十种角色，它们可以归为三大类：人际角色、信息角色和决策角色。其中人际角色归因于管理者的正式权力，包括代表人角色、领导者角色和联络者角色；在信息角色中，管理者负责确保和其一起工作的人能够得到足够的信息，包括作为监督者角色、传播者角色和发言人角色；在决策角色中，管理者处理信息、得出结论，做出决策并分配资源以保证决策方案的实施，包括作为企业家角色、资源分配者角色、冲突管理者角色和谈判者角色。

管理者的任务，除了实现组织绩效外，还应该包括使工作富有生产效率，使员工有所成就。任何组织的真正资源其实只有一项——人，使人力资源更富有生产效率，就是管理者的主要职责；把工作与人相互匹配起来，成就员工的个人追求，则是对管理者更高的要求标准。

历史的车轮继续滚滚向前，中国的人力资源优势由人口数量、劳动力性价比向工程师数量和性价比、研发经费投入规模、科学家数量转变，这对组织效率提出了更高的要求。职业经理人的管理者角色日渐复杂，发挥的作用越来越大，他们已然成为勤勉执行层的"枢纽"。

在拼成本的起步阶段，中国企业展示出了举世无双的最佳执行力；在拼资本、拼技能、拼知识积累的现阶段，中国企业尤其是管理层正在接受"精益"理念的洗礼；在拼科技创新、拼工业基础的未来，中国产业管理者将承受未来科层制组织"坍塌"等多元化组织革命的冲击。

我还想在这里特别推荐一下华为对科学家资源的组织管理经验，它也许有助于更加直观明了地呈现华为是如何获得强大的执行力的。

华为的崛起既是科技创新的成功，更是管理的成功，具有十足的标杆意义。近20万名华为员工中有接近一半是研发人员，对迄今为止全球规模最大的研发团队的组织和管理，是华为实现跳跃式发展的关键。华为在全球数十个国家和地区构建能力中心，有十多个超过千人的大研究所，最大的甚至超过万人。华为研发经费投入长期高于利润2倍以上，华为员工平均年收入之和（包括工资、奖金和福利）是股东分红的3倍。

从华为研究专家田涛给出的"华为今天和未来的研发结构图"中可以看出，华为把集成产品开发分成"变现"和"机会"两端。最下面的基座是华为几十年来在全球累积的万亿美元的网络存量市场，是华为的"现金牛"，也是华为新研发成果的应用市场。下面的大三角是华为的产品开发体系，它基于累积的存量市场，处于将知识转换成金钱的开发过程，要求在成熟的流程体系上实现最高的成功率和最低的失败率。上面的小三角则是将金钱变成知识的过程，这里允许和鼓励犯错、冒险、失败。小三角中下部的"2012实验室"代表华为自身的基础研究队伍，大约有3万人。华为与上百所高校建立了合作关系，也要求公司的专家每年必须拿出三分之一到一半的时间到世界各地去和全球大学、研究机构中同方向的外部科学家一起喝咖啡，"一杯咖啡吸收宇宙能量"。正是华为内部庞大的专家队伍，把与外部专家不设边界的交流获得的无边界思想，沉淀为有边界、有方向的研发思路。

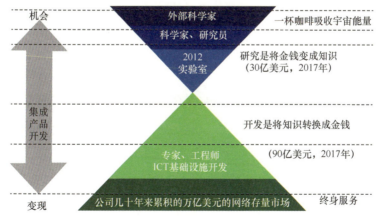

华为今天和未来的研发结构图

华为并非一味追求顶尖人才，研发的市场潜力始终是华为的研发重点。任正非曾幽默地说，有些在国外没有技术突破也不是顶尖的人，但如果对所属领域有着很强的理解力，也是我们需要的人才，他们可以拿着"手术刀"来参加我们"杀猪"的战斗。

华为在研发和市场两个方面形成了强大的二元张力，炸开人才金字塔结构的塔尖、开放地吸收宇宙能量、全世界人才为我所用的开放式人才战略，堪称迄今为止企业管理和"超级经理"角色的极致表现。某种程度上说，这是中华民族和平式崛起、包容式复兴的企业版缩影。

8.4 企业家群体与企业家精神

春秋时代，管仲曾言，"四民分业，士（注：指读书人）农工商""士农工商四民者，国之石民也"。工匠商贾与读书人、农民共同构成国家柱石，即便有次序上的区别，也都是不可或缺的。战国时期，李悝和商鞅提出"奖耕战，抑商贾"，韩非子更是直斥"商工之民"乃"邦之蠹也"。此后数千年里，"重农抑商"都是中央集权政府的基本国策。特立独行的司马迁在《史记》中专辟《货殖列传》，为多位大商贾立传传世，几乎算得上描画古代企业家群体的千年绝响。

经济学家张维迎长期研究企业家群体，他认为，理解研究企业家的意义要基于三个背景：其一，所有的传统文化，无论东方西方，无论宗教世俗，都鄙视企业家；其二，主流经济学里没有"企业家"这个概念，因为它假设市场总是处于均衡状态，未来是确定的，因而从根本上排除了企业家存在的可能；其三，计划经济开始于否定企业家，因为计划经济假定计划部门掌握供给与需求的所有信息，价值是由劳动创造的，利润来自剥削，企业家其实是剥削者。

中国制造能力的跃迁过程，伴随着一大批企业家的迅速成长以及全社会对企业家价值的认知变化。虽然对企业家个体来说，"时势造英雄"和社会认同，为他们的成长过程尤其是起步阶段打造了不可缺少的环境氛围，但企业家们打破常规、抓住机遇，在国际竞争中大显身手，过五关斩六将，是为因；中国制造成绩斐然，能力不断提升，此为果，还是不能倒果为因。

"企业家"（entrepreneur）一词的英文原意是"冒险事业的经营者或组织者"，

即指挥军事远征的人。1815 年，法国经济学家萨伊认为，企业家是冒险家，是把劳动、土地、资本这三个生产要素结合在一起进行活动的第四个生产要素，他面对"不确定性"，承担着可能破产的风险，他是实现生产要素重新组合的人，进行着"创造性破坏"，企业家"不墨守成规、不死循经济循环轨道，常常创造性地变更其轨道"。1942 年，政治经济学家熊彼特在萨伊的基础上进一步指出，"企业家是创新的灵魂"。所谓创新，乃是建立一种新的生产函数，即把一种从来没有过的关于生产要素和生产条件的"新组合"引入生产体系。也就是说，创新是企业家对新产品、新市场、新生产方式、新组织开拓以及新原材料来源的控制调配。五种"新组合"构成了五种创新：产品创新、市场创新、技术创新、组织创新与资源配置创新。由此可见，在这一意义上，创新不是一个技术概念，而是一个经济概念；创新与技术发明不同，它将技术革新引入经济组织，形成新的经济能力。创新的目的自然是尽可能多地获得潜在利润，而整个国民经济的发展正是由源源不断的创新推动的。管理学家德鲁克则把企业家定义为"革新者"，他们是勇于承担风险、有目的地寻找革新源泉、善于捕捉变化并把变化作为可供开发利用机会的人。乔布斯以个人之力，改变了整个移动互联网和手机制造产业、电影产业、IT 产业的面貌，他就是企业家影响力的极致典范。

图为乔布斯在 2005 年苹果 MacWorld 大会上发表演讲。在 30 多年的创造性生命历程中，乔布斯用他的新产品颠覆了一个又一个行业，把企业家精神发挥到了极致

以这样的标准来衡量，中国是在改革开放后的加速工业化时期才涌现出大批现代企业家的。当企业家队伍由零散个体扩张成一个群体，甚至一个阶层之后，企业家精神作为这个群体的特质就形成了。企业家精神不同于特定企业家的风格或特点，它是整个企业家群体的精神气质和行事风格，是商业社会中最稀有的资源。德鲁克把企业家精神归纳为企业家表现出来的战略前瞻性、市场敏感性和团队领导力。

在中国制造的各个领域里，继续追赶制造强国是主流，但也出现了越来越多的"并跑"甚至"领跑"的细分领域，创新企业家的意义将更加凸显，未来企业的主题一定是"创新"。作为后发国家，中国借鉴吸收消化了三次工业革命的成果，以极短的时间走完了工业化的绝大部分路程。此后，中国制造业的发展思路，应当从过去的"强化比较优势"向"形成新的竞争优势"转变，中国制造应通过先进制造技术与知识型员工以及新的生产管理方法的有效结合，将先进制造技术切实转换为产业竞争力和现实经济利益，开辟符合中国自身产业基础和要素禀赋特征的独特的制造技术升级路径。毫无疑问，在这一进程中，脱颖而出的优秀企业家们和充满文化内涵的中国企业家精神大有用武之地。

在中华民族复兴的伟大征程中，人尽其才的社会用人机制至关重要。机会均等的人才垂直流动体系有利于充分调动每个人的积极性，为人力资本的自我提升提供充足的内在动力。中国应该开放公平的劳动力市场，为人才合理流动提供保障，实现人力资源的优化配置，进而实现个人价值追求与国家富强目标激励相容的制度环境。

马克思、恩格斯在《德意志意识形态》中直言："只有在现实的世界中并使用现实的手段才能实现真正的解放……当人们还不能使自己的吃喝住穿在质和量方面得到充分保证的时候，人们就根本不能获得解放。'解放'是一种历史活动，不是思想活动，'解放'是由历史的关系，是由工业状况、商业状况、农业状况、交往状况促成的。"归结起来，正如马克思主义的形成是从对人的科学理解开始，以人的解放和自由全面发展为主题，并把后者当作追求的最高价值目标一样，我们关注中国制造的人力金字塔，关注中国制造本身的能力修炼水平的最终目的，还在于关注"人"本身，关注如何最大限度地释放每一个个体的创造力，帮助个人实现自我价值和人生理想，这才是理想社会的真功夫。

第九章

根植柔韧：中国制造的反脆弱性

中国制造能否经受得住『逆全球化』、产业链外移等各种冲击，真正重要的不是能否保持生产要素的低成本，而是能否在全球创新科技供应链网络中保持节点规模化甚至进而占据关键节点，以及能否在对接先进科技源头研发的规模制造能力上保持现有竞争力甚至进而实现源源头研发的突破。在中国制造嵌入全球产业链条的过程中，中国企业内外拓展、相互协同，织成细密柔韧的跨区域『产业互联』网络，它构成了中国制造抵御外部风险的减震带。

从百余年前"师夷长技以制夷"的洋务运动，到新中国成立后实施不对称重工业发展战略的初步工业化进程，再到改革开放后嵌入全球产业链成为世界制造中心，直到今天迸发出强大创造活力的产业升级，中国制造在不同历史时期呈现出不同的表现形态。然而，形态各异的表象背后，却隐藏着同样不屈不挠的生命韧性，以及在逼仄的生存空间中自保、成长和发展的适应柔性。

改革开放 40 多年来，中国制造的快速成长主要得益于全球化和新科技革命两大因素的合力影响。第六至八章重点讲述的是中国制造在全球化和新科技革命大背景下，人尽其才，勠力同心，通过苦练内功优化制造产业结构，通过创新实践获得举世瞩目的卓然成果，能力修炼达到了更高一层境界。不过我们还想进一步探讨——如今中国制造的功夫究竟修炼到了哪一层？成色到底如何？还有哪些方面火候不够，需要加紧淬炼？本章将详细分析中国制造的修炼功夫在全球化和新科技革命两大因素发生重大变化的新时代背景下，能否经受得住与从前相比更为严峻的考验。

9.1 不确定性的世界："黑天鹅"与"灰犀牛"

面对纷繁复杂的现象，简化事物之间的联系，探寻不确定性世界中的确定性因素，追求现象背后的因果关系，讲述逻辑自恰、线索清晰的故事，是人类的天性。

然而，《黑天鹅：如何应对不可知的未来》一书的作者纳西姆·尼古拉斯·塔勒布认为，历史和社会不是缓慢爬行的，而是在一步步跳跃的，它们从一个断层跃上另一个断层，其间极少有波折。正如黑天鹅在澳大利亚被首次发现之前，人们认为天鹅全是白色的，没有黑色的，黑天鹅的发现让欧洲人上千年的结论彻底被推翻。稀有的、在通常预期之外的、过去没有任何能够确定它有发生可能性证据的"黑天鹅"事件，会对历史进程产生极端影响。虽然人的本性促使我们在事后为它的发生编造各种理由，使它变得似乎可解释和可预测，但小概率的"黑天鹅"事件所代表的极端不确定性，其非线性特征会导致极其严重的"蝴蝶效应"，甚至会改变历史的进程。

代表极端不确定性的小概率"黑天鹅"事件，可能影响历史进程

以这样的标准衡量，1912 年的泰坦尼克号沉船事件、2009 年的欧债危机、2011 年的日本福岛核事故、2020 年的英国正式脱欧，都是典型的"黑天鹅"事件。

"黑天鹅"理论意在提醒人们关注那些意料之外的事件，认识其发生的可能性；这样就可以未雨绸缪，直面"黑天鹅"事件，努力做好准备，进而以开放的思维接受变化，先人一步抓住机会。

在每一个"黑天鹅"事件的背后，都潜藏着一个巨大的"灰犀牛"危机，美国作家米歇尔·渥克在其《灰犀牛：如何应对大概率危机》一书中如此断言。

她所说的"灰犀牛"，与"黑天鹅"相反，喻指发生概率极大、冲击力极强的风险：一个我们本该意识到的风险，就像是一头两吨重的犀牛，把牛角对准我们，全速向我们攻击。按此定义，你会发现"灰犀牛"危机其实无处不在。

大概率发生却又不知在何时会以何种方式爆发的"灰犀牛"危机，也大概率被当事者忽视了

当今时代，企业、组织、机构和各个行业领域都会面临一些明显的、高概率的危险，而且其中一些会给那些毫无准备的机构和个人带来毁灭性打击。我们不知道这些"灰犀牛"危机会在什么时候以什么样的方式出现在我们面前，但是我们确定忽视它们的存在是不明智的。

一般人可能认为，尽管低概率的"黑天鹅"事件无从预测，但高概率、显而易见的"灰犀牛"危机却不容易被忽视，也许相关组织和人员已经在应对这些明显的危机了。但是，事实恰恰相反。正因为这类事件太过稀松平常，人们反而容易习以为常、熟视无睹。有时候，"灰犀牛"危机越是严重、越是迫在眉睫，发生的可能性越大、破坏力越强，人们反而越容易忽视它的存在，越难逃离它的进攻路线。

举个简单例子，传统胶卷霸主柯达公司在数码影像技术的冲击下溃不成军，是它不知道"灰犀牛"的存在吗？它可是早在1975年就发明了世界第一台数码相机的公司！可是，进入充满风险和不确定性的新领域，意味着柯达必须摆脱路径依赖，与传统胶卷的"利润金牛"左右手互搏，结果如何难以预测。然而，等到数码技术成熟时再来转型，柯达已经很难避开"灰犀牛"的进攻了，恰是往昔的辉煌成了柯达今天沉沦的根因。

这是组织的惯性使然，也是人性的表现。有个成语故事"曲突徙薪"，说的是有人在做客时，看见主人家灶台烟囱直上直下，旁边堆满了木柴，于是对这家主人说，烟囱千万不能太直，应该把它改造成弯曲形状，再把旁边堆积的木柴移到远处，不然火灾隐患实在太大了，主人默然不语。不久后，这家果然失火，众邻居赶来救火，费了九牛二虎之力好不容易才把火扑灭。于是，主人宰羊置酒款待帮忙救火的邻居们，却偏偏遗漏了事先警告他小心火灾隐患的那个人。有识之士讥讽这家主人"曲突徙薪无恩泽，焦头烂额为上客"，实在是"贵末而贱本"。

类似的危机和误判常降临在各式各样的组织、机构、企业或个人头上。传统媒体在互联网和移动互联网的巨大冲击下手足无措，传统制造业面临如何与新一代信息通信技术融合发展并转型升级的巨大挑战。社会应该如何应对人工智能带来的就业结构的巨大变化？在城市化进程中，超大规模的巨型城市应该如何妥善处理常住人口猛增给城市基础设施和生活资源造成的巨大压力？老龄化问题日益严重的国家和地区怎样才能缓解人口结构变化的负面影响？各地又该如何吸引并留住富有创造力的高素质年轻人口？共享经济的流行会给社会治理和传统行业带来何种影响？高科技企业如何才能在激烈的全球竞争中超越同行脱颖而出？当洪灾、旱灾、蝗灾、地震、海啸等自然灾害发生得越来越频繁时，国际组织、各个发达国家和发展中国家、相关机构和全世界的居民又应该如何应对？

信息通信技术的迅猛发展带来了空前的全球化浪潮，重塑了世界经济格局，对于很多国家、组织和个人来说，新科技革命和全球化浪潮就是现代世界最大的"灰犀牛"。同样，在嵌入全球化体系后，中国制造遭遇"逆全球化"的冲击，早先适应无碍的国际大循环发生阻滞，又成为当下最不容掉以轻心的"灰犀牛"危机。

2020年10月，十九届五中全会提到，当今世界正经历百年未有之大变局。近年来国际环境日趋复杂，不稳定性明显增加，新冠肺炎疫情影响广泛深远，经济全球化遭遇逆流，世界进入动荡变革期，单边主义、保护主义、霸权主义对世界和平与发展构成威胁。

不管是新冠肺炎疫情这样的"黑天鹅"，还是逆全球化这样的"灰犀牛"，都是中国制造继续提升进程中不可能回避的时代难题。我们应该做、可以做，也必须做的是，克服拖延惰性，积极行动起来，未雨绸缪，学会辨认危机各个阶段的特征，了解危机中每个阶段的陷阱和机遇，抛除否认、抵触情绪，正视并接纳危机的存在，制订行动计划；即便不幸遭受危机重创，也要重整旗鼓，争取成功躲开更大、更危险的"灰犀牛"危机的袭击。

新冠肺炎疫情流行、中美经贸摩擦加剧等大大小小的"黑天鹅"事件，让社会、企业和个人猝不及防；而隐身其后的"灰犀牛"危机，如逆全球化风向、实体经济结构化失衡、全球社会治理困境、产业链供应链安全、人口增长"拐点"将至、人口红利消失等，其实都是社会深刻变革、科技变革和人口变革时期各种矛盾的集中呈现。唯有积极面对，直面难题，中国制造才能开拓全新局面。事实上，给我们带来最大利益的往往并不是那些曾试图帮助我们的人，而是那些曾伤害我们而终未如愿的人。尼采说得好：凡不能毁灭我的，必使我强大。中国制造的演进历程同样表明：不能击倒我们的，必使我们更加强韧。

9.2　重新定义制造业健康

一般而言，健康是指生物的功能性和代谢效率的水平良好，通常被简略定义为没有疾病。与此类似，制造业健康度的衡量标准一般总是限定在规模、利润、PMI（采购经理人指数）、就业机会等若干量化指标上。

随着人类对生命认识的不断深入，健康需要重新被定义。2020 年底，美国《细胞》杂志上发表的一篇综述详细描述了健康的八个核心标志和维度，从整体组织、器官、细胞、亚细胞、分子等多个层面，对健康给出了系统性的新定义。该文以维持生理的组织和动态特征为根本出发点，提出了八个健康标志：屏障完整性、抑制局部扰动、循环和更新、回路系统整合、节律振荡、内稳态复原弹性、毒物适应性调节、修复和再生。

它们构成了健康的生物学原因或特征，可分为三类：第 1 ~ 2 项（屏障完整性和抑制局部扰动）属于空间分隔特征，第 3 ~ 5 项（循环和更新、回路系统整合、节律振荡）构成保持体内稳态的特征，第 6 ~ 8 项（内稳态复原弹性、毒物适应性调节，以及修复和再生）则是对压力的适当反应特征。这些标志不是孤立的，它们相互关联，其中任何一方面出现问题，都可能成为致病因素，对整个机体的健康造成急性或慢性损害。

健康的八大标志

　　这八大标志协调了不同细胞、亚细胞、组织等层面复杂的相互作用，为健康提供了多维度基础。健康的整合包括大分子整合、细胞整合、超细胞整合等，最终目标是防止失去健康和阻断疾病传播。未来的"健康医学"可能会在传统的"疾病医学"发挥作用之前，通过有针对性的干预手段来检测危险轨迹并进行拦截。这样一来，健康标志的新概念就可能为未来的人体机理研究、用于集成生物医学参数的编程算法以及人类健康和寿命的干预措施设计建立框架。

　　这种关于健康的新定义为制造业健康提供了一个可借鉴的参考框架。对于中国制造来说，其健康定义不应局限于制造业本身，不应仅仅指静态的、狭义的、路径依赖的量化指标处于正常状态。在充满不确定性的全球竞争中，制造业健康理应囊括以下新特征。

第一，强适应性及自我管理能力，在面临全球经济、社会、自然的复杂挑战时表现出柔韧弹性，具有充分活力。

第二，在与外界的交互作用过程中实现动态平衡，保证广义上的健康状态。健康与否不是截然对立的，类似亚健康的过渡性状态是高频现象，远远多于所谓健康或不健康的状态。决定制造业健康的因素有很多，除了先前业界关注的市场定位、供应链条和企业竞争力之外，还包括地位越来越重要的因素，如产业链安全、产业分工价值、创新能力等。如何消解影响制造业健康的负面因素，在渐进过程中保持健康状态，是制造业高质量发展的重要课题。

第三，正如人体健康意味着细胞的健康和八大系统良性运转一样，中国制造的健康意味着不同规模、各种类型的企业富有进取精神和创新活力，内循环顺畅无碍。

第四，健康意味着处于良性循环状态，具有参与无限游戏的能力。中国制造应从关注产业规模、市场份额上升到满足客户需求、创造社会价值以及建设新制造文化的更高层次上来，从而保持强劲的国际竞争力。

9.3 产业集群优势：供应链网络的规模效应

改革开放以来，中国制造业的发展摒弃了试图建立自给自足国民经济主导模式的"进口替代"战略，积极参与国际层面的劳动分工。特别是进入 21 世纪、正式加入 WTO 之后，中国对外开放的程度不断深化，承接全球产业链的转移，中国制造逐渐嵌入世界产业体系之中，虽然居于价值链的低端或中低端，但产品得以顺畅进入全球市场，经济实现了高速增长。事实上，中国对外贸易额占 GDP 的比重在 2006 年曾达到 64%，为历史最高水平，从 2007 年开始逐年下降；2021 年中国进出口总额超过 39 亿元，占 GDP 比重仍在 34% 以上，虽然比德国低得多，却远高于美国和日本。

中国不是第一个承接全球产业链转移的国家（地区），也不会是最后一个。然而，中国制造参与全球劳动分工的演化结果甚至超出最为激进的设计者和推动者的预期，其冲击力远远超过 20 世纪下半叶日本、新加坡等国家的经济腾飞，对全球经贸格局产生了极为深远的影响，进而深度影响到全球各国的经济秩序。

尽管同样惊叹和认可中国快速工业化的事实，但对于中国制造能否在未来继续保持强势，中国能否发展为制造强国，社会还是存在偏悲观与偏乐观的判断上的严重分歧。这种分歧源于对中国参与国际分工体系获得发展动能的比较优势的解读。

在悲观派眼中，这几十年来，中国制造不过是凭借低廉的庞大劳动力大军、便宜的集体所有土地，在全球产业链的外包进程中分得了一杯羹。正因为中国只用短短 70 多年时间（从中华人民共和国成立算起，但若从改革开放算起，则只有 40 多年）实现了大多数发达国家用了二三百年才完成的工业成就，所以同时累积了发达国家在二三百年间遇到的各种问题和障碍，包括环境污染、资产泡沫、产能过剩、产品质量问题、地区发展不平衡、阶层收入差距拉大以及失业率提升等。现在中国的劳动力成本和土地成本已经失去国际竞争力，出于降低劳动力成本和税务方面的考虑，很多制造工厂将被迁移到东南亚，因而未来中国作为"世界工厂"的地位难保。虽然我们可以不去理会那些对中国政治经济体制持敌视态度的悲观论点，但那些立场相对客观、基于理论分析的趋势判断还是应该引起我们的高度重视。有论者称，按照历史常识，经济增长最显著的统计特征无疑是向均值回归的趋势，因此超高速增长总是不可持续的，以先前的成功外推归纳未来必然成功显然是不科学的。

反之，以世界银行前首席经济学家林毅夫为代表的乐观派，基于比较优势和后发优势的理念，认为 1978 年以来的中国经济增长奇迹根源于正确的发展战略，即一开始依赖劳动密集型产业，而后逐渐过渡到使用资本密集型技术［见《中国的奇迹：发展战略与经济改革》（增订版）］。

历史图景呈现出来的真实情况就是，尽管一大批发展中国家或主动掀起工业化浪潮，或被动卷入全球化进程，但除少数幸运者得以跨越与发达国家之间的收入鸿沟，跻身"高收入俱乐部"行列（具有一定体量且对全球产业链发生重大影响的国家中，唯有韩国一家拿到了入场券），其余多数都是起起伏伏。像阿根廷、巴西、墨西哥等拉丁美洲国家，像马来西亚、菲律宾等东南亚国家，难以跨越中等收入陷阱，社会经济动荡不宁。中国的经济增长能否开辟发展中国家的新路，持续不断地转型升级，有那么一天真正与北美、欧洲、日本等发达国家和地区在人均收入方面平起平坐呢？

仔细观察中国制造的发展历程，不难发现，中国制造业在进入 21 世纪后实现了非线性的高速发展，而这一时期的劳动力和土地成本相比改革开放初期已经大为增加，可见中国之所以成为"世界工厂"，无法用生产要素价格低这样的原因进行简单概括。

考察中国制造的修炼功夫是否到家，其适应柔性是否经受得住逆全球化、产业链外移等冲击，真正重要的不是劳动力和土地成本，而是另外两大因素：一个是能否在全球创新科技供应链网络中保持节点规模化，进而占据关键节点；一个是能否在对接先进科技源头研发的规模制造能力上保持现有竞争力，进而实现源头研发的突破。

作为超大规模的国家，中国几十年来建立起了举世罕匹的交通、通信等基础设施，物流潜力得到充分释放；中国拥有超大规模的人口资源，其中绝大部分个体有着改变生活命运的强烈欲望，他们构成了中国庞大的工程师队伍和熟练的技术工人队伍的来源，使得供应链网络能够高效运转起来。就国际贸易而言，中国所承接的上游发包公司都是面向全球销售的，这就使得作为下游的承包方也是面向全球市场生产的。就国内贸易而言，网络平台、电商的出现，结合中国的超大规模市场，"长尾理论"效应得到最大呈现，社会出现了此前根本不可能出现的分工，供应链网络的效率和弹性继续放大。这种内外贯通的市场规模进一步扩大了供应链网络的规模，其中单个企业的分工专业化程度非常高，这在珠三角、长三角的实体经济中例证多多，在 B2B 电子商务平台上也有非常直观的呈现。

供应链网络一旦形成，其规模就成了一个至关重要的变量。供应链网络的规模越大，内部的节点就越多，节点互为配套组合的可能性就越大，网络的弹性就越好；其中单个企业专业化分工的深度就越大，效率也就越高。每个企业都与数量极其庞大的其他企业互为配套关系，即使它只生产非常单一的产品，也能达到极大规模的量产，这在过去是完全不可想象的。同时，只要供应链的规模足够大，就可以形成一个庞大的工程师蓄水池，即便企业倒闭也不影响工程师另觅前程。只有这样，才会有源源不断的工程师被培养出来、外溢出去，供应链网络也才能运转起来。

图为特斯拉上海超级工厂（特斯拉上海公司供图）。该厂建成之前，特斯拉一度处于产能不足、现金流吃紧甚至濒临破产的困境。从一片空地到建成投产，仅仅花了 10 个月的时间。2021 年，该厂年交付量达到 48.41 万辆，占特斯拉全年交付量的 51.7%

实际上，这个供应链网络的范围已经超出中国，包括环中国海的东亚地区。中国从其他东亚、东南亚国家和地区大量进口零部件、半成品，完成总装后再向全世界出口，于是整个东亚、东南亚地区被整合成一个巨大的制造业集聚区。这个超大规模的供应链网络，结合互联网技术，使得分工程度进一步加深，弹性进一步增强，打造出了名副其实的"世界工厂"，有能力满足整个世界对一般制成品的需求。

因而，在这个背景下，所谓中国对发达国家大规模的贸易顺差，实际上是中国代表整个东亚、东南亚制造业集聚区形成的顺差，其中包含着中国从诸多东亚、东南亚国家和地区进口零部件、半成品而形成的大规模逆差。同样道理，近年来部分制造业从中国向东南亚转移，也并不是真正意义上的转移，而是东亚、东南亚制造业集聚区的供应链网络内部结构性重构的过程。零部件、半成品的生产地、流动方向发生变化，没有哪个东亚、东南亚国家或地区会因为供应链网络的结构性重构过程而退出这个庞大的供应链网络，此时真正有效的分析单位不再是国家经济，而是微观层面的企业经济，以及超国家层面的供应链经济。如果以这种视野观察，我们会看到，虽然各种企业在微观层面上改变自己的节点位置甚至地理布局，但供应链网络本身作为一个整体，不会受到本质性的影响，而中国在这个供应链网络当中相对于其他国家的压倒性规模优势，使得供应链网络的重构会始终以中国为中心。

传统经济学认为经济的成本包含土地、资本和劳动力三大要素，制度经济学则引入了交易成本这个变量。在供应链网络的重要性浮现出来之后，它很可能改变制造业的成本构成结构。供应链管理能力的重要性，使得交易成本的内涵以某种方式被深刻重构，它以一种目前很难量化的方式使得成本控制的关键发生了变化。假如不能有效地实现供应链管理，成本控制将无法做好。一旦把供应链管理能力这个要素纳入进来，劳动力、土地的价格就不再是制造业成本中最具决定性的要素了。

这样的趋势，在几年前美国的一场听证会上得到了颇有戏剧性的验证。

2018年3月22日，特朗普在白宫签署备忘录，拉开了中美贸易战的帷幕。2018年8月20～27日，美国贸易代表办公室举办听证会，共有358名美国各行业企业代表出席，其中95%表示反对加征关税。

不妨来看看其中一些企业代表的意见。

1. iRobot（艾罗伯特）公司（一家专业机器人制造商）：对中国征税让我们的市场份额受损，我们目前在尝试采购中国零部件的替代品，但是它们的价格都明显高出中国制造的零部件的价格。

2. Mitsubishi Chemical America（三菱化学美国）公司：我们在美国有20个分支机构，雇用了24 000名美国员工，尤其是主要的田纳西州工厂，我们支付给工人的平均工资高达 6.5 万美元。我们没有办法在中国以外找到同等产能和质量的供应来源，如果征税达 25%，那么我们只能选择自行支付关税，另外，这是逼迫我们将美国工厂转移到中国。我们从中国进口化学材料已经四年了，从未有任何知识产权被盗的情况。

3. MasterBrand Cabinets（金牌橱柜）公司：我们有 1.1 万名员工依靠国际供应链生存，中国目前是唯一既有产能又有很强制造工艺的国家。美国工人不具备这样的技艺，而且也不想学。

4. Broan-NuTone（百朗-纽通）公司：我们公司有 1000 名员工，从中国买的是低功率电机，这个本来就是老技术，对美国不构成威胁，而且该种产品目前在中国以外找不到替代来源。

5. Homewerks Worldwide（一家小型厨房用具公司）：我们公司只有 60 个人，不可能自己搞制造。我们考察了印度尼西亚的很多工厂，但是没有一家能够达到我们的技术规格要求。意大利手工技术倒是够强，但是他们不愿意承接中国的产能，所以我们暂时找不到中国的替代国。

6. Dagne Dover（一家女性手袋公司）：我们首先尝试过把产品放到越南去制造，但最终发现中国工厂具备更一流的工艺技术和更完备的供应链。

7. Moen（摩恩）公司：我们是做水管的，目前只有中国有足够的设备和人工来进行生产，我们虽然在研究从中国以外的国家采购，但是迄今为止还没有找到任何一家合适的。

8. RV Industry Association（房车行业协会）：中国供应商的响应速度极快，从生成订单到完成生产只需要 3 个星期，但是美国国内的供应商需要 8 ~ 9 个星期。

当然，也有支持加关税的企业，例如，Element Electronics 支持对电视机整机征税，该公司是目前美国唯一一家电视机生产商。不过它反对对中国生产的电视机零部件征税，并承认如果没有中国的零部件，将无法维持生产。

另外，美国的创业公司强烈反对对中国加征关税，认为无法承受加征关税的打击，且将进口转移到印度等国家将面临质量、产能和物流运输等问题。

总结起来，听证会上美国公司反对加征关税的理由包括但不限于以下几点。

第一，中国有很多领域占了全球一大半的产能，而这些产能是中国过去几十年持续投资数十亿美元甚至数百亿美元的结果，其他国家不可能也没有意愿在短时间内在中国以外的地方投资这么大的产能，因此即便关税上涨，这些美国公司也只能从中国公司购买。更重要的是，由于中国控制了大部分产能，因此若中国公司被征收关税，其他国家的供应商一定会针对美国市场涨价。

第二，很多领域在中国以外完全找不到合适的替代商，要么是量很小，只有中国公司才生产；要么是生产工艺和工人技能的不足，导致质量和产能达不到在中国生产的水平；要么是基础设施无法达到中国工厂的水准。此外，不少产品是完全定制品，除了中国公司，未必有其他国家的供应商愿意定制，有的产品在中国之外也找不到产业链生产。

第三，大型公司可以考虑搬厂，但是普遍需要数百万、数千万美元，花费1.5~2年时间，损失很大，新的供应商准入也需要一两年的时间。一个供应商或者一个产品准入，前期成本开支巨大，一旦更换供应商，意味着之前的投入基本作废。

第四，一旦加征关税，美国公司需要从中国高价购买零部件，但是欧洲、日本等同行却可以从中国买到便宜的零部件，这会让美国公司的竞争力大大受损。

第五，美国的中小型公司和创业公司，尤其是硬件创业公司，其主要零部件都要从世界电子制造基地——中国购买。创业公司的利润率本来就很低，现金流也非常紧张，根本无法承受供应商涨价25%的冲击，也无力负担搬迁工厂和更换供应商的成本，很可能就此倒闭。

第六，大量美国公司和中国供应商签订了长期供货合同，如果取消订单将会面临高额损失。

听证会后，美国政府的决策已经走进历史了。尽管这么多公司在听证会上明确反对加税，美国政府最终还是选择了一次甚于一次的加税行动，2019年更是把华为、海康威视、大华科技、商汤科技、旷视科技、科大讯飞等一众中国企业列入实体清单，这确实给中国对美出口和中国本土的产业链、企业供应链带来了巨大压力。2020 年 12 月，新当选美国总统的拜登宣布会继续保持对华关税，将与盟友共同制衡中国。加征关税的"黑天鹅"、逆全球化的"灰犀牛"，它们的负面影响还在继续。

2022 年上半年全球主要港口吞吐量

序号	港口	国家	2022年1～6月集装箱吞吐量/万TEU^注	同比增速	2022年1～6月货物吞吐量/万吨	同比增速
1	上海港	中国	2254.0	−1.74%	31 477.0	−8.96%
2	新加坡港	新加坡	1840.7	−1.73%	28 850.6	−4.34%
3	宁波舟山港	中国	1747.0	8.71%	64 055.0	2.81%
4	深圳港	中国	1440.0	4.65%	13 138.0	−4.46%
5	青岛港	中国	1247.0	6.95%	32 791.0	2.79%
6	广州港	中国	1174.0	−0.25%	30 636.0	−1.90%
7	天津港	中国	1052.0	2.14%	27 512.0	3.16%
8	香港港	中国	839.8	−3.56%	—	—
9	鹿特丹港	荷兰	727.8	−4.39%	23 347.3	0.80%
10	安特卫普港	比利时	677.5	−6.23%	14 712.0	1.26%
11	厦门港	中国	599.0	1.4%	11 126.0	0.17%
12	洛杉矶港	美国	541.4	−0.26%	—	—
13	长滩港	美国	500.8	5.34%	10 346.9	5.54%
14	苏州港	中国	431.0	11.7%	28 433.0	1.60%
15	萨凡纳港	美国	289.1	5.49%	—	—
16	日照港	中国	273.0	11.8%	27 912.0	5.79%
17	瓦伦西亚港	西班牙	263.8	−6.46%	4164.2	−2.37%
18	连云港港	中国	246.0	−0.81%	13 306.0	2.37%
19	钦州港	中国	241.0	20.30%	8338.0	4.09%
20	营口港	中国	205.0	−22.5%	10 261.0	−12.46%
21	烟台港	中国	204.0	12.4%	22 954.0	8.35%
22	大连港	中国	191.0	10.30%	15 315.0	−3.78%

续表

序号	港口	国家	2022年1~6月集装箱吞吐量/万TEU注	同比增速	2022年1~6月货物吞吐量/万吨	同比增速
23	休斯敦港	美国	189.7	17.99%	2990.0	21.58%
24	弗吉尼亚港	美国	185.4	10.25%	1317.6	5.28%
25	西北海港联盟	美国	180.7	−3.97%	1296.3	−8.43%
26	温哥华港	加拿大	180.3	−7.23%	—	—
27	福州港	中国	171.0	0.59%	13 889.0	6.51%
28	东莞港	中国	161.0	5.23%	8366.0	−5.50%
29	南京港	中国	154.0	1.2%	13 383.0	−4.40%
30	墨尔本港	澳大利亚	143.5	−2.95%	—	—
31	唐山港	中国	140.0	12.90%	36 537.0	4.25%
32	阿尔赫西拉斯港	西班牙	139.6	−2.48%	5435.9	4.96%
33	嘉兴港	中国	136.0	26.6%	6303.0	−3.76%
34	奥克兰港	美国	123.1	−5.45%	—	—
35	海口港	中国	105.0	0.5%	6002.0	−9.05%
36	南通港	中国	96.0	−4.95%	14 127.0	−6.49%
37	泉州港	中国	93.0	−2.11%	4005.0	−3.83%
38	蒙特利尔港	加拿大	87.3	4.00%	1797.5	6.73%
39	锦州港	中国	80.0	−9.09%	4594.0	−4.19%
40	泗水港	印度尼西亚	66.8	−6.11%	—	—
41	珠海港	中国	55.0	−53.39%	5015.0	−27.77%
42	伊塔基港	巴西	0.8	73.59%	1572.9	1.65%

注：TEU 为"国际标准箱单位"。

资料来源：亚太港口服务组织。

　　2022 年上半年，中国港口占据全球主要港口集装箱吞吐量前十中的 7 席，这展示了中国产业链供应链的强大和坚韧。

　　与大多数人的预料相反，按照美元计算，中国 2021 年出口额比 2018 年增长了 30% 以上。在美国对中国出口全面加征关税的情况下，中国 2021 年对美国的贸易顺差依然超过 3000 亿美元。2021 年 5 月中旬，国际评级机构 Moody's（穆迪）发布报告称，在中美经贸摩擦的情况下，高昂的关税加重了美国企业的成本负担，而且大部分的关税成本转嫁给了美国进口商。该报告援引的美国智库彼得森国际经济研究所的数据显示，2018 年初，美国对中国商品的关税平均为 3.1%，而中国对美国商品的关税平均为 8%。但是，到了 2021 年初，美国对中国商品的关税税率平均高达 19.3%，而中国对美国商品的关税税率平均也高达 20.7%。美国进口商承担了美国对中国商品加征关税所产生的 90% 以上的额外费用。换句话说，这意味着美国进口商为中国商品支付的价格较 2018 年高出约 18.5%，而中国出口商同一商品的价格仅下降了 1.5%。

在这样的环境下，中国制造出口额连创新高，可见包括美国在内的世界各国对中国制造的依赖之深。现在，世界上没有任何一个地方有能力承接中国制造的全面转移。中国拥有完整的产业链、优质的基础设施、高素质的工程师和技术工人以及政府对产业侧的政策支持，这些优势，使得中国在长三角、珠三角以及内陆一些地区形成了更完善的产业集群。

现在任何一个产业都需要产业配套。很多复杂的电子产品需要上百家甚至上千家工厂作为配套，从而形成一个庞大、复杂的供应链网络。产业配套对于制造业，特别是零部件繁杂的电子制造业来说尤为重要。产业配套不仅会降低物流成本，更关键的是，充足的配套产业能够适应订单量剧烈波动带来的需求变化，即能在短时间内获取紧急订单所需要的零部件和原材料。强大的配套资源供应可以有效降低制造上的原材料库存量，从而减少资金的占压。中国由此发展起这样一个庞大的供应链网络，一举成为"世界工厂"。

人们通常认为，苹果公司和其他公司之所以会选择在中国的富士康组装产品，是因为这里的劳动力成本低。但是，富士康成功的关键原因不在于廉价劳动力，而在于齐全的配套产业带来的灵活性。另外，富士康有数十万工人住在园区内部，很容易调拨，其组装队伍 24 小时待命。

制造初代 iPhone 的时候，富士康就表现出了这种灵活性。苹果公司 CEO 库克在自己的首部传记《蒂姆·库克传》中提及，苹果公司经常在最后一刻更改产品设计，需求产量还可能会大幅波动。初代 iPhone 最开始计划在 2007 年上市销售，但就在上市的前几周，产品设计出现了巨大变动。因为在最后一刻，乔布斯决定将塑料屏幕换成玻璃屏幕。当时，这款 iPhone 原型机已经在乔布斯的口袋里装了几个星期，塑料屏幕被钥匙严重刮花了。他意识到，如果顾客买了手机，也可能出现同样的问题，因此他要求换成更加耐用的玻璃屏幕。据媒体报道，几个星期后的一个夜里，玻璃屏幕的供应商将新的玻璃屏幕运送到了富士康，8000 多名工人轮班工作，将新屏幕安装到手机上。短短几天之内，富士康的 iPhone 单日产量就超过了 1 万部。

中国的珠三角和长三角地区已经成为全世界最强大的电子产品配套基地，许多家工厂背后都是由成百上千家企业配套构成的供应链，即便有的工厂迁移出去了，迁出企业还是与大量配套企业处在同一个供应链网络内，产品所需的大部分零部件还是在中国生产，迁出企业需要支付物流运输成本以及管理难度增加带来的额外成本。

供应链的规模效应带来一个结果：在可预见的未来，除非出现某种今天完全无法想象的新技术，否则没有什么新的制造业集聚区能够猛然崛起，与现在的东亚、东南亚制造业集聚区分庭抗礼，更可能的趋势是现有的东亚、东南亚制造业集聚区的规模进一步扩大、分工进一步优化。从这个意义上说，中低端制造业向以中国为中心的东亚、东南亚制造业集聚区的转移，很难发生逆转。一方面，现有东亚、东南亚制造业集聚区的制造能力已经能够轻易满足全球需求，其他地方难以与之竞争；另一方面，其他地区若想重复当年中国承接制造业外包的历程，就必须完善基础设施，首先得不计成本地建设好企业入驻即可开工的现成开发区，否则供应链体系根本无法成长起来，无法满足效率与弹性兼备的需求，而此类开发区的建设大多需要以土地集体所有为前提，这几乎是个不可能完成的任务。

从东亚、东南亚制造业集聚区转移的制造业类型，一般对供应链要求不高，而且对远距离物流成本敏感，但这类产业的转移无法拉动转入地工业的体系性演化。至于从中国向东南亚的制造业转移，可以视作东亚制造业集聚区的内部结构性调整过程，它只会进一步强化整个集聚区相对于其他地区的制造业优势。

值得注意的是，供应链网络的规模效应在常规的、惯例的、经验的、合乎国际贸易规则的运行过程中发挥的重要作用，在特殊的、超常规的、打破惯例的不利环境下，有可能由于关键节点的失控而遭遇"卡脖子"的威胁。

由保持全球产业链节点的规模化，进而占据产业供应链规模化网络的关键节点，在开放创新中实现自主可控，将是未来几十年中国制造功夫修炼的必修课。

9.4　反脆弱性：中国制造的根植性

中国企业内外拓展、相互协同的工程创新能力，织成了细密柔韧的产业互联网，构成了中国制造抵御外部风险的减震带。即使是劳动密集型产业的服装业，中国制造也不可或缺。因为中国不仅有庞大的消费群体，还有成熟的灰度创新机制在背后发挥着巨大作用，这让服装产业中技术迭代小幅却快速的企业，可以在中国实现快速试验、快速更新。纺织业任何一种微小的细节需求，都可以在市场上迅速得到响应，微创新几乎时时刻刻都在发生着。

随着全球产业的转型升级，产业的高中低端分野早已不像先前各种学术理论中分析的那样层次分明。恰好相反，"横看成岭侧成峰，远近高低各不同"。发达国家和发展中国家相互嵌套，高中低端产业交错，低端产业的价值未必是给高端产业提供配套，情况很可能颠倒过来了——高端产业通过占据核心技术和关键零部件设计与制造环节，为低端产业提供"配套"，只不过这种配套不是低价值的，而是产业链上的高地，是高价值的主要构成部分。于是发生了一个非常重要的变化，发达国家的高端产业其实是需要依赖发展中国家的低端产业而生存的。

新冠肺炎疫情肆虐全球，这样令人痛彻心扉的"黑天鹅"事件向我们发出警告：世界是脆弱的。由于现代社会的一体化联系越来越紧密，人类应对不可预测事件时的脆弱性有增无减。

在充斥着不确定性的现代环境中，墨守成规只会让自己变得更加脆弱。降低脆弱性的第一步就是增强实力、苦练内功，在破坏性事件发生后反思过去，固优势、补短板，通过改变求生存。1978年后的中国曾"摸着石头过河"，在改革开放的旗帜下一步步创造出中国经济的"新天地"，这正是从脆弱到坚韧的真实体现。中国制造和中国工业企业几十年来在降低脆弱性方面的巨大进展和发展潜力，世人有目共睹。

就企业层面而言，企业就是为应对不确定性而生的，仅仅活下来还不够，还要在不确定性中不断获益成长，即增强反脆弱性，这才是目标所在。因此，有雄心壮志的企业都离不开从脆弱性走向反脆弱性的自我修炼，这是提升反脆弱性的关键。

从国家层面来说，推动制造业高质量发展、培育新动能，是反脆弱性修炼的重要方面，而传统制造业优化升级是我国制造业从中低端迈向中高端的主要方面之一。传统制造业在国民经济中占据重要地位，我国传统制造业增加值在规模以上制造业增加值中的占比达80%以上。同时，传统制造业对我国的出口、就业、区域经济发展有着非常重要的影响。现有产业和企业修复动力，可以通过技术改造推动传统制造业优化升级，盘活巨大存量资产，形成应对不可预测事件的实力根本。

风会熄灭蜡烛，也能使大火越烧越旺。伴随着波动性、随机性、混乱和压力，人类仍在进化，文化仍在进步，社会和城市仍在发展，企业仍在壮大。抗疫实践中的中国制造成为社会的支撑性能量来源，这足以展示其在不确定环境下反脆弱性的典型意义。

仅举一例，2020年，新晋"全球最大量产口罩工厂"居然是比亚迪，在口罩最紧俏的3月，比亚迪日产500万只口罩，相当于同期全国产能的1/4。之后，比亚迪口罩通过出口认证，开始大量出口，口罩成为其三大业务之一。2020年上半年，比亚迪仅靠售卖口罩创造营收85.7亿元，净利润同比增长329.9%。

《中华人民共和国国民经济和社会发展第十四个五年规划和 2035 年远景目标纲要》提出要"提升制造业根植性和竞争力"，这是提升产业链、供应链稳定性和竞争力的重要支撑。

所谓根植性，与植物的生长过程具有相似性。植物通过根系获得水和生长所需的各种养分，根系越发达的植物，生长得越茁壮，对恶劣环境的抵抗力也越强。一些植物还会从根部长出不定芽，它们伸出地面形成新的植株，使种群发展壮大。与植物生长类似，产业嵌入一国经济、社会体系之中，通过汲取各种生产要素实现发展。产业的根植性取决于产业与一个国家经济、社会中各种要素之间以及构成产业的企业之间结合的紧密程度，表现为产业抵御内外部环境变化而持续发展的能力。如同根植性强的植物能够适应恶劣的环境一样，根植性越强的产业越能适应内外部环境变化，具有越强的生存力、竞争力和发展力。

建立在自然资源、初级劳动力等生产要素之上的产业，很容易由于本国自然资源的枯竭、生产成本的提高或国外更低成本劳动力的出现而丧失国际竞争力，从而陷入衰退或被转移到国外。而建立在创新能力之上的产业不但有更大利润空间可以消化成本的上涨，而且由于知识、技术积累和能力形成的长期性，更难以被竞争者模仿和替代。此外，产业是不断演进、动态变化的，技术突破会引发产业供给侧的变化，市场需求变化也需要通过创新创造新供给。当生产要素和生产条件与产业的要素投入需求不匹配时，强大的创新能力能够推动产业持续升级，孕育壮大接续替代产业，从而使制造业作为一个整体保持活力。只有不断增强中国制造的创新能力，才能保证制造业的根植性越来越强。

虽然在高度深化的全球产业分工格局下，每个国家都不可能也没必要生产所有的产品，但是保持相对完整的产业链仍然具有重要意义。齐全的工业门类、完整的产业链条、完善的配套体系与深度的分工协作是我国制造业独特优势的来源。中国制造业的全球竞争力，得益于在相对完整的产业链和完善的产业生态支撑下的大规模产业化，以及持续降低成本和技术迭代升级的能力。这些意味着上下游企业间形成紧密的分工合作关系，许多上游的配套投入品可以就近采购，从而降低供应链的成本、提高供应链的时效。其他国家如果要建立具有国际竞争力的产业，就需要形成比较完善的产业生态，而复制完善的产业生态投入大、周期长、难度高。拥有相对完整的产业生态是中国制造根植性的优势。

随着新一代信息通信技术的发展，制造技术与信息技术的融合不断深化，数据成为重要生产要素，大数据与云计算、物联网、移动互联网、人工智能、区块链等生产技术一起，在制造业优化生产流程、提高生产效率、创造新附加价值、提高客户满意度等方面发挥着日益重要的作用。数字技术与制造业的深度融合不但能够通过提高制造业生产效率，进一步增强制造业的国际竞争力，而且能够通过对数据、软件化封装知识和技能的掌控，加强对全球价值链的控制力，从而增强产业的根植性。在大数据时代，中国作为机器使用的最大市场，有机会从呈现产品使用结果的后市场入手，借助即时的定量反馈机制，依靠得天独厚的大规模机器数据优势，开发机器的最优算法，从而很可能巧妙地避开源头创新、设计和品牌方面的劣势，取得最大的收益。

中国制造业世界规模第一、产业体系最完整，拥有超大的国内市场规模，具备十分强大的抗风险能力，与美国、日本的差距总体上有明显缩小，部分产业已达到国际领先或先进水平。2019年，中国工程院对中国26类具有代表性的制造业产业进行的研究分析表明：中国在世界处于领先地位的有五大产业，即通信设备、先进轨道交通装备、输变电装备、纺织服装、家用电器；在世界处于先进地位的有六大产业，即航天装备、发电装备、新能源汽车、钢铁、石油化工、建筑材料。但大部分领域差距仍旧较大，有的产业甚至差距巨大。总体看来，中国传统产业和民生产业处于世界领先地位，优势明显。在高端装备制造业中，中国大约三分之一的产业处于世界领先或世界先进地位。在高技术制造业中，中国大约五分之一的产业处于世界领先或世界先进地位，但大部分与国际水平差距较大甚至差距巨大。

从孱弱到强健不会是一蹴而就的，对挫折的过度反应释放出来的多余能量成就了创新，而创新造就了根植化的反脆弱性并经受得住时间和危机的考验。

中国制造与其说是一连串成功的故事，不如说是一连串成长的故事。中国制造的演进历程正是它度过危机、跨越障碍的适应性变化过程，中国制造的能力修炼过程正是它反脆弱性的柔韧修炼过程。

美国纽约大学教授詹姆斯·卡斯认为："世上至少有两种游戏，一种可称为有限游戏，另一种为无限游戏。有限游戏以取胜为目的，而无限游戏以延续游戏为目的。"与有限游戏的边界不同，无限游戏的"规则"或"边界"不断地在游戏进程中改变，当无限游戏的参与者共同认为，游戏会受到有限结局威胁的时候，规则就会改变。无限游戏由其视界来定义。所谓"视界"，是目力可及的边界，代表了无限游戏参与者目前能看到的边界。但只要他们再往前走几步，视界就会不断打开和延展。无限游戏的参与者以完全开放的心态参与游戏，接纳当下并不完美但时刻在进步的自己，接纳各种可能性，包括接纳触碰到游戏的边界并开启新的世界的可能性。有限游戏世界里的输赢在无限游戏参与者眼中，都只是游戏过程中的瞬间。

中国制造参与的就是不断打破边界的"无限游戏"，几十年根植起来的柔韧性给它带来了参与这场游戏的不断增长的信心和底气。

第十章

造就未来：中国制造强国梦

当今世界正经历百年未有之大变局，我国正处在实现中华民族伟大复兴的关键时期。充分了解中国制造的既有优势，正视发展过程中面临的各种问题，提升产业链、供应链现代化水平，实现制造业高质量发展，中国一定能跻身制造强国行列，为民众的幸福生活奠定坚实的基础，这是中国制造强国梦的理性认识、实践活动和行动目标的完美统一。

新中国成立 70 余年、改革开放 40 余年来，中国制造创造了史无前例的辉煌成就，助力中国的经济实力、综合国力和人民生活水平跃上了新的高度，为中华民族伟大复兴的奋斗历程进入新的阶段打下了较为坚实的物质基础。

全面建成小康社会、实现第一个百年奋斗目标之后的"十四五"时期，是中国的新发展阶段，发展基础更加坚实，发展条件深刻变化，中国进一步发展面临新的机遇和挑战。与此同时，中国的制造强国建设仍处在难得的战略机遇期。

中国做出建设制造强国的重大战略决策，深入推进质量变革、效率变革、动力变革，制造业创新从以跟跑为主，进入跟跑在加快、并跑在增多、领跑在涌现的新阶段，新型工业化迈上一个大台阶，人们期待，中国在不远的将来可以实现从制造大国向制造强国的历史性跨越。

10.1　于变局中开新局

尽管和平与发展仍是当今的时代主题，但不稳定性、不确定性更加突出，世界范围内呈现出或将影响人类历史发展进程和趋向的重大态势，国际治理体系、全球经济和产业格局正在发生自近代以来最具革命性的改观。

世界百年未有之大变局

当今世界正经历百年未有之大变局，这是世界范围内生产力和生产关系矛盾运动的必然结果。

在这个大变局时代，新一轮科技革命和产业变革带来的新陈代谢和激烈竞争前所未有，这不仅会重塑全球经济结构，而且有力量重构全球创新版图，进而深刻改变人类社会的生产方式、生活方式甚至思维方式。作为中国经济的"压舱石"，渡过了无数惊涛骇浪的中国制造，其未来的适应柔性还将经受更加严峻的考验。

在这个大变局时代，中国发挥了积极的影响，在科技革命和产业变革中的角色由跟跑者、参与者逐渐向并跑者、引领者转变，甚至在一些领域成为领跑者，中国崛起势不可当，世界经济重心"自西向东"位移的速度持续加快。受益于不断"开疆拓土"的增量市场，中国制造对这一变化贡献良多。中国能否对世界做出更大的贡献，取决于创新优化中国制造的内功可以修炼到怎样的层次。

在这个大变局时代，国际环境的不确定性大增。作为大变局的新变量和催化剂，新冠肺炎疫情加速了国际格局的巨变。当下，中国自改革开放以来实现经济高速增长所依托的经济全球化环境已发生巨大变化。中国制造强大的生命韧性，需要在大变局中迎接史无前例的挑战。

在这个大变局时代，人类前途命运休戚与共的程度前所未有，整个世界终将成为"你中有我、我中有你"的人类命运共同体。当前全球气候变暖的危害日益显现，地缘政治风险加剧，贫富差距、发展鸿沟愈发凸显；全球能源供需版图发生深刻变革，国际政治经济格局复杂多变，世界进入动荡变革期，单边主义、保护主义、霸权主义对世界的和平与发展构成威胁。在这样的背景之下，中国积极履行大国义务，期望与各国共同书写国际规则，携手推进全球治理，共同建设天下大同的人类社会，中国制造迎来了大显身手、造

图为中欧班列（郑州）开行 9 周年。中欧班列是往来于中国与欧洲及"一带一路"沿线各国的集装箱国际铁路联运班列。截至 2021 年底，中欧班列已通达欧洲 23 个国家，开创了亚欧陆路运输新篇章，铸就了沿线国家互利共赢的桥梁和纽带

福世界人民的特别机遇。

在这个大变局时代，作为世界第二大经济体、世界第一贸易大国以及世界第一大外汇储备国（截至 2022 年 6 月），中国不仅要在发生了巨变的国际环境中逆流而上，而且要引领新一轮经济全球化，与广大新兴经济体一起，为自身创造更好的发展环境和赶超机会。

乘风破浪开新局

变局中潜藏着危机，危机中孕育着转机。知解变局、辨识变局的目的在于拨云见日、厘清脉络，在于把握趋势、找准机遇、因势而谋，从而以变应变、主动作为。

对于现阶段的中国制造来说，中国经济向高质量发展模式转型的内在矛盾、新科技革命带来的新工业革命冲击、一波接一波的全球新冠肺炎疫情、逆全球化的贸易保护主义的盛行，乃至人口数量和结构的变化、新生代生产和消费理念的改变、工业区域布局的调整，在某些关键因素的触发下，一旦数量及时间累积储备达到某一阈值，就会呈现出不可逆的趋势。前瞻趋势，开创新局，中国制造转型升级的历史使命落在了新时代建设者们的肩上。

首先，中国制造正处在中国经济转型周期与全球技术创新周期双重叠加的历史节点上，以人工智能、工业互联网、区块链、数字孪生等数字技术为代表的新一轮科技革命将促使未来众多新产业的诞生和发展，其中相当部分涉及与制造相关的经济活动，这些新兴产业和经济活动会给我国制造业带来新的增长点，为满足日益升级的市场需求提供重要支撑。制造业的数字化转型升级，战略性新兴产业的发展壮大，数字经济在中国工业领域的落地开花结果，是新时代中国经济可持续发展的关键。

其次，工业是我国减少碳排放的主战场。对于中国工业来说，这一过程充满挑战和机遇。一方面，传统的生产方式、能源利用模式和技术路线面临边缘化甚至被淘汰的危险；另一方面，技术创新、产业迭代进步的空间和随之而来的市场将急剧扩张，"技术为王"将得到充分体现，通过技术研发、产业示范获取国际竞争技术优势的"中国创造"有机会"换道"参赛，与制造强国站在同一起跑线上。

最后，全球民粹主义抬头，国际环境从强调释放市场力量的新自由主义范式向贸易保护主义范式转变，"逆全球化"趋势日益显著，而在 WTO 框架下，传统的多边贸易体制举步维艰，全球化的黄金时代愈行愈远，类似俄乌冲突这样的地域不稳定因素在增长，尤其是全球新冠肺炎疫情延宕反复，都给全球经济、社会带来了难以估量的不利影响和冲击。对于中国工业来说，原先运行良好的全球供应链体系出现了诸多"断点"，核心技术和关键元器件受制于人，随时可能被"卡脖子"，传统贸易的不稳定性日益增加，唯有强化自身核心基础及前沿新兴领域的国际竞争力，才能保证中国经济的长期稳定。

在转型升级的新阶段，中国制造遭遇了各种各样的"黑天鹅""灰犀牛"事件的冲击，一只"黑天鹅"飞走了，新的"黑天鹅"又降临了；有的"黑天鹅"干脆变身成了"灰犀牛"，此起彼伏，让人应接不暇。唯有凭借不断积累的深厚内力，以开放的心态和主动应变的姿态应对不确定性挑战，以披荆斩棘、不断前行的勇气和实力认识产业演进规律、研判产业发展趋势，把推动创新发展、数字化转型、绿色低碳发展等作为新工业发展的路径，才能构建起新格局下的新动能，助力我国经济实现高质量发展。

"推动中国制造向中国创造转变、中国速度向中国质量转变、中国产品向中国品牌转变"，中国制造的转型升级方向有了前瞻性预判，中国制造也被赋予了新的时代定义，突围破局之路就要从这里探寻。

《中华人民共和国国民经济和社会发展第十四个五年规划和 2035 年远景目标纲要》明确提出，坚持扩大内需这个战略基点，加快培育完整内需体系，把实施扩大内需战略同深化供给侧结构性改革有机结合起来，以创新驱动、高质量供给引领和创造新需求，加快构建以国内大循环为主体、国内国际双循环相互促进的新发展格局。于变局中开新局，变中求进、变中取胜，在新的发展格局下推进制造强国建设，是新时代的必然选择。

10.2　探寻澎湃新动能

目前，中国已实现了全面建成小康社会的宏伟目标，进入新发展阶段，开启了全面建设社会主义现代化国家的新征程。《中华人民共和国国民经济和社会发展第十四个五年规划和 2035 年远景目标纲要》进一步确定了两个具有定量含义的阶段性目标，即以人均国内生产总值衡量，到"十四五"末达到现行的高收入国家标准，到 2035 年达到中等发达国家水平。目标既定，解决中国所有问题的基础和关键，仍然只能是发展。中国制造能否完成向价值链中高端的转型升级、能否实现从高速度发展向高质量发展的转变，对于新时代宏伟目标的实现与否至关重要。

国际金融危机引发了人类对世界经济发展模式的再探索，新科技产业革命带来了制造业转型升级、经济跨越式发展的新契机，各国都在不遗余力地发展和振兴本国制造业。国家在探索，企业在行动，新一轮产业变革进入胶着的"中场"。中国制造业要实现由大变强的历史使命，就要直面挑战，充分发挥潜在的战略优势，探寻发展新动能。

构建产业新体系

根据宏观经济学特别是凯恩斯理论的基本原理，出口、投资、消费这"三驾马车"是经济发展的根本动力，增加出口和扩大内需是重中之重。但是追根究底，"三驾马车"只是 GDP 的三大组成部分，只是应对宏观经济波动的需求侧短期动力，是经济活动的结果而非原因，制度变革、结构优化和要素升级才是经济发展的根本动力。

这里的制度变革即体制改革，包括法律法规、标准规则、市场机制、宏观政策等有形制度，文化制度等无形制度以及各种制度的实施机制的改革。结构优化包括产业结构优化（新型工业化、产业转型升级等）、区域结构优化（新型城镇化、区域经济一体化等）、消费结构优化（消费结构升级）等。要素升级包括技术进步、人力资本提升和信息化等。要素升级与要素投入不同，劳动力、资金、技术等要素投入只是带来要素投入量的增加，要素升级则是促使技术、人力资本等要素的质的提升。

优先推进经济发展动力结构的转型，从主要依靠"三驾马车"转向推进经济全面转型，强化创新驱动，保障中国经济处于良性循环的新常态，这是制造强国建设的主要路径。

构建产业新体系，既要充分发挥市场的主导作用和企业的主体作用，也要更好地发挥政府的指导性作用，要把政府发挥作用的着力点放在深化体制改革、完善政策支持、创造良好环境上。一方面，要在简政放权上下功夫，深化市场准入制度改革，实施负面清单管理模式，推动政府管理由注重事前审批向加强事中事后监管转变；另一方面，要在促进公平竞争上下功夫，健全知识产权创造、运用、管理、保护机制，严厉惩处市场垄断和不正当竞争行为，依法打击侵权行为，强化产业政策的竞争激励功能。国家发展制造业的战略目标是促进企业和社会自主创新能力的健康发展，政府对制造业的支持不可能面面俱到，不可能扮演风险投资者或企业家的角色，必须采取正确的介入方式：为以企业为主体的创新奠定基础，支持具有广泛应用潜力的科技基础研究，大力发展基础教育和职业教育，创建富有竞争力的人力资本基础，为企业公平竞争创造有利环境。

构建产业新体系，需要建设新型制造体系。制造强国战略提出加快推动制造业高端化、智能化、绿色化发展，着眼于抢占国际竞争制高点。实施智能制造工程，着力发展智能装备和智能产品，推动生产方式向柔性化、智能化、精细化方向转变，全面提升企业研发、生产、管理和服务的智能化水平。以绿色化为方向，加强节能环保技术、工艺、装备的推广应用，全面推行清洁生产，发展循环经济，提高资源利用效率，强化产品的全生命周期绿色管理，构建绿色制造体系。

构建产业新体系，需要培育壮大战略性新兴产业。这既是调整优化产业结构的战略举措，也是培育新的经济增长点、塑造产业竞争新优势的必然选择。空天海洋、信息网络、生命科学、核技术等领域是关系人类未来发展、拓展生存发展空间的核心领域，在这些领域培育一批战略性产业，是新产业体系前瞻性规划的有机组成部分。节能环保、新一代信息通信技术、生物、高端装备制造、新能源、新材料、新能源汽车等产业代表着技术突破和市场需求的重点发展方向，统筹科技研发、产业化、标准制定和应用示范，营造良好的制度环境，完善基础设施和配套能力，促进这些产业发展壮大，培育若干具有全球影响力的领军企业，全面提升战略性新兴产业对产业升级的支撑引领作用，都是题中应有之义。2020 年，我国战略性新兴产业增加值占 GDP 的比重为 11.7%，比2014 年提高了 4.1 个百分点，进步显著，但提升空间还很大。

图为中国制造的全球最大的海上钻井平台——"蓝鲸 1 号"，它有 30 多层楼那么高，甲板面积相当于一个标准的足球场，平台总重量达 4.2 万吨，排水量达 7 万吨，最大作业水深达 3658 米，最大钻井深度达 15 240 米，比目前已知最深的海沟——马里亚纳海沟最深处还深 4000 多米

构建产业新体系，需要支持传统产业优化升级。培育新动能与改造传统动

能应该齐头并进。因为要素成本上升、资源环境约束和市场空间收窄等，一些传统产业的发展遇到了较大的困难，继续沿着原有路径发展已难以为继，但这并不意味着传统产业就不再重要。传统产业是新兴产业产生和发展的基础，若注入新技术、新管理、新模式，将焕发新的生机和活力。要把改造提升传统产业与发展新兴产业更好地结合起来，重点围绕两化融合、节能降耗、质量提升、安全生产等方向，推广应用新技术、新工艺、新装备、新材料。只有这样，才能更好地满足消费者的高品质需求，并进一步提高企业的生产技术水平和效益。支持企业间战略合作和跨行业、跨区域兼并重组，提高规模化、集约化经营水平，培育一批核心竞争力强的企业集团。同时，面对产能过剩这一传统产业发展中面临的突出问题，要统筹考虑经济发展、结构升级、社会稳定等多重因素，更加注重运用市场机制和经济手段化解过剩产能，完善企业退出机制。

经济转型必然会带来新动能与传统动能的迭代更替，当传统动能由强变弱时，既需要新动能异军突起，也需要改造提升传统动能，加快新动能与传统动能的接续转换，使之形成新的"双引擎"，这样才能推动经济持续增长、跃上新台阶。一方面，中国新产业的成长空间巨大，培育壮大新动能前景广阔，居民消费升级，既有消费品质量的提升潜力，也有消费结构持续升级的巨大空间；另一方面，中国幅员辽阔，经济回旋空间大，发展后劲足，传统动能的改造提升同样具有其他国家难以比拟的发展空间。当然，新兴产业和传统产业的区分并不是绝对的，这种人为的划分方式往往简单化地扭曲了产业进化的真实面貌。例如，新材料很可能出自传统材料企业，相当一部分新能源汽车也是传统车企升级产品的结果。新时代需要我们重新审视传统产业转型升级的能量，加大对面向未来的传统产业（如新纺织、新钢铁）的创新投入，在环境容量、金融支持、人才供应等方面给予大力支持，重新激发传统产业的活力，在产业链中深入拉动关联行业的发展，并在未来全新的智能产业蓝海领域获得国际话语权和更大的全球市场份额。

强化产业基础能力

中国具备全球最大规模、最富竞争力的消费品和工业品制造能力，但在全球价值链中仍处于中低端、在产业链中仍处于中偏下游的位置，关键装备、核心零部件和基础软件等严重依赖进口，从 0 到 1 的颠覆性创新技术研发水平大大落后于制造强国。在云谲波诡的不确定性国际环境中，这种位置很容易被对手卡住"脖子"。

因此，产业基础领域的重要地位日益凸显。对工业发展起支撑作用的各种基础产品和技术，即包括基础零部件与元器件、基础材料、工业基础软件、基础工艺及装备、产业技术基础在内的"五基"，已然成为国内外产业竞争的新焦点。现代产业体系的畅通运行必须得到产业基础能力的有力支撑，而产业基础领域的创新基础产品和技术能够衍生出具有自主可控性的战略性新兴产业。

然而，产业基础能力建设并不是一朝一夕就能够实现本质突破的，需要重点聚焦汽车制造、电子信息、新能源、新材料、生物医药、现代农业等支柱产业，将基础前沿研究与关键技术攻关结合起来，一张蓝图干到底，久久为功。只有这样，才能提升产业基础领域的产品质量，实现产业链、供应链创新。

国家产业基础专家委员会携手中国工程院战略咨询中心编写的《产业基础年度发展报告（2021年）》提出了推进产业基础高级化的路径建议。报告提出，提升产业基础能力应从发挥市场在资源配置中的决定性作用和政府的引导作用入手，按照突破工程、工业强基工程、"专精特新"冠军企业培育工程三个层次进行分层布局、分类施策。

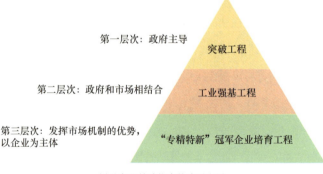

提升产业基础能力的分层布局

第一层次为突破工程：需要发挥政府的制度化优势，采用集中力量办大事的方式，集中突破一批"卡脖子"项目，解决 5% ~ 10% 极具重要性、难度最大的产业基础问题。

第二层次为工业强基工程：强化政府和市场相结合的优势，加大力度持续推进工业强基工程，形成长效政策机制，解决 15% ~ 20% 的重大产业基础问题。

第三层次为"专精特新"冠军企业培育工程：坚持发挥市场机制的优势，以企业为主体，以培养一大批"专精特新"冠军企业为抓手，解决 70% ~ 80% 的一般性产业基础问题。

由于只能依靠自主创新突破集成电路、工业基础软件、航空发动机等重大装备的"卡脖子"技术难题，因而技术攻关、工程化和产业化的每个环节都需要巨大投入，技术风险极大，企业一般难以承受。这类工程项目，类似于当年我国的"两弹一星"、更早一些时候苏联的"太空计划"，甚至美国的"曼哈顿计划"，必须依托举国体制，动员包括企业在内的各方面资源，集中投入，达成突破重大瓶颈短板、推进重大工程项目的目标。

对于产业基础领域的重点产品，要围绕产业链部署创新链，围绕创新链布局产业链，打造完整的产业链条，从基础研究、共性技术研究、工程化产业化技术研究入手，打通产业基础从理论到产业化的创新链条，继而通过核心技术的研发和突破，创造新的基础产品，进而形成新的价值链；还要打通产品应用链，实现产业链、供应链多元化，充分发挥市场在资源配置中的决定性作用，加强产业链、供应链上中下游协同应用。

而大多数的一般性产业基础问题，则有赖于细分市场中居于领先地位的"单项冠军"企业和专精特新"小巨人"企业的研发和市场化能力来解决。围绕产业基础领域打造一大批世界级冠军企业，提升专精特新"小巨人"企业的核心竞争力，立足国内大循环，引导形成大中小企业采购循环体系，都是以市场化手段加强产业基础能力建设的重要方式。

产业基础领域是目前我国产业升级的主攻方向，也是发达国家固守和扩展既有竞争优势的核心阵地。当地时间 2022 年 8 月 9 日，美国总统拜登正式签署《2022 年芯片和科学法案》，计划对美国本土芯片产业投入重资，一方面激励本土以外的公司到美国本土生产芯片，另一方面又限制这些公司到其他国家和地区生产芯片，目的就是促进美国芯片产业发展，提高美国芯片产业的竞争力，同时遏制其他国家和地区芯片产业的发展和竞争力的提升。

华为发展芯片的历程，给我们如何应对类似的打压提供了有益参考。早在 2004 年，任正非就前瞻性地提出了"防止被断粮"和"双供货商"策略，加大研发投入，强力扶持研发海思初级芯片。从 2005 年推出 3G 基带芯片，到 2009 年发布 K3 芯片，即便外销没有市场，华为也坚持"自产自销"。华为以每年 4 亿美元、2 万名研发人员的投入"强攻"芯片市场，直到 2014 年首款系统级芯片——麒麟（Kirin）910 问世，才真正达到了"稳定够用"的水平。其后华为手机发展突飞猛进，海思芯片通过大规模市场迭代快速升级，开始影响甚至引领全球的移动系统级芯片技术的发展，逐渐主导芯片设计的变化方向，最终正式确立了自身在细分领域的领先地位。在芯片方面，华为用十多年的时间完成了从落后跟随到并行再到领跑的跃变。

保持强大的战略定力，持续不断地增加研发投入，从 0 到 1，最终进入科技"无人区"，就是产业基础能力建设不变的初心和目标。

打造数字经济新优势

2021 年 10 月，习近平总书记在主持中共中央政治局第三十四次集体学习时强调："近年来，互联网、大数据、云计算、人工智能、区块链等技术加速创新，日益融入经济社会发展各领域全过程，数字经济发展速度之快、辐射范围之广、影响程度之深前所未有，正在成为重组全球要素资源、重塑全球经济结构、改变全球竞争格局的关键力量。要站在统筹中华民族伟大复兴战略全局和世界百年未有之大变局的高度，统筹国内国际两个大局、发展安全两件大事，充分发挥海量数据和丰富应用场景优势，促进数字技术和实体经济深度融合，赋能传统产业转型升级，催生新产业新业态新模式，不断做强做优做大我国数字经济。"

根据《中国数字经济发展报告（2022 年）》，2021 年我国数字经济规模达到 45.5 万亿元，占 GDP 比重达到 39.8%。显而易见，数字经济的发展将是

"十四五"期间中国经济规划中最重要的关切与竞争力来源之一。

基础设施建设的高质量和高速度，奠定了中国发展数字经济的雄厚基础。经过多年投入和经营，中国已经拥有全球最大规模的数字基础设施和物理基础设施。

在以"铁公基"为代表的物理基础设施方面，中国建成了全球最大的高速铁路网、高速公路网和世界级港口群。"逢山开路、遇水架桥"，仅仅 2012—2021 年这十年间，中国的铁路、公路里程就增加了约 110 万公里，相当于绕行地球赤道 27 圈半；截至 2021 年底，公路网密度达到每百平方公里 55 公里，比 2012 年增长了 24.6%；高铁运营里程从 2012 年的 9356 公里增加到目前的超过 4 万公里；新建、迁建运输机场 82 个，机场总数达到 250 个，全国机场总设计容量超过 14 亿人次。巨量而顺畅的物流和人员流动，托起了一个流动而活力四射的中国。

中国的信息通信业实现迭代跨越，建成了全球规模最大、技术领先的网络基础设施。其中，光纤网络接入带宽实现了从十兆到百兆再到千兆的指数级增长，移动网络实现了从"3G 突破"到"4G 同步"再到"5G 引领"的跨越。全国移动电话基站数从 2012 年的刚刚突破 200 万个扩增到 2021 年的 996 万个，4G 基站规模占全球总量的一半以上，建成的 5G 基站达到 161.5 万个。巨量而顺畅的信息流、数据流，托起了一个向生活和生产领域不断辐射、充满无限想象空间的数字中国。

规模巨大、内畅外联的综合交通运输体系，清洁低碳、安全高效的能源体系，为民众生活增进福祉的大批民生基础设施工程，遍及全国城乡的信息基础设施，为提升数字经济竞争力、建设数字社会提供了有力支撑。

打造数字经济新优势，主要模式和路径有二。

一是数字产业化。在关键数字技术创新应用的基础上，培育壮大人工智能、大数据、区块链、云计算、网络安全等新兴数字产业，构建基于 5G 的应用场景和产业生态，加快以"东数西算"工程为代表的算力基础设施的建设，全面普及电子商务、电子政务、远程办公等互联网应用。数字化平台与生活消费场景相结合创造的消费互联网，已经造就了中国互联网产业的辉煌，涌现出了阿里巴巴、腾讯等一批世界级万亿元（人民币）市值的互联网企业，普及了全民数字支付等互联网应用，为发展数字经济奠定了坚实的基础。数字技术将成为社会生活质量升级的重要基石，并迎来强劲的需求增长。

二是产业数字化。随着以 5G 建设等为典型代表的新基建支撑起产业互联网的运行框架，数字经济将迎来革命性的创新，这具体表现为经济参与主体开启了普遍的数字化转型。数字化平台与生产场景相结合创造出产业互联网，对传统产业进行赋能升级，数据赋能全产业链协同转型，未来有可能造就几十家万亿元市值的中国产业数字化创新企业。与数字产业化相比，产业数字化涉及产业领域更多、市场规模更大，是未来数字经济发展的主攻方向。

与传统制造不同，现代制造体现了制造业与数字技术和互联网日益紧密的相互融合。在数字技术和互联网的强力作用下，原本顺序串联的生产要素变得互联互通，核心知识由隐性的变成显性的，通过数字化、标准化和智能化实现大规模在线协同。网络化协同制造、大规模个性化制造、服务型制造和制造能力分享等新模式开始大放异彩。

图为在北京经济技术开发区亦庄行驶的百度无人驾驶出租车。无人驾驶是数字化技术赋能汽车产业后创造的新业态

新时代，我们要充分利用中国互联网产业和新一代信息通信技术发展的历史经验和积累优势，创造制造业新业态、新模式，在产业互联网的理论探索和实践应用领域实现质的飞跃，把握数字经济加速发展的趋势，推动传统产业的数字化改造进程，充分发挥海量数据和丰富应用场景的优势，促进数字技术与实体经济深度融合，赋能传统产业转型升级。而层出不穷的制造业新业态、新模式又使中国制造具备了焕发传统动能转换的勃勃生机的可能性。例如，汽车制造技术与数字技术结合后带来的无人驾驶等新技术，就为中国汽车产业的"换道"竞赛提供了难得的赶超机遇。

碳减排倒逼重构制造业

作为仍处于工业化中后期、经济中高速发展、能源结构不尽合理、能源利用效率较低的一个新兴经济体，中国面临的碳减排压力和挑战不言而喻。

发达国家的碳排放量变化轨迹表明，随着工业化进程深化，重化工业占比加大，经济快速增长，碳排放会同步快速增长，直到碳排放强度高的重化工业占比不断减小，产业结构调整优化，碳排放量达到一个峰值之后开始下降，再达到一个临界值，实现碳中和。欧盟国家作为整体，早在20世纪90年代就实现了碳达峰，其时峰值为48.54亿吨二氧化碳当量，人均碳排放量为10.28吨当量。在2007年美国实现碳达峰时，其碳排放峰值为74.16亿吨二氧化碳当量，人均24.46吨当量。日本碳排放峰值则出现于2013年，峰值为14.08亿吨二氧化碳当量，人均11.17吨当量。尽管中国的人均碳排放量仍低于发达国家碳达峰时的水平，但在2013年首次超过欧盟的人均碳排放量。当然，就累积排放量而言，发达国家远超中国。

控制和减少碳排放的焦点当然在能源问题，能源消费和能源生产都面临着革命性的变革前景。然而，顺藤摸瓜，作为能源、资源、环境等多种要素和生产加工多个环节相互作用的复杂过程，工业无疑是碳减排行动过程中的绝对主角。能源利用能否从粗放低效走向高效节约、降低单位能耗？生产能否从黑色高碳转变成绿色低碳？将绿色制造融入工业体系之中，是我国实现环保目标的重中之重。

巩固实体经济根基，稳定制造业占比，防止过早去工业化，避免落入"中等收入陷阱"，又是我国制造强国建设战略的基本要求。在这样的背景下，实现碳减排面临较大的难度。"又要马儿跑得快，又要马儿不吃草"，唯有"换马"——重构制造业一途。要实现工业发展与碳排放脱钩，关键在于实现向高端制造业的转型。

碳减排倒逼产业链、供应链大力提升绿色低碳水平。

低碳发展方式将从根本上改变传统的工业化路径，重塑制造业格局，我国重化工业特征将发生显著变化，钢铁、建材、石化、化工、有色、电力等六大高耗能行业的碳排放必须得到有效控制。这是又一次严峻考验。绿水蓝天，强国富民，"鱼与熊掌"，我们都想要，我们都要通过不懈努力将其纳入囊中。

中国制造业作为中国经济的支柱，在中国"富起来"的过程中厥功至伟。然而，毋庸讳言，与发达国家的工业化不同，中国从一穷二白的农业国发展到今天处于工业化中后期阶段，用70多年时间走过了多数欧美发达国家长达200多年的历程，中国制造业其实是以空间换时间，被迫也必然地选择了"高投入、高消耗、高排放"的粗放式发展道路，因而在快速发展的同时，也面临巨大的能源资源消耗、大气污染和生态破坏等问题，而它们制约了可持续发展的潜能。

中国经济的未来发展必须与碳排放增长脱钩，而在目前所处的发展阶段，第二产业占据了相当大的比重，中国又绝不可能仿效发达国家"去工业化"的老路（如前文所述，近年来发达国家反而开始"再工业化"），这样的矛盾是中国制造业今后几十年必须直面的最大战略挑战。与此同时，这也更加凸显出绿色制造的重要性和制造业绿色转型的意义。

绿色制造和制造业绿色转型，是实施绿色低碳战略的一个焦点，我们在看到巨大挑战的同时，同样不应忽视背后蕴藏着的无穷机遇。

绿色低碳发展方式将从根本上改变我国传统的工业化发展基础和路径，重塑制造业格局。通过新能源节能增效降碳；通过建立非化石能源电力为主的新能源电力系统减碳，促进储能、智能电网、分布式和配电网服务等协同发展；

通过建立新能源车交通能源体系逐步脱碳；尤其是通过调整制造业产业结构，实现工业减排，实现传统工业向先进制造业和智能化数字化转型——这些都是具有远大目标的伟大企业大展身手的广泛应用场景。

举例来说，中国的新能源汽车产业在 2021 年的"井喷"和 2022 年上半年未受新冠肺炎疫情影响的持续发力增长，光伏产业从"两头在外"的脆弱代工模式发展到今天全产业链研发、制造和应用上的全面领先，就是顺应全球绿色发展大势，以绿色制造推进工业体系转型升级，迅速提升产业价值的上佳范例。中国的新能源汽车和光伏产业迎难而上，先人一步，已经感受到了率先突破的喜悦。

10.3　制造强国成就中国梦

实现中华民族伟大复兴的中国梦，是各族人民的共同愿景。中国梦凝结着无数仁人志士的不懈努力，承载着全体中华儿女的共同向往，昭示着国家富强、民族振兴、人民幸福的美好前景。我们现在比历史上的任何时期都更加接近中华民族伟大复兴的目标，我们现在比历史上的任何时期都更有信心、更有能力实现这个目标。

中国梦：创造美好生活

基辛格博士曾经回忆他第一次来到中国的感受，"那时中国是一个神秘的国度。我告诉周恩来总理这个看法，他说'中国并不神秘，只是你了解得少，如果你多和 9 亿中国人接触就会去掉这种感觉'"。

这位世界著名外交家真的这样做了，自 1971 年首次秘密访华以来，50 多年时间里，他访华近百次，96 岁时还来到中国。他自豪地说，中国是他生活的重要部分。他在 88 岁高龄时写下厚厚的一本《论中国》，严谨的学理探讨中浸透了他对中国文化毫不掩饰的欣赏。

在 2015 年的一次演讲中，基辛格博士说："过去 45 年里，我一直和中国打交道，目睹了中国发展的三大趋势。在毛主席时代，当他宣布新中国成立，自此中国走向了独立。第二个趋势是，改革开放时期，中国越来越走向国际，经济地位越来越重要。1976年中国与美国的贸易额都比不过洪都拉斯，但30年后，中国已经成为世界第二大经济体。第三个趋势是，中国现在处在巨大变化的时期。我相信中国一定可以实现'两个一百年'的目标。"

基辛格不经意间触及了不同阶段中国梦的重点。中国梦首先是国家、民族的追求，在外族入侵、充满耻辱的沉沦年代，民族独立之梦是中华仁人志士的追求；在获得民族独立后，重建国家之梦就是广大建设者共同的梦想；人民对美好生活的向往，最终也必然指向富国梦、强国梦、和平发展之梦和合作共赢之梦。

而国家之梦是人民之梦的集合。中国梦不仅是强国梦、富民梦，也是民众幸福梦和个人人生出彩的奋斗之梦。中国梦集聚了最广泛中国人民的愿望，体现了中华民族和中国人民的整体利益，是每一个中华儿女共同的期盼，它实际上已经表现为一种精神和希望，构成凝聚人心、动员全社会力量同舟共济、不懈奋斗达成目标的一种理想。

不过，归根结底，中国梦还是人民的梦，让人民生活幸福是"国之大者"。

中国梦是以人民为中心展开的，在民族复兴的进程中，人民始终处于主体地位。一方面，发展的目的是促进社会公平，增进民生福祉，不断实现人民对美好生活的向往，发展成果由人民共享；另一方面，要坚持发展依靠人民，激发最广大人民的积极性、主动性、创造性，只有通过中国人民的不懈奋斗，中华民族复兴伟业才能达成。人民的获得感、幸福感和安全感，理应成为政治、经济和社会活动的出发点。

2021年，中国共产党成立一百周年，我国全面建成小康社会，脱贫攻坚战取得全面胜利，9899万农村贫困人口全部脱贫，困扰中华民族几千年的绝对贫困问题得到历史性解决，这创造了人类减贫史上的奇迹。这一变化，以及从"让一部分人先富起来"到"共同富裕"的跨越，与乡村振兴战略的深入实施一道，推动了消费群体的大幅扩大，为制造业的高质量发展提供了更为广阔的市场空间。换个角度看，脱贫事业和乡村振兴的顺利推进，又与中国制造的巨大创造力密切相关，如果没有充裕且供应层次多样的工业品和生产设备的供给，一切都无从谈起。

图为乡村年轻人通过 4G 网络直播带货（吴练勋 摄）。4G 通信实现了更便捷、更高质量的多媒体通信

　　如今中国民众幸福美好生活的背后，有无处不在的中国制造甚至"中国智造"的潜在支撑。幸福生活先得满足生理需要，衣食住行哪个不依靠"制""造"出来的物质产品呢？对于安全需要的满足，首要的就是工作有保障，尽管制造业的就业人口占全部就业人口的比重在 2012 年达到 19.2% 的峰值后已开始明显下滑，但制造业仍是吸纳就业的重要载体之一。现代人的社交友谊、受尊重和自我价值的实现，哪一个离得开数字经济背后的"中国智造"力量？高端医疗装备和数字医疗新手段，保障你我的生命健康，才让大家安然享受到上述所有的幸福美好元素……

奋斗圆梦：凝聚民众力量

如同一艘巨轮，坐在船头，看到的是天地经纬。

好比一座高峰，立于山顶，看到的是江河壮阔。

一个国家的竞争力，很大程度上体现在制造业水平上。

20世纪50年代，我国制定第一个五年计划，用156个工业项目开启了工业化之路。新中国成立后，历经30年，中国从国民经济收入以农业为主的国家变成了工业体系初步完备的国家。

从一颗高铁螺丝钉也要从国外进口，到国产大飞机飞出"中国速度"……改革开放赋予了中国发展充沛不竭的动力与机遇，推动社会主义现代化建设全面提速。

党的十八大以来，一批批装备制造业领域的国之重器亮相，从逐梦深蓝到砺剑长空，从技术攻克到应用探索，每一项突破都是自主创新的有力见证，每一项突破都在驱动发展、造福于民。一大批领军企业脱颖而出，规模以上工业中小企业资产规模实现翻番，"专精特新"中小企业加速成长。

自2010年以来，我国制造业增加值已连续12年位居世界第一。2021年，我国制造业增加值达31.4万亿元，占GDP比重达27.4%。

全面建成小康社会后，中国制造业的转型升级要求愈显迫切。坚持创新驱动发展战略，把推动制造业高质量发展作为构建现代化经济体系的重要一环。

进入新时代，我国强调"以提高发展质量和效益为中心"，推动中国速度向中国质量转变，努力实现更高质量、更有效率、更加公平、更可持续的发展。

必须认识到，经过几十年的高速发展，中国经济已进入速度换挡、结构调整、转型升级的关键时期，处于从量变到质变的重要关口。随着我国资源和环境约束不断强化，劳动力等生产要素成本不断上升，主要依靠资源要素投入、规模扩张的粗放式发展模式将难以为继。

当前，我国发展不平衡不充分的一些突出问题尚未解决，发展质量和效益还不高，创新能力不够强，实体经济水平有待提高。我国虽有多种产品产量居全球第一，但缺乏核心技术和品牌优势，质量技术基础比较薄弱；产品质量标准体系尚不完善，产品质量水平还需进一步提高。

曾几何时，"卡脖子"这个词离大家很遥远。特殊的年代，"中国制造"曾面临无尽的尴尬：制造出的高品质纽扣、布料，被国外用来做品牌服装，高附加值被国外品牌商赚取，自己挣的永远是辛苦费。这就是中国制造业当时"替人作嫁衣"的窘境。

一场世纪疫情冲击，暴露了我们产业结构的短板，国际贸易摩擦加剧了产业链、供应链的失衡。我们意识到，创新发展较以往任何时候都更重要——它不仅是我们成功应对疫情的重要经验，而且更应成为构建新发展格局的重要法宝。过去的集群发展固然让我国形成了规模效应，但我国内部的产业垂直分工仍未有效形成，这成了影响高质量发展的堵点和痛点。

那么，站在新的历史关口，什么是中国制造由大向强的关键之举？

面对严酷的外部环境和复杂的贸易形势，建设制造强国要与构建"以国内大循环为主体、国内国际双循环相互促进的新发展格局"的重大决策同行同向，以质量提升助力产业跑出"加速度"。

随着中国经济的发展与转型升级，在理念和实践层面，中国制造都出现了基于"大质量观"的重大转变——以设计源头端为起始，贯穿原料采购、生产施工、检查验收、总结改进、试运行等全过程和全流程的质量管理体系要求，引导产业把转型升级的立足点真正转到提高质量和效益上来。

以推动高质量发展为主题，坚定不移建设质量强国，提高经济质量效益和核心竞争力，这既是有效应对资源瓶颈、环境压力的重要抉择，也是参与国际竞争、实现民族复兴的自强之路。

创新向来九死一生，让创新牵引制造业高质量发展的生态建设，也是从量变到质变的过程，我们一定要勇往直前。

构建一批各具特色、优势互补、结构合理的战略性新兴产业增长引擎，这是发展我国现代化产业体系、推动高质量发展的一项重要任务。通过构建现代化产业体系，推动传统产业高端化、智能化、绿色化转型升级，培育引领高质量发展的重要增长极。

大力培育先进制造业集群。先进制造业集群是产业集聚发展和分工深化的一种高级形式，需要围绕国家战略性、基础性、民生性等行业领域，培育发展一批创新要素高度集聚、主导产业特色鲜明、产业生态体系完整、区域根植性强的先进制造业集群。

构建"一个标准、一次检测、一次认证、全球通行"的检测认证体系，有助于中国制造业成功进入全球市场。

抓质量就是抓发展，谋质量就是谋未来。要大力弘扬创新精神、诚信精神、企业家精神、工匠精神，推行先进制造管理理念和现代质量管理方法，让追求中国制造的质量成为一种民族标识，让制造强国成为一种价值取向。

用先进技术取代落后产能，提升产品的技术含量，增强市场的竞争力，让中国制造成为绿色制造的响亮品牌，成为造福人类的中国贡献。

作为全世界最大的发展中国家，中国站在新起点，踏上了实现强起来的新征程：到 2035 年基本实现社会主义现代化，到本世纪中叶建成社会主义现代化强国。

人类历史上，还从未有过一个人口规模超 10 亿的国家实现现代化的先例。更何况，中国要实现的，是全体人民共同富裕的现代化，是物质文明与精神文明相协调的现代化，是人与自然和谐共生的现代化，是走和平发展道路的现代化……这些都意味着中国要变强，面临的挑战和困难也前所未有。

邓小平同志曾指出，发展起来后，问题不会比没发展起来少。

习近平总书记在中国共产党第十九次全国代表大会上的报告中强调，"中华民族伟大复兴，绝不是轻轻松松、敲锣打鼓就能实现的。全党必须准备付出更为艰巨、更为艰苦的努力"。

中国的社会主义现代化强国之路，将改变以欧美为主导的单维演进的现代化历程，打破"现代化等于西方化"的迷思，为发展中国家探索出一条新的全面现代化强国路径。

如今，稳定出口和扩大进口、产业升级和消费升级、"在中国制造"和"为中国制造"、"卖全球"和"买全球"同步发生，中国重塑全球经济格局、打造以自身为中心的外部循环似乎水到渠成。

我国制造业领域面临的"卡脖子"技术问题，根子是基础理论研究跟不上，源头和底层的东西没有搞清楚。看准顽疾，才能对症下药。

"行百里者半九十"，要实现美好的中国梦，唯有攻坚克难一途。建设制造强国，必须加强技术研发，提高国产化替代率，把科技的命脉掌握在自己手中，国家才能真正强大起来。

图为 2013 年，我国自主研发的当时世界最大矩形盾构下线。这标志着中国在矩形盾构技术领域已处于国际领先地位

抚今追昔，我中华儿女，聚族而居，屹立世间已逾五千年。唐虞三代，文德隆盛，那是中国古老文明的辉煌映照；秦皇汉武雄霸天下，汉唐文学兴盛发达，康乾武功声名烜赫，在在皆是中国发达的农业文明时代的荣光！当今之

世，欧美日列邦跻身工业强国俱乐部，而我中国急起直追，欲以堂堂 960 万平方公里之土地，以凛凛十数亿之国民，以壮丽浓郁、翩翩绝世的中华文明底蕴，进入世界经济竞技场，在艰难而快速地完成由农业大国向工业大国转变的工业化第一阶段后，向制造强国发起冲击。

制造业是立国之本、兴邦之道，国家的兴盛和民众的福祉系于制造业的发展水平，国家的将来和希望系于制造业创新和转型升级开辟出来的新天地、新征程。制造业进步则国家进步，制造业强则国家强，制造业雄于世界，则国家雄于世界。潜龙腾渊，鳞爪飞扬；乳虎啸谷，百兽震惶；纵有千古，横有八荒；前途似海，来日方长。

"我要向每一位科学家、每一位工程师、每一位'大国工匠'、每一位建设者和参与者致敬！"习近平总书记 2019 年的新年贺词，让人们感受到了历史进程中的中国制造所展现出来的力量与作出的贡献。每一位中国制造的建设者自力更生、艰苦奋斗，让许多不可能成为可能。

继往开来。中国制造强国梦，是中华文明再造辉煌的历史机遇与挑战。中国经济要实现由大向强的腾飞，要把发展主动权牢牢掌握在自己手中，必须进一步锻造自身的实力和竞争力。

实体经济是一国经济的立身之本、财富之源。先进制造业是实体经济的一个关键，任何时候经济发展都不能脱实向虚。中国制造的高质量发展，就要"实实在在、心无旁骛做实业，这是本分"，"核心技术靠化缘是要不来的，必须靠自力更生"。

立足新发展阶段、贯彻新发展理念、构建新发展格局。高质量发展，就是很好地满足人民日益增长的美好生活需要的发展，就是体现新发展理念的发展。

历史照耀未来，征程未有穷期。

百年求索，从铁钉、火柴都要进口，到"天问一号"着陆火星、"奋斗者"号万米深潜，中国就是这样不可阻挡。

百年砥砺，从一穷二白、民不聊生，到越来越多的幸福梦想照进现实，中国人民就是这样一往无前。

在"两个一百年"奋斗目标的历史交汇点上，坚定向强国而行，需要始终"把人民对美好生活的向往放在心头"，脚踏实地，久久为功。

有梦想，有机会，有奋斗，一切美好的东西都能够被创造出来。

［1］ 韦斯特坎博尔. 欧洲工业的未来：欧洲制造 2030[M]. 王志欣，姚建民，译. 北京：机械工业出版社，2016.

［2］ 邓小平. 邓小平文选 [M]. 北京：人民出版社，1994.

［3］ 董宏量. 钢铁的沧桑与梦想 [M]. 北京：冶金工业出版社，2010.

［4］ 董志凯，吴江. 新中国工业的奠基石：156 项建设研究（1950—2000）[M]. 广州：广东经济出版社，2004.

［5］ 观察者网·科工力量栏目组. 实业强国：中国制造自强之路 [M]. 北京：中国人民大学出版社，2022.

［6］ 国家产业基础专家委员会，中国工程院战略咨询中心. 产业基础年度发展报告（2021 年）[M]. 北京：电子工业出版社，2022.

［7］ 国家统计局工业交通物资统计司. 中国工业的发展·统计资料（1949—1984）[M]. 北京：中国统计出版社，1985.

［8］ 国家统计局国民经济综合统计司. 新中国六十年统计资料汇编 [M]. 北京：中国统计出版社，2009.

［9］ 郭庆然. 中国制造业结构变动研究（1953—2011）[M]. 北京：人民出版社，2014.

［10］ 湖北省冶金志编纂委员会 . 汉冶萍公司志 [M]. 武汉：华中科技大学出版社，2017.

［11］ 李志宁. 大工业与中国：至 20 世纪 50 年代 [M]. 南昌：江西人民出版社，1997.

［12］ 林雪萍. 灰度创新：无边界制造 [M]. 北京：电子工业出版社，2020.

［13］ 林毅夫. 解读中国经济 [M]. 增订版. 北京：北京大学出版社，2014.

［14］ 林毅夫. 中国经济专题 [M]. 2 版. 北京：北京大学出版社，2012.

［15］ 林毅夫，蔡昉，李周. 中国的奇迹：发展战略与经济改革 [M]. 增订版. 上海：格致出版社，2014.

［16］ 梁启超. 饮冰室合集 [M]. 北京：中华书局，2015.

［17］ 刘国良. 中国工业史·近代卷 [M]. 南京：江苏科学技术出版社，1992.

［18］ 刘国良. 中国工业史·现代卷 [M]. 南京：江苏科学技术出版社，2003.

［19］ 刘大钧. 上海工业化研究 [M]. 北京：商务印书馆，2015.

［20］ 金碚. 国运制造：改天换地的中国工业化 [M]. 北京：中国社会科学出版社，2013.

[21] 金碚. 大国筋骨：中国工业化 65 年历程与思考 [M]. 广州：广东经济出版社，2015.

[22] 贝尔. 后工业社会的来临 [M]. 高铦，王宏周，魏章玲，译. 北京：新华出版社，1997.

[23] 蒂尔，马斯特斯. 从 0 到 1：开启商业与未来的秘密 [M]. 高玉芳，译. 北京：中信出版社，2015.

[24] 哈特泽尔，里珀特. 美国制造业回归之路 [M]. 何蓉，译. 北京：人民邮电出版社，2016.

[25] 费尔南德兹 – 阿迈斯托. 世界：一部历史 [M]. 钱乘旦，译. 北京：北京大学出版社，2010.

[26] 傅高义. 日本第一：对美国的启示 [M]. 谷英，张柯，丹柳，译. 上海：上海译文出版社，2016.

[27] 基辛格. 论中国 [M]. 胡利平，林华，杨韵琴，等，译. 北京：中信出版社，2015.

[28] 基辛格. 世界秩序 [M]. 胡利平，林华，曹爱菊，译. 北京：中信出版社，2015.

[29] 里夫金. 零边际成本社会 [M]. 赛迪研究院专家组，译. 北京：中信出版社，2014.

[30] 安德森. 长尾理论：为什么商业的未来是小众市场 [M]. 乔江涛，石晓燕，译. 北京：中信出版社，2015.

[31] 安德森. 创客：新工业革命 [M]. 萧潇，译. 北京：中信出版社，2015.

[32] 皮萨诺，史. 制造繁荣：美国为什么需要制造业复兴 [M]. 机械工业信息研究院战略与规划研究所，译. 北京：机械工业出版社，2014.

[33] 李杰，倪军，王安正. 从大数据到智能制造 [M]. 上海：上海交通大学出版社，2016.

[34] 麦克法夸尔，费正清. 剑桥中华人民共和国史·上卷：革命的中国的兴起（1949—1965 年）[M]. 谢亮生，杨品泉，黄沫，等，译. 北京：中国社会科学出版社，1990.

[35] 斯塔夫里阿诺斯. 全球通史：从史前史到 21 世纪 [M]. 吴象婴，梁赤民，董书慧，等，译. 北京：北京大学出版社，2006.

[36] 斯米尔. 美国制造：国家繁荣为什么离不开制造业 [M]. 刘寅龙，李凤海，译. 北京：机械工业出版社，2014.

[37] 曼彻斯特. 光荣与梦想 [M]. 四川外国语大学翻译学院翻译组，译. 北京：中信出版社，2015.

[38] 梅新育. 民生中国：中国制造业向何处去 [M]. 昆明：云南教育出版社，2013.

[39] 毛泽东. 毛泽东选集 [M]. 北京：人民出版社，1991.

[40] 宁南山. 未来站在中国这一边 [M]. 北京：红旗出版社，2020.

[41] 彭瑜，王健，刘亚威. 智慧工厂：中国制造业探索实践 [M]. 北京：机械工业出

版社，2016.

[42] 渡边利夫，日本总会经济所环太平洋研究中心. 中国制造业的崛起与东亚的回应：超越"中国威胁论"[M]. 倪月菊，赵英，译. 北京：经济管理出版社，2003.

[43] 吉田茂. 激荡的百年史：我们的果断措施和奇迹般的转变 [M]. 孔凡，张文，译. 北京：世界知识出版社，1980.

[44] 盛田昭夫，下村满子. 日本制造 [M]. 周征文，译. 北京：中信出版社，2016.

[45] 汤之上隆. 失去的制造业：日本制造业的败北 [M]. 林曌，等，译. 北京：机械工业出版社，2015.

[46] 野中郁次郎，竹内弘高. 创造知识的企业：日美企业持续创新的动力 [M]. 李萌，高飞，译. 北京：知识产权出版社，2006.

[47] 豪尔，泽德维茨. 从中国制造到中国创造 [M]. 许佳，译. 北京：中信出版社，2017.

[48] 施展. 枢纽：3000 年的中国 [M]. 桂林：广西师范大学出版社，2018.

[49] 宋正. 中国工业化历史经验研究 [M]. 大连：东北财经大学出版社，2013.

[50] 魏源. 海国图志 [M]. 郑州：中州古籍出版社，1999.

[51] 田涛. 理念·制度·人：华为组织与文化的底层逻辑 [M]. 北京：中信出版集团，2020.

[52] 王列，杨雪东. 全球化与世界 [M]. 北京：中央编译出版社，1998.

[53] 王新哲，孙星，罗民. 工业文化 [M]. 北京：电子工业出版社，2018.

[54] 王煜全. 中国优势 [M]. 北京：中信出版社，2020.

[55] 温铁军. 八次危机 [M]. 北京：东方出版社，2013.

[56] 文一. 伟大的中国工业革命："发展政治经济学"一般原理批判纲要 [M]. 北京：清华大学出版社，2016.

[57] 习近平. 论把握新发展阶段 贯彻新发展理念 构建新发展格局 [M]. 北京：中央文献出版社，2021.

[58] 谢俊美，季凤文. 中国读本：中国工业史话 [M]. 北京：中国国际广播出版社，2011.

[59] 许倬云. 中国文化的精神 [M]. 北京：九州出版社，2018.

[60] 严鹏. 简明中国工业史（1815—2015）[M]. 北京：电子工业出版社，2018.

[61] 赫拉利. 人类简史：从动物到上帝 [M]. 林俊宏，译. 北京：中信出版社，2021.

[62] 麦迪森. 中国经济的长期表现——公元 960—2030 年 [M]. 修订版. 伍晓鹰，马德斌，译. 上海：上海人民出版社，2011.

[63] 麦迪森. 世界经济千年统计 [M]. 伍晓鹰，施发启，译. 北京：北京大学出版社，2009.

[64] 肯尼迪. 大国的兴衰：1500—2000 年的经济变迁与军事冲突 [M]. 王保存，王章

辉，余昌楷，译. 北京：中信出版社，2013.

[65] 李嘉图. 政治经济学及赋税原理 [M]. 周洁，译. 北京：华夏出版社，2013.

[66] 霍布斯鲍姆. 工业与帝国：英国的现代化历程 [M]. 梅俊杰，译. 北京：中央编译出版社，2016.

[67] 傅晓岚. 中国创新之路 [M]. 李纪珍，译. 北京：清华大学出版社，2017.

[68] 凯恩斯. 就业、利息和货币通论 [M]. 高鸿业，译. 北京：商务印书馆，1999.

[69] 罗思义. 一盘大棋？中国新命运解析 [M]. 南京：江苏凤凰文艺出版社，2016.

[70] 雅克. 大国雄心 [M]. 孙豫宁，张莉，刘曲，译. 北京：中信出版社，2016.

[71] 史塔威尔. 亚洲大趋势：中国和新兴经济体的未来 [M]. 蒋宗强，译. 北京：中信出版社，2014.

[72] 刘易斯. 经济增长理论 [M]. 周师铭，沈丙杰，沈伯根，译. 北京：商务印书馆，1996.

[73] 斯密. 国民财富的性质和原因的研究（上卷）[M]. 郭大力，王亚南，译. 北京：商务印书馆，1972.

[74] 张维为. 多重视角下的中国梦 [M]. 北京：学习出版社，2016.

[75] 中共中央马克思恩格斯列宁斯大林著作编译局. 马克思恩格斯选集 [M]. 北京：人民出版社，1972.

[76] 中共中央关于党的百年奋斗重大成就和历史经验的决议 [M]. 北京：人民出版社，2021.

[77] 中共中央文献研究室. 毛泽东文集（第 8 卷）[M]. 北京：人民出版社，1999.

[78] 中共中央文献研究室. 习近平关于实现中华民族伟大复兴的中国梦论述摘编 [M]. 北京：中央文献出版社，2013.

[79] 中国工业报社. 中国工业大事记 [M]. 北京：机械工业出版社，2009.

[80] 曾鸣，威廉姆斯. 龙行天下：中国制造未来十年新格局 [M]. 北京：机械工业出版社，2008.

[81] 国家统计局. 中国统计年鉴（1992）[M]. 北京：中国统计出版社，1992.

如今呈现在读者面前的这本书，是我对中国制造崛起与转型这一世界经济现象级大事件一次例证全景式描绘的尝试，以及与此相关的一些感受、观察和思考的集合。

本书缘起于 2016 年工信部一个关于制造强国建设的出版项目。从动念到完稿，寒来暑往，写写停停，数易其稿，掐指算来，居然走过了 6 个春秋。

六年磨一"剑"，说明中国制造这个主题足够宏大，足够丰富，也足够动人，可谓波澜壮阔，斑斓多彩，亦影响深远。正因如此，我们完全可以通过各种不同视角来解读和讲述中国制造。譬如，可以基于中国工业发展历程来讲述中国制造的来龙去脉，可以基于产业经济学研究成果，从产业规划、政策对实体经济影响的角度来解读中国制造的推进路径，也可以用纪实文学的笔法，讲述中国制造实践一线企业家的精彩故事，如此等等，不一而足。然而对写作者来说，可供选择的方式越多，往往意味着驾驭的难度越大。坦率地说，愚钝若我，从来信奉"结硬寨，打呆仗"的道理，上述各种写法还真的一一试过，本书正式出版前共约 60 万字的 5 版样稿可以为证。虽然每次我都各有收获，却总有书不尽言、言不尽意、力有未逮的缺憾感挥之不去。

2022 年 2 月前后，经与出版社编辑团队交流，最终确定我们要做的书应该是"一本讲好中国制造的故事、推动建立工业文化自信、经得起时间考验的'大众精神读物'"。这个定位把我从贪大求全、好高骛远、眼高手低的困境中解放出来。既然我不是工业史家，也不是经济学家，没有受过任何政策分析的训练，在产业智库研究领域只能算个边缘人，我不过就是个还算资深、乐于思考的产业媒体人而已，为什么要追求高屋建瓴呢？为什么要期待鞭辟入里呢？难道我不能扬长避短、生动活泼地讲述中国制造主题故事的"光荣与梦想"吗？

这样的切入点让我顿感轻松，我觉得找到了这本书的"安身立命"之所。

这里不妨借用亚里士多德的"四因说"来说明本书的最终选择。

中国制造的伟大实践，理所当然地成为本书源源不绝、生机勃勃的"质料因"。爬梳史料、采访一线企业家、与专业人士交流，都是为了再现中国制造复兴这一可歌可泣的历史进程的大致轨迹，这一点在这六年时间里丝毫没有变化。由于我的能力有限、视野有限，面对如此宏大的主题，本书不可能是原创性研究成果的汇集，毋宁说它是集众家之所长的一本书，是立足于众多研究者的概念、判断、逻辑推理及最终成果之上的。在选择五花八门甚至彼此矛盾的解读、分析结论时，我采取"尊重常识"的原则，摒弃"语不惊人死不休"的所谓的学术创新思路和结论，平实地叙述中国制造这台精彩炫目的"大戏"背后的历史演进逻辑。最终效果如何，期待各位读者的真诚反馈。

用图书再现生活，本身就是一种"形式因"。一旦确定本书"讲述中国制造故事的大众精神读物"这样的定位，我便大刀阔斧地删减了大量学理上的探讨内容，把表达的流畅性放在了"形式因"的第一位。譬如，书中不再有关于"制造""中国制造""工业""工业化"的定义，去掉了几乎所有的引文注释（如果严格按照专业著作的标准做法，本书的厚度可能要增加一倍），除了因为我找不到更好的替代方法而不得不保留下来的统计数据外，事实上，我删除了所有我认为影响普通读者顺畅阅读的元素。

中国制造是影响了世界经济格局、人们生活方式和中国人生活质量甚至精气神儿的一出史无前例的精彩"大戏"。我们千万不能忘记，这出"大戏"的主角是前赴后继、胼手胝足的数以亿计的中国制造建设者。在我看来，他们的不懈努力，就是中国制造的"动力因"。他们是国难当头、危机四伏年代里积极探索救国之道、谋变图强的中华志士仁人，他们是新中国成立后勒紧裤腰带参与或支持大规模工业化建设的工农大众，他们是改革开放后投身全球经济主战场的企业家、科研人员、产业工人、农民工和有为公务员，他们是进入中国特色社会主义新阶段中国制造高质量发展转型升级的新一代建设者。本书要做的就是讴歌他们心心相通的家国情怀，讲述他们在不同时期是如何勠力同心地创造出人间奇迹的。

处在"百年未有之大变局"的当今世界，中国梦是当代中国的最大公约数。可以这样说，中华民族的伟大复兴就是中国制造的"目的因"。中国梦是历史的、现实的，也是未来的，把中国制造置于这一坐标系中，我采取"尊重内心"的原则，不限于认知层次上的解读，而是更多地从中国文化传承、信仰体系确立、工业文化自信养成的角度来阐发。作为一个"60后"，我对短缺经济环境下的生活困窘、改革开放前二十年时间里西方世界发达物质文化的碾压式影响有过深切体验；作为一个产业媒体人，我有机会与众多中国制造的一线企业家对话交流，感受到他们日渐增长的实力、自信和从容；作为一个熟读历史的中国人，我坚信近代中国的沉沦不过是中华文明的一场劫难，勤劳勇敢的中国人民只要勇于面对现实，吸收人类文明的精华，充分发挥自身的创造潜能，中华民族的复兴就必然会实现，而中国制造的腾飞提供了一个极有说服力的例证。我们从来没有如此接近民族复兴的目标，这是实干实践的力量；我们一定能够实现民族复兴的目标，这是信念信仰的力量。

我说本书融合了集体智慧，并非谦辞。我要感谢所有与中国制造主题相关的研究者，虽然我只保留了主要参考书目，删除了来自期刊、网络、新媒体的参考文章列表，也没有一一对应地标注注释说明，但我从心底里感谢难以计数的研究者们事实上为我提供的不同形式的思想启发。如果各种资料引用不够准确，或者有误读之处，责任都在于本人的认识局限。

本书在写作过程中得到了许多领导和朋友的支持和帮助。首先要感谢我所供职的中国电子信息产业发展研究院历任领导的指导和支持，他们为我的写作创造了基本条件。感谢最初的出版项目合作者林雪萍（产业观察家）、胡春明（《中国电子报》总编辑），他们的参与是顺利推进这一项目不可或缺的；与林雪萍关于全书架构的讨论奠定了本书的起点，他此后著述不辍，其中关于中国制造的不少理论对我产生了潜移默化的影响，让我受益匪浅。初稿完成后，我曾将电子版发送给主要的工业行业协会征求意见，一些协会反馈回来的意见指出了我某些细节上的漏失，这些未曾谋面的朋友甚至根本没有署名，感谢他们的辛苦付出。本书编辑委员会成立后，编委会各位专家提供的专业意见对提升本书质量起到了立竿见影的作用，尤其是中国社会科学院工业经济研究所的李晓华研究员对全书结构的建议和专业点评，直接促成了我本人在本书中的角色从研究者到讲述者的根本转变。此外，本书第十章的最终面貌与新华社国内部科技采访室陈芳主任的不吝分享密不可分，她的时政情怀和尺度掌控助力本书收官更臻完美。由于我本人的职业是编辑，我深知作者与编辑的良性互动对于任何一种媒体形式的完美呈现起着怎样的作用。人民邮电出版社为本书配备了富有经验的编辑团队，他们在新时代名编辑培养工程中积累了优秀的理念和丰富的实际操作经验，为作者在策划、资料搜集、编辑整理和图书呈现方面提供了极大的帮助；尤其感谢责任编辑们不厌其烦地帮助我校对文稿，细致入微地排除文中瑕疵，提出修改建议，不计名利地默默付出。最后，也是最重要的，我要特别感谢工信部原部长苗圩的支持和鼓励，他作为本书编委会主任，从百忙中抽出时间通读书稿，并做了50多处批注点评，帮助我打开了对我来说显得陌生的产业管理者的特殊视角；后来他又与我进行了多次深度交流，这些交流对于最终成书的"站位""格局"思考具有弥足珍贵的意义。此外，他还欣然为本书作序，他的加持让我对写好本书信心倍增。

中国制造的崛起和转型，既是中国经济的中心命题，也是全球实体经济的定盘神器。中国贡献繁荣世界、造福人民的愿景，必将在中国制造的飞驰历程中，在现实世界里次第实现。毫无疑问，必有如椽大笔、生花妙笔来接力描绘即将经历更多复杂考验、与难以想象的惊涛骇浪进行伟大斗争的中国制造未来新形态。

中国制造，常说常新，我们充满期待。

曾纯

2022 年 9 月 19 日于北京